DIÁLOGO DE CONVERSOS

ROBERTO AMPUERO
MAURICIO ROJAS

DIÁLOGO DE CONVERSOS

Diálogo de conversos

Cuarta edición en Chile: marzo, 2016
Primera edición en México: septiembre, 2016

D. R. © 2015, Roberto Ampuero y Mauricio Rojas

D. R. © 2015, Penguin Random House Grupo Editorial, S. A.
Merced 280, piso 6, Santiago de Chile
Teléfono: 22782 8200
www.megustaleer.cl

D. R. © 2016, derechos de edición mundiales en lengua castellana:
Penguin Random House Grupo Editorial, S. A. de C. V.
Blvd. Miguel de Cervantes Saavedra núm. 301, 1er piso,
colonia Granada, delegación Miguel Hidalgo, C. P. 11520,
Ciudad de México

www.megustaleer.com.mx

Diseño de portada: Amalia Ruiz Jeria
Diagramación y composición: Alexei Alikin

ISBN: 978-607-314-822-1

Impreso en México – *Printed in Mexico*

El papel utilizado para la impresión de este libro ha sido fabricado a partir de madera procedente
de bosques y plantaciones gestionadas con los más altos estándares ambientales, garantizando
una explotación de los recursos sostenible con el medio ambiente y beneficiosa para las personas.

Penguin
Random House
Grupo Editorial

Para Mario Vargas Llosa,
amigo y maestro liberal de conversos

ÍNDICE

Prólogo a esta edición

Esta semana dos cosas espléndidas ocurrieron en América Latina. La primera es, desde luego, el triunfo de Mauricio Macri en Argentina, una severa derrota para el populismo de los esposos Kirchner que abre una promesa de modernización, prosperidad y fortalecimiento de la democracia en el continente; es, también, un duro revés para el llamado «socialismo del siglo XXI» y el Gobierno de Venezuela, a quien el nuevo mandatario elegido por el pueblo argentino ha criticado sin complejos por su violación sistemática de los derechos humanos y sus atropellos a la libertad de expresión. Ojalá que esta victoria de una alternativa genuinamente democrática y liberal a la demagogia populista inaugure en América Latina una etapa donde no vuelvan a conquistar el poder mediante elecciones caudillos tan nefastos para sus países como el ecuatoriano Correa, el boliviano Morales o el nicaragüense Ortega, quienes deben estar en estos momentos profundamente afectados por la derrota de un Gobierno aliado y cómplice de sus desafueros.

La otra excelente noticia es la aparición en Chile de un libro, *Diálogo de conversos*, escrito por Roberto Ampuero y Mauricio Rojas, que es, también, en el plano intelectual, un jaque mate a las utopías estatistas, colectivistas y autoritarias del presidente Maduro de Venezuela y compañía y de quienes creen todavía que la justicia social puede llegar a América Latina a través del terrorismo y las guerras revolucionarias.

Roberto Ampuero y Mauricio Rojas creyeron en esta utopía en su juventud y militaron, el primero en la Juventud Comunista, y el segundo en el MIR, desde cuyas filas contribuyeron a crear el clima de crepitación social y caos económico y político que fue el Gobierno de Salvador Allende y la Unidad Popular. Al ocurrir el golpe militar de Pinochet e iniciarse una era de represión, torturas y terror en Chile ambos debieron huir. Se refugiaron en Europa, Roberto Ampuero en Alemania Oriental, desde donde iría luego a Cuba, y Mauricio Rojas en Suecia. En el exilio siguieron militando en la izquierda más radical contra la dictadura, pero la distancia, el contacto con otras realidades políticas e ideológicas, y, en el caso de Ampuero, conocer y padecer en carne propia el «socialismo real» (de pobreza, burocratización, censura y asfixia política), los llevó a ambos a aquella «conversión» a la democracia primero y al liberalismo después. Sobre esto dialogan largamente en este libro que, aunque es un ensayo político y de filosofía social, se lee con el interés y la curiosidad con que se leen las buenas novelas.

Ambos hablan con extraordinaria franqueza y fundamentan todo lo que dicen y creen con experiencias personales, lo que da a su diálogo una autenticidad y realismo de cosa vivida, de reflexiones y convicciones que muerden carne en la historia real y que están por lo mismo a años luz de ese ideologismo tan frecuente en los ensayos políticos, sobre todo de la izquierda aunque también de la derecha, que se mueve en un plano abstracto, de confusa y ampulosa retórica, y que parece totalmente divorciado del aquí y del ahora.

La «conversión» de Ampuero y Rojas no significa haberse pasado con armas y bagajes al enemigo de antaño: ninguno de los dos se ha vuelto conservador ni reaccionario. Todo lo contrario. Ambos son muy conscientes del egoísmo, la incultura y lo relativo de las proclamas a favor de la democracia de una cierta derecha que en el pasado apoyó a las dictaduras militares más corruptas, confundía el liberalismo con el mercantilismo

y solo entendía la libertad como el derecho a enriquecerse valiéndose de cualquier medio. Y ambos, también, aunque son
muy categóricos en su condena del estatismo y el colectivismo,
que empobrecen a los pueblos y cercenan la libertad, recono-
cen la generosidad y los ideales de justicia que animan muchas
veces a esos jóvenes equivocados que creen, como el Che Guevara o Mao, que el verdadero poder solo se alcanza empuñan-
do un fusil.

Sería bueno que algunos liberales recalcitrantes, que ven
en el mercado libre la panacea milagrosa que resuelve todos
los problemas, lean en este *Diálogo de conversos* los argumentos
con que Mauricio Rojas, que aprovechó tan bien la experiencia sueca —donde llegó a ser por unos años diputado por el
Partido Liberal—, defiende la necesidad de que una sociedad
democrática garantice la igualdad de oportunidades para todos
mediante la educación y la fiscalidad de modo que el conjunto
de la ciudadanía tenga la oportunidad de poder realizar sus
ideales y desaparezcan esos privilegios que en el subdesarrollo
(y a veces en los países avanzados) establecen una desigualdad de origen que anula o dificulta extraordinariamente que
alguien nacido en sectores desfavorecidos pueda competir de
veras y alcanzar éxito en el campo económico y social. Para
Mauricio, que defiende ideas muy sutiles para lo que llama
«moralizar el mercado», el liberalismo es más la «doctrina de
los medios que de los fines», pues, como creía Albert Camus,
no son estos últimos los que justifican los medios sino al revés:
los medios indignos y criminales corrompen y envilecen siempre los fines.

Roberto Ampuero cuenta, en una de las más emotivas páginas de este libro, lo que significó para él, luego de vivir en la
cuarentena intelectual de Cuba y Alemania Oriental, llegar a
los países libres del Occidente y darse un verdadero atracón de
libros censurados y prohibidos. Mauricio Rojas lo corrobora
refiriendo cómo fue, en las aulas y bibliotecas de la Universidad

de Lund, donde experimentó la transformación ideológica que lo hizo pasar de Marx a Adam Smith y Karl Popper.

Ambos se refieren extensamente a la situación de Chile, a ese curioso fenómeno que ha llevado, al país que ha progresado más en América Latina haciendo retroceder a la pobreza y con el surgimiento de una nueva y robusta clase media gracias a políticas democráticas y liberales, a un cuestionamiento intenso de ese modelo económico y político. Y ambos concluyen, con razón, que el desarrollo económico y material acerca a un país a la justicia y a una vida más libre pero no a la felicidad, y que incluso puede alejarlo más de ella si el egoísmo y la codicia se convierten en el norte exclusivo y excluyente de la vida. La solución no está en retroceder a los viejos esquemas y entelequias que han empobrecido y violentado a los países latinoamericanos sino en reformar y perfeccionar sin tregua la cultura de la libertad, enriqueciendo las conquistas materiales con una intensa vida cultural y espiritual, que humanice cada vez más las relaciones entre las personas, estimule la solidaridad y la voluntad de servicio entre los jóvenes, y amplíe sin tregua esa tolerancia para la diversidad que permita cada vez más a los ciudadanos elegir su propio destino, practicar sus costumbres y creencias, sin otra limitación que la de no infligir daño a los demás.

Hace tiempo que no aparecía en nuestra lengua un ensayo político tan oportuno y estimulante. Ojalá *Diálogo de conversos* tenga los muchos lectores que se merece.

MARIO VARGAS LLOSA,
29 de noviembre de 2015

PRÓLOGO

Estimado Mauricio:

Te escribo desde Santa Bárbara, California.

He leído varios de tus libros y ensayos, y muchas de tus columnas. Junto con felicitarte por la solidez, la calidad y la elegancia de tu obra, quiero decirte que me llama poderosamente la atención el desarrollo político y filosófico paralelo que hemos tenido en nuestra transición del marxismo al liberalismo.

Ha sido para ambos —permíteme que hable en tu nombre— un largo, arduo, a veces duro pero siempre estimulante proceso paralelo sin que el uno tuviera conciencia del otro.

Tú te iniciaste en la militancia política en la década del sesenta, en el Movimiento de Izquierda Revolucionaria, MIR, en Chile, yo en las Juventudes Comunistas de Chile. Después del golpe de estado del 11 de septiembre de 1973, tú y yo nos marchamos al exilio. Iniciaste tu conversión política en la admirada Suecia, y yo en la República Democrática Alemana y Cuba, en las tierras del socialismo realmente existente. Sospecho que es mucho lo que nos marca, nos une y tenemos para conversar.

Me gustaría invitarte a conocernos. Te propongo que en cuanto coincidamos en Chile, nos reunamos a conversar sin agenda bajo el parrón de mi refugio en Olmué, solo a un par de horas de Santiago. En el Jardín de Epicuro, como llamo a este lugar. Puedes venir con Mónica, desde luego. Con Ana Lucrecia estaremos felices de recibirlos.

Bajo la sombra verde, colmada de racimos de uvas y canto de pájaros, disfrutaremos de un escenario ideal para echar a andar la memoria y dialogar sobre las lecciones que hemos extraído de la historia y sobre el sueño de un Chile y una américa Latina mejores que ambos albergamos.

Te propongo que nos reunamos en esa zona del Chile profundo este verano que viene. Bajo el parrón te esperará alguna empanada o un pastel de choclo, una copa de vino chileno, bastante café y, lo más importante, un amigo.

Un abrazo con mi afecto y admiración por tu trayectoria, y obra. ¡El próximo verano en Olmué!

ROBERTO
SEPTIEMBRE DE 2014, SANTA BÁRBARA, CALIFORNIA

I

EN EL ORIGEN ESTABA LA PALABRA, Y LA PALABRA ERA REVOLUCIÓN

ROBERTO: Hoy es 5 de diciembre de 2014. Estamos en Olmué y vamos a intentar echar a andar la memoria.

MAURICIO: Ante todo quiero agradecerte la invitación. La verdad es que fue una muy buena idea la que tuviste y cuando recibí tu carta me dije *This is an offer I can't refuse*. Así que me parece genial que nos juntemos a conversar esta maravillosa mañana a los pies del cerro La Campana, en tu hermoso Jardín de Epicuro, como lo has llamado. Lo primero que debemos explicar es por qué nos hemos dado cita esta mañana, especialmente considerando que nos conocimos hace tan poco tiempo.

R: Hace muy poco.

M: Personalmente, porque ya teníamos referencias mutuas. Pero lo interesante de las cinco o seis semanas transcurridas desde que nos encontramos por primera vez, es que ambos hemos percibido un creciente interés por relatos como los nuestros. Esto es algo nuevo, al menos en cuanto al grado o intensidad de ese interés, y de seguro que tiene que ver con el clima de inquietud que está viviendo Chile. Hemos visto una ofensiva socialista y un espíritu refundacional de parte del actual gobierno que hace que muchos se pregunten, sorprendidos, por las raíces ideológicas que nutren ese tipo de aspiraciones. Por ello es que de pronto tu relato y mi relato, nuestro relato de conversos, de personas que compartieron el sueño de la revolución comunista y que luego recapacitaron, se hace relevante. Esto es particularmente notorio entre jóvenes de ideas liberales, que han visto cómo resurge con fuerza una amenaza que parecía relegada a los museos.

R: Pienso que esto hay que analizarlo en dos niveles. Uno se refiere a la experiencia individual, y otro, que tú señalas, referido a lo que acaece hoy en la sociedad chilena, tensionada por conflictos polarizadores y una delicada crisis de credibilidad de la política. Creo que nos reunimos en este apacible Jardín de Epicuro, en Olmué, porque de alguna forma ofrece un refugio, una tregua, en estos días álgidos, y porque tenemos la sensación de que el hecho de habernos por fin conocido en términos personales nos brinda la oportunidad de abrocharnos los zapatos para seguir caminando sobre un terreno pedregoso, pero también para seguir soñando.

Hemos caminado durante decenios, cada uno por su propio sendero, enfrentando dilemas y tomando decisiones políticas difíciles mientras los cordones se van soltando, lo que cada cierto tiempo exige que uno ajuste el nudo. Y en este caso era para mí muy importante conocer a alguien que hubiera tenido un desarrollo semejante y paralelo al mío, pero lejos de mí, como esos trenes del metro de París de los que habla Julio Cortázar: uno ve a través de las ventanillas a los pasajeros del otro tren que van en la misma dirección, pero que se alejan y que tal vez nunca más verá. Esta vez descendimos en la misma estación y pudimos conocernos, y me alegra, porque ambos no solo hemos tenido un proceso de conversión política profundo, sino que también hemos reflexionado y publicado sobre ello, algo que presupone lucidez y coraje civil, y eso tú lo sabes mejor que nadie.

Y algo más: me ayuda conocer a otro chileno que pertenece a mi generación y que tiene una experiencia juvenil parecida y un quiebre político parecido, que pasó seguramente por los mismos momentos de zozobra, desencanto, ira, impotencia, decepción, dolor, aislamiento, reflexión y búsqueda de respuestas que yo pasé como un náufrago solitario.

M: De eso puedes estar seguro y comparto plenamente lo que dices acerca de la importancia de encontrarse «en un recodo del camino» con alguien que ha seguido una senda parecida a la de uno y con quien intuyes que tienes mucho que conversar, como dos viejos amigos a pesar de que nunca lo hemos sido.

R: Pasemos entonces a hablar de los orígenes, de nuestros orígenes ideológicos…

M: En mi caso tenemos un punto de partida bastante evidente. Mi madre era militante socialista, marxista, profesora de historia económica, luchadora sindical. Toda su vida votó por Salvador Allende, ya desde la elección presidencial del año 1952, cuando Allende sacó muy pocos votos como candidato del Frente Nacional del Pueblo. Pero esto se daba dentro del marco de una familia muy religiosa y de derecha, donde ella era la rebelde o la oveja negra, dependiendo de cómo se lo mire. Su padre había nacido en Albaida, un pueblo al interior de Valencia, en una familia muy modesta, pero como era un niño muy devoto y talentoso fue enviado al seminario de los Hermanos Maristas en Valencia y luego, ya como hermano marista, partió a fundar colegios en América del Sur.

Así llegó el hermano Salvador María a Argentina durante la Primera Guerra Mundial y luego pasó a Chile, donde fue uno de los fundadores de los colegios maristas de Rancagua y Quillota. Luego abandonó la orden y formó familia, pero siempre fue extraordinariamente religioso y de derecha, superfranquista y fan de la Unión Española. En su casa, ubicada en la calle Vicuña Mackenna 1575, viví mis primeros años ya que mi madre, Juana, era separada, lo que en esa época era un estigma tremendo, especialmente para una familia muy religiosa. Ese abuelo fue en gran medida como mi padre, pues al verdadero lo conocí muy poco y no tuvo mayor presencia en mi vida. Con mi abuelo Juan y mi abuela Teresa rezábamos el rosario e íbamos a procesiones, y él hizo posible que yo estudiase la primaria en el Colegio Hispano Americano. Ese es mi ambiente formativo, la «contradicción vital» que me formó: podríamos decir que soy hijo de una revolucionaria y de un ultraconservador. Ambos, eso sí, personas muy cultas y grandes lectores. Por ello el mundo de los libros fue mi mundo desde pequeño y también el de la religiosidad, ya sea la fuerte fe católica del abuelo o la igualmente fuerte fe atea de mi madre.

R: Interesante mezcla que me imagino habrá provocado fuertes tensiones dentro de tu familia.

M: Siempre había una tensión pero también formas de convivir y quererse pese a ello. La verdad es que se trataba de personas que supieron manejar una situación bien difícil. Pero esto exigía mucho de mi madre, que debía ocultar tanto su militancia como sus nuevos amores, y fingir en muchos otros aspectos para que la situación no se hiciese intolerable para el abuelo, de quien, de hecho dependíamos. Los domingos salíamos de casa diciendo que íbamos a misa y nos comprábamos el periódico *El Mercurio* para saber de qué trataba el sermón de ese día y poder volver a casa donde el abuelo, infaltablemente, nos iba a interrogar sobre ello. Todo estaba dado para que ese hijo único que creció muy solo, jugando con sus fantasías en un gran patio trasero lleno de árboles frutales y un gallinero al fondo, fuese un intelectual y un devoto de alguna causa militante.

R: Por lo que has contado estudiaste derecho, ¿no te tentó estudiar historia siguiendo los pasos de tu madre?

M: Muchísimo, esa era mi primera opción y, después de todo, lo que terminé siendo en Suecia: profesor de historia económica, como mi madre. Pero es cierto que entré a estudiar derecho y ello también se debe a mi madre, que era idealista pero al mismo tiempo bastante realista. Yo hice la secundaria en el Liceo de Aplicación, terminé como primero del curso y me fue bastante bien en la Prueba de Aptitud Académica, así que podía quedar en diversas carreras. Cuando mi madre supo que iba a elegir historia se sentó frente a mí y con su calma habitual me dijo: «Mauri, ¿quieres vivir pasando «pellejerías» toda la vida como yo, trabajando como un bruto y ganando un sueldo de hambre?». Así que opté por derecho y entré a la escuela de la Universidad de Chile, en la calle Pío Nono.

R: Y allí te hiciste mirista.

M: Sí, pero la cosa venía de antes. Ya en el Liceo de Aplicación, donde por esa época también estudió gente como el político de la Democracia Cristiana Gutenberg Martínez, me había destacado por mis ideas radicales y no me perdía marcha que hubiese, sobre todo si su objetivo era tirarle piedras a la embajada de Estados Unidos, que por entonces quedaba al lado del Parque Forestal. Era muy joven y terminé la secundaria con dieciséis años porque me había «saltado» la sexta de preparatoria, pero ya en ese tiempo tenía una cierta pericia en arrancar de «los pacos» y tirarles de vuelta las bombas lacrimógenas. Todo esto bajo el potente embrujo de la Revolución Cubana y con el *Manifiesto* bien leído así como los famosos *Principios elementales de filosofía*, de Georges Politzer. Ello abría un horizonte extraordinario donde todo era revolución, cambio total, salto cualitativo; era, en suma, «la hora de los hornos y no se ha de ver más que la luz», como dijo José Martí con una frase que repetíamos religiosamente. Era el Chile cuando el año 1964 se enfrentaron la revolución y la revolución, aquella en libertad del presidente Eduardo Frei Montalva y la marxista de Salvador Allende, que en total obtuvieron el 95 por ciento de los votos. Solo mi abuelo y algunos conservadores incorregibles como él no se plegaron, de una u otra manera, al carro de la revolución.

R: Se trataba de una radicalización muy notable que toda América Latina vivió a partir de la entrada de Fidel Castro y sus barbudos en La Habana en enero de 1959. Si hasta Estados Unidos cambió su política y empezó a proclamar, mediante la Alianza para el Progreso, la necesidad de la reforma agraria y un cambio profundo de estructuras en América Latina. Esa parecía la única forma de detener la ola revolucionaria que se extendía incontenible desde su epicentro en Cuba.

M: El orden existente había perdido su legitimidad y todos hablaban de revolución y socialismo, sea estatista y totalitario, como en el caso de los marxistas, o comunitarista y coopera-tivista, como en el caso de los democratacristianos inspirados por la doctrina social de la Iglesia y, por contradictorio que sea, el ejemplo de la Yugoslavia de Tito. En ese contexto, a los jóvenes ultras como yo hasta los comunistas nos parecían reformistas y por eso les decíamos «rabanitos», rojos por fuera y blancos por dentro. Ellos, con una visión mucho más estra-tégica dictada desde Moscú, no estaban por el salto directo a la lucha armada, sino por la utilización del sistema democrático para destruirlo evolutivamente, sin prisa pero sin pausa, lo que finalmente sería la idea maestra que encarnó el proyecto de la Unidad Popular en Chile.

Nosotros, bajo la inspiración del castrismo-guevarismo, postulábamos que las condiciones de la revolución estaban ya maduras y que todo dependía ahora de un potente acto viril, de plantarse como machos frente al imperialismo, el subdesa-rrollo y la miseria; era la hora de los mártires gloriosos o de los héroes victoriosos, del «patria o muerte, venceremos». Tú te imaginas la exaltación y el delirio, el arquetipo cristiano del sacrificio máximo, de la muerte en la cruz que redime, junto a la pasión mesiánica del marxismo: el reino de los cielos en la Tierra estaba golpeando a nuestras puertas y todo dependía de nosotros, de nuestro coraje y entrega total, de nuestra voluntad.

De eso hablaban los socialistas radicalizados, como mi madre, que consideraron la lucha armada como inevitable para instaurar el socialismo, y por supuesto los jóvenes revolucionarios como Miguel Enríquez, Luciano Cruz o Bautista van Schouwen, que pronto le dieron al MIR su orientación guerrillera y llamaron a formar un ejército revolucionario para destruir la «democracia burguesa» —que supuestamente no era más que la máscara de la dictadura del capital y el imperialismo— bajo la que nuestro país estaría viviendo. Todo esto en un Chile y especialmente en un Santiago donde se multiplicaban las poblaciones «callampa», que daban cuenta de una gran pobreza en el país, y la realidad parecía pedir a gritos una revolución redentora.

R: Es cierto, uno crece en medio de circunstancias que lo marcan y lo empujan a tomar decisiones. Yo crecí, con una hermana menor, en un hogar muy feliz, donde mi padre era socialdemócrata y masón, y mi madre católica y conservadora. Crecí en el pluralismo, algo que extrañé de inmediato bajo Pinochet y Castro. Mi padre era empleado, ejecutivo dicen ahora, de la legendaria Pacific Steam Navigation Company, la gran compañía naviera inglesa de la época en que Valparaíso era el centro naviero y una buena plaza bancaria del país.

Mi padre tenía una visión crítica de la pobreza y la desigualdad social, estaba marcado por el conocimiento de la Europa de posguerra y la Europa integrada, a la que conocía bien por su trabajo, y pensaba que por ahí debía marchar Chile de alguna manera. Nunca admiró a los países de Europa del Este, pero los observaba con curiosidad intelectual. Como socialdemócrata, Europa del Este no tenía mucho sentido para él, y como masón no podía identificarse con el mundo comunista porque siempre ha reprimido a los masones. Ante sus amigos europeos mi padre se enorgullecía mucho de Chile, de su democracia y probidad, que siempre celebraban los capitanes ingleses que llegaban a cenar a casa y que me hablaban del ancho mundo, pero entre compatriotas era muy crítico de nuestro nivel cultural y de desarrollo económico.

M: ¿De dónde proviene esa veta socialdemócrata de tu padre?

R: Sospecho que mi padre fue crítico ante la desigualdad social en Chile porque su padre había sido, a comienzos del siglo xx, carpintero marítimo en una época en que los barcos eran en gran medida de madera. Mi abuelo paterno, Eusebio, fue un hombre que recorrió mucho el mundo y nunca tuvo una vida fácil. Se casó con una bella francesa de pelo rubio y ojos azules, Genevieve, que nunca aprendió bien español, y que nunca se sintió chilena. Se conocieron en Chiloé, pero la familia francesa, que llegó a Chile en 1906, apartó a mi abuela de su seno por casarse con un chilote. Fue entonces cuando se trasladaron a Valparaíso y comenzó una etapa ardua para ellos, que sortearon a la larga muy bien. Pero recuerdo que mi abuela siempre habló de Chile como un país foráneo y eso lo transmitió a sus hijos, que eran, al mismo tiempo, franceses. Mi padre amaba a Chile, pero era crítico del país y se sentía vinculado a Francia e Inglaterra.

M: Eran tiempos cuando ese tipo de «deslices» sociales no se perdonaban. En una sociedad tan arribista como la nuestra el casamiento de la mujer siempre debía ser «hacia arriba». Esa era su misión familiar, ser el ancla que permite subir un poco en la escala social.

R: Efectivamente. Sospecho que por eso mi padre tenía una sensibilidad social particularmente desarrollada. Era de los que cuando veía a carabineros de guardia en las noches de temporal en nuestro barrio de Valparaíso, salía a brindarles un termo con café y sándwiches, o que regalaba parte de su ropa a personas que veía pobres y de mucho esfuerzo. «Hay un señor que veo pasar cada mañana frente a la casa, muy pulcro y digno, pero con zapatos rotos. Le daré unos que no uso», recuerdo haberlo escuchado decir más de una vez a mi madre. Sí, el tema social, el de la identidad chilena y el de su agnosticismo estuvieron presentes en mi vida siempre.

Por otro lado, en casa influía también la visión de mi madre, hija de un hombre que en términos filosóficos era democratacristiano, el abuelo Valentín, que trabajaba en el diario *La Unión* de Valparaíso, el competidor entonces de *El Mercurio* de Valparaíso. Era un hombre versado en Jacques Maritain y Teilhard de Chardin, que había leído a Bakunin, Marx y Sartre, un tipo además culto en la novela del siglo XIX, a quien le interesaban las ideas políticas, la filosofía y la cultura europea occidental. Desde niño crecí, por lo tanto, en un ambiente con diversidad política e ideológica, pero donde las opiniones diferentes se respetaban.

M: En mi mundo no existía esa tolerancia y por ello mi madre debía ocultar buena parte de su vida y sus creencias. Veo que las influencias que se cruzan en tu mundo son menos radicales o extremas que en mi caso. Tal vez eso ayude a entender por qué tú te hiciste comunista y yo mirista.

R: Ja, ja, ja, es una gran explicación frommiana. Para mí, respetar las opiniones de otro, no descalificar al que piensa diferente y la verdad como búsqueda y no como una instancia revelada, fueron el primer abecedario de la vida. En el Colegio Alemán había clases de libre elección de catolicismo o luteranismo, y los librepensadores podían disfrutar de esa hora libre. Mi padre insistió en que asistiera a ambas clases para que conociera religiones diferentes y tomara más adelante mis propias posiciones frente a ellas.

Me sentí desde niño un ser privilegiado por la libertad que me obsequiaba el armónico hogar de mis padres. Esto lo menciono porque siento que en el comunismo emergió en mí una nostalgia por esa diversidad que el comunismo oprime y no deja florecer. Crecí en ese mundo con diversidad y opiniones diversas, en un colegio sin diversidad social pero sí cultural, porque estaban los alemanes que venían llegando de Alemania, los hijos de alemanes que hablaban alemán en casa y los chilenos como nosotros, que íbamos a ese colegio porque mis padres querían una excelente educación mixta para mí y mi hermana, que aprendiésemos alemán, y fuésemos disciplinados y responsables. Los profesores eran todos alemanes, salvo el profesor de castellano que por supuesto era chileno.

M: ¿No te sentías extraño en ese medio ambiente?

R: Sí, y eso fue importante para mí: descubrí al «otro». Pero ese «otro» estaba en mayoría cultural en el colegio, y «el otro minoritario» era yo, que debía por ello transculturizarse: aprender alemán e historia alemana, aprender la escritura gótica y también aprender a pensar y actuar como un alemán. Fue así como pude ver a Chile a través de los ojos de los profesores alemanes, a quienes maravillaba el Valparaíso de entonces, el desierto de Atacama con los oasis, la Patagonia. Eso me marcó mucho: trece años en un colegio alemán y después quince años viviendo en Alemania, tres de ellos «detrás del Muro», no deja de ser, marca el carácter, la forma de ver, analizar y expresarse de la persona. Y esa tensión la agradezco y ha sido muy productiva para mí.

Otro elemento clave fue haber conocido a Martín Lutero en clases de religión luterana. Lutero emerge entonces ante mí como una figura positiva, porque quiebra con el dogma y la jerarquía, y marca un nuevo rumbo en Occidente. Los católicos ven a Lutero desde otra perspectiva. Y esa visión positiva del cisma me ayudó mucho a tener coraje para romper, siendo muy joven y viviendo en La Habana, con el dogma comunista. Esa ruptura, que a los ojos de un dogmático es traición, a los ojos míos era liberación. Lutero es, en cierta forma, un converso, alguien que desafía al poder y triunfa en ello, y en esa medida se convierte en una figura positiva. Mi conocimiento de Lutero, de una u otra forma, fue legitimando en mí la duda como recurso intelectual incluso cuando abracé la causa comunista, que es la negación de la diversidad y disidencia, y expresión pura de un pensamiento monolítico.

M: ¿Recuerdas algo del impacto de la Revolución Cubana?

R: Como en tu caso, para mí también fue importante, pero no tanto. Aunque la miraba desde un punto de vista romántico. La isla que, a solo noventa millas de Estados Unidos, construía algo distinto nunca me pareció un modelo para Chile. Para un comunista los modelos eran la Unión Soviética, Bulgaria o la RDA, no el caudillismo tropical ni la vía armada de Castro, todo eso que se apartaba de la Unión Soviética. Europa, aunque fuese la oriental, me resultaba, a los catorce o quince años, más atractiva como modelo que una isla caribeña. Y otro factor fue la vía electoral de Allende, omnipresente en Chile con sus discursos en la radio y las manifestaciones.

M: Él fue elegido senador por Valparaíso.

R: Ya antes tenía una larga carrera como senador y fue elegido por Valparaíso y Aconcagua en 1961, y después por Chiloé, Aysén y Magallanes. Mi padre lo conoció porque Allende también fue masón. En Allende se alberga, por cierto, una contradicción tremenda e insoluble: se proclamaba marxista y masón al mismo tiempo, algo que es un imposible desde el punto de vista estrictamente marxista y también masón. El marxismo es una filosofía atea que afirma conocer el devenir final de la historia y las formas de dirigirla, rechaza la existencia de un ser superior y propugna la dictadura del proletariado para conquistar y conservar el poder, y la masonería se identifica con el pluralismo, la tolerancia y una visión libre del gran arquitecto del universo, y no hay nada más alejado de la tolerancia masónica que la dictadura proletaria inventada por Marx.

M: Allende tiene muchas facetas contradictorias. Entre otras cosas, es el marxista más burgués que se haya conocido. Una especie de dandy revolucionario, amigo de los buenos whiskies y de los revolucionarios con mucha sangre en las manos.

R: Era un gran gozador de los placeres de la vida en el capitalismo. Y eso arroja una pregunta de actualidad en Chile, que ya analizaremos: ¿se puede ser socialista y vivir al mismo tiempo como un burgués? ¿O es una contradicción inaceptable? A propósito, Albert Camus fue un enemigo del dandy, y dice que el resultado más original del romanticismo no es el revolucionario sino el dandy, alguien que necesita a los demás o un espejo para creer en sí mismo y actuar.

M: Seguro que tu ciudad natal, Valparaíso, tan distinta a Santiago que es la mía, habrá sido importante en tu desarrollo.

R: Fue clave. Valparaíso es una ciudad honesta y no disimula ni oculta la pobreza como Santiago. No, en Valparaíso las diferencias sociales están a la vista de todos gracias a los cerros que se miran unos a otros. Fue así como yo desde niño vi pasar frente a casa a los pobres que bajaban desde los cerros por la mañana a trabajar al «plan»: gente a menudo descalza o con zapatos rotos, pantalones y vestones zurcidos, y olvídate de tener auto, motoneta o bicicleta. Era gente que vivía muy arriba en los cerros y bajaba con incomodidad a las entonces elegantes calles del centro de Valparaíso: Condell, Esmeralda, Prat, Pedro Montt.

M: Tienes mucha razón, eso es algo muy ajeno a un santiaguino.

R: Hablo de una época no tan lejana en que en Valparaíso mucha gente bajaba caminando o en burro al plan, realidad que los jóvenes de hoy no conocen. Uno los veía pasar, eran seres vestidos pobremente, no había cómo ignorarlos. Hoy en barrios de muchas comunas de Chile se puede vivir de espaldas a la pobreza, ignorarla. Pero Valparaíso es un balcón y una vitrina, te llama a reaccionar ante eso.

Un ejemplo: un viejo amigo del colegio, de derecha, que vivió siempre en Viña del Mar, me dijo hace un tiempo: «¿Sabes? Tengo que agradecerle a Allende porque bajo su gobierno me di cuenta de que había pobreza en Chile, porque hasta entonces yo vivía en una burbuja social». En cambio, para mi desarrollo político personal vivir en Valparaíso fue como leer libros de sociología y política.

M: Interesante lo que dices y creo que la segregación social se ha vuelto aún más común en el Chile de hoy de lo que era en el de nuestra juventud. He encontrado a jóvenes que me han confesado no haberse subido nunca a una micro o al metro. Esa desconexión con la realidad social más amplia tiene un precio político muy alto, ya que uno se hace extraño al Chile popular, que todavía es mayoritario aunque ahora no sea, ni de cerca, tan pobre como lo era cuando éramos jóvenes.

R: Otro factor importante en mi evolución fue la lectura del *Manifiesto Comunista*, de Marx y Engels, la biografía de Marx de Franz Mehring, los libros sobre materialismo histórico y dialéctico de Otto Kuusinen, el famoso manual de filosofía de

Georges Politzer y, más tarde, el manual sobre *El Capital*, de Marta Harnecker. Eran recetas express para entender la historia de la humanidad, desde la sociedad primitiva hasta el futuro que sería comunista. Eran manuales maravillosos… El mundo tenía al final un *happy end* y nosotros éramos la vanguardia iluminada, aunque antes había que transitar por este valle de lágrimas. ¿Te acuerdas del juego de armar llamado Mecano? Esos manuales eran como un mecano grandioso: mientras otros jugaban a los bandidos, las bolitas o la escondida, uno descubría las leyes de la historia y se educaba políticamente como adolescente y sabía cómo construir el futuro.

M: Disculpa que te interrumpa para comentarte lo ricas que están las paltas del Jardín de Epicuro. Qué maravilla estar tomando desayuno aquí. Esto me hace mucha falta en Suecia, adonde volveré dentro de pocos días… y allá será pleno invierno. ¡Qué envidia me da por adelantado!

R: Serás siempre bienvenido a este parrón que añoro cuando vivo fuera de Chile. Aquí tenemos hasta el clima de Samos de Epicuro. Estaba hablando de las lecturas, del libro de Georges Politzer. Me sabía de memoria las primeras páginas de sus lecciones de filosofía, con las que impresionaba al marxista más pintado. El volumen de Politzer comienza con algo así como ¿por qué es importante la filosofía y para qué sirve? Como lo recitaba de memoria, impresionaba a los mayores porque parecía una reflexión personal, era un simulacro.

También había otras lecturas importantes para un comunista, como *La Joven Guardia*, de Alexander Fadeiev, y *Así se templó el acero*, de Nikolái Ostrovski. Seamos francos: eran bodrios, llenos de clisés, banderas rojas flameando, sacrificios, héroes y lágrimas, literatura soviética, realismo socialista, estalinismo puro y duro. Pues bien, ese tipo de lectura nos conmovía e inspiraba. Los personajes, más que seres humanos, eran enormes esculturas de bronce como las esculturas del arte realista-socialista y nacional-socialista.

M: Era una ética y una estética de corte absolutamente fascista.

R: Con quince o dieciséis años yo intuía que el país estaba viviendo un momento de efervescencia revolucionaria, y me decía que era la lucha entre lo nuevo y lo viejo, el futuro y el pasado, los revolucionarios y los contrarrevolucionarios, y por eso debía tomar las armas de la crítica. Bajo esas circunstancias ingreso a las Juventudes Comunistas, las famosas JJCC o Jota. Pero fui un «jotoso» especial, porque vivía en un barrio más acomodado, en Luis Carrera, en Vitacura, cerca del Club Manquehue, y manejaba un Mini Cooper. Ingresar a la Jota fue, con respecto al ambiente del colegio, un cambio radical. Milité durante cinco años, el 76 renuncié, o sea, dejé la Jota en La Habana, decepcionado del rostro de la Revolución Cubana en lo económico y político. Allá me di cuenta de dos cosas: una, de que *El Mercurio* de verdad mentía: la vida en Cuba era peor de lo que contaba ese diario; dos: que los compañeros chilenos no comulgaban para nada con lo que veían en Cuba, porque el desastre era evidente, pero se cuidaban de expresar la crítica y la decepción por una gratitud malentendida, oportunismo o hipocresía, convencidos algunos de que, como dice Bernard-Henry Levy, hay mala gente que supuestamente se merece la represión política.

M: Cuéntame más sobre tu decisión de ingresar a la Jota.

R: Lo que apresuró mi ingreso fue lo emocional, no lo teórico. Fue la literatura y la música de la época que marcaban mucho, el boom de la literatura latinoamericana, Quilapayún, Neruda, Inti Illimani, Tiempos Nuevos, Víctor Jara, Violeta Parra, la toma de conciencia sobre la pobreza, todo eso, sumado a un deseo de hacer justicia a la brevedad, me llevó a ser comunista. Mi ruptura con el comunismo tampoco se debió a una cuestión conceptual o teórica, sino a la frustrante experiencia personal en el socialismo realmente existente.

Bajo esas circunstancias del socialismo real me hice una pregunta básica y con la mano en el corazón: ¿es esto lo que quieres para Chile? Esa fue mi pregunta. ¿Vale realmente la pena hacer una revolución para instaurar esto que estás viendo en Cuba, y donde yo soy también aquel exiliado que los revolucionarios expulsaron a Miami? Mi respuesta fue no, y mi conclusión elemental pero esencial fue: no quiero ni a Pinochet para Chile ni a Castro para Chile. ¡Punto! Y tú lo sabes bien, esa conclusión era ya traición, era hacerle el juego al enemigo, implicaba ponerse en la ilegalidad en el sistema socialista, y por eso uno se la guardaba para sí y solo la compartía a medias con alguien de total confianza.

M: Yo querría volver un poco a mi abuelo, el que se vino de España como hermano marista.

R: ¿No llegó a Cuba primero?

M: No.

R: Porque los hermanos maristas fueron influyentes en Cuba, y el antiguo colegio marista de La Habana fue convertido por la revolución en el principal centro de detención e interrogatorio de la seguridad del estado, el más importante de la isla. Causa escalofríos allá escuchar que alguien «fue llevado a Villa Marista».

M: No, mi abuelo llegó directamente a Argentina y estuvo en Luján, donde había un importante centro marista. Después de dejar de ser marista y ya en Chile trabajó muchos años en la Caja de Crédito Hipotecario, que luego pasaría a formar el

Banco del Estado, y se jubiló en 1952, cuando yo apenas tenía dos años. Así que durante mi niñez y juventud lo tuve muy cerca, y disponible para conversar. Pasábamos tardes enteras discutiendo bajo el parrón de nuestra casa de Vicuña Mackenna, donde él se instalaba a leer libros de religión —las *Confesiones* de San Agustín era uno de sus favoritos— y también de historia de España, como los *Episodios nacionales* de Benito Pérez Galdós, que me leía en voz alta.

R: Veo que los libros fueron desde temprano importantes para ti.

M: Siempre he vivido rodeado de libros. Son buenos compañeros, aunque algunos son bastante peligrosos. Mi abuelo Juan fue observando mi evolución hacia las ideas marxistas y se dio cuenta de cómo crecía en mí la pasión revolucionaria, lo que muchas veces nos llevaba a acaloradas discusiones que a él no lo dejaban muy bien, ya que sufría del corazón.

Te menciono todo esto porque de nuestras discusiones hay algo que posteriormente he recordado y rescatado con fuerza. Conocedor como era de la historia del cristianismo y sus desgarradoras luchas internas, mi abuelo no podía dejar de ver en mí esa vena mesiánica que tan fuertemente conmocionó a la cristiandad durante siglos y que se manifestó en movimientos revolucionarios que se levantaban en armas predicando la inminencia de la segunda venida de Cristo, la famosa *parousia* de los Evangelios, y la instauración de su reino milenario en la Tierra. Estas erupciones de fe militante y apocalíptica asolaron gran parte de Europa en diversos períodos y forman la matriz de lo que luego sería el movimiento comunista, en cuyos orígenes existe una ligazón directa con el mesianismo milenarista medieval.

Incluso la visión dialéctica de la historia, que pasa por tres grandes fases y desemboca en el comunismo, está plenamente elaborada por teóricos milenaristas como el famoso monje calabrés Gioacchino da Fiore del siglo xii. También la idea del hombre nuevo está totalmente presente en esos movimientos, como, por ejemplo, en el así llamado *homo bonus* de las huestes mesiánicas de Dolcino en la Italia del siglo xiii. Asimismo, la idea de que la violencia es necesaria para arribar al fin glorioso de la historia está absolutamente presente. Todo esto surge de la interpretación del texto tal vez más leído y estudiado de la Biblia: el Apocalipsis o relato del fin de este mundo para dar paso al reino de Cristo y sus santos en la Tierra.

Todo el marxismo está allí; latía en nuestra tradición cultural y religiosa desde hacía siglos, y de todo esto así como de sus trágicas consecuencias mi abuelo sabía mucho, y por ello no le costó ver en mí y en mis amigos revolucionarios a los nuevos santones armados que podían llenar la tierra de horror en nombre de la redención y el paraíso terrenal.

R: Esos son antecedentes muy poco conocidos y muy relevantes del marxismo que recalcan su carácter de religión atea. Esto es algo que los marxistas niegan con toda fuerza ya que pone en evidencia la falsedad del postulado fundamental de su doctrina: que se trata de una visión absolutamente científica, despojada de todo elemento de fe.

M: El asunto es que todo esto era algo transparente para alguien que conocía la historia del cristianismo y, no menos, para un gran conocedor de San Agustín, que combatió arduamente al mesianismo apocalíptico, proponiendo como alternativa su célebre idea de las dos ciudades —la terrenal y la de Dios— y sus historias paralelas. Mi abuelo sabía que su nieto estaba jugando con un fuego que podía terminar incendiando toda la sociedad y por ello me decía con una mezcla de cariño y temor: «Hijo, no seas soberbio».

Yo, en ese momento de exaltación revolucionaria, veía a mi abuelo como una reliquia del pasado y sus advertencias me resbalaban. Sin embargo, con los años he ido entendiendo la profundidad de lo que me decía. Era un llamado a no jugar a ser Dios, a entender las limitaciones de lo humano y que no podemos aspirar a construir utopías perfectas, porque la perfección no es de este mundo, ni tampoco el hombre nuevo. No podemos reinventarnos y transformarnos en seres angelicales, y cuando lo intentamos terminamos ejerciendo la violencia más despiadada contra el ser humano tal como es y como seguirá siendo por más que lo mandemos a campos de reeducación como los de Cuba, China o Unión Soviética.

Toda esta reflexión se fue haciendo más y más evidente en el trascurso de mis estudios sobre el marxismo y sus raíces en la tradición cultural y religiosa occidental, pero se plasmó con toda exactitud leyendo aquella frase clave del Evangelio de Juan con la que Jesús responde a la pregunta de Pilatos sobre dónde estaba su reino: «Mi reino no es de este mundo». Con ello se marca una línea roja que no debemos pasar. Nuestro mundo debe estar hecho a la medida humana, de acuerdo a lo que somos, seres perfectibles pero no perfectos. Esa es para mí la base antropológica, por así decirlo, del liberalismo, que no quiere negar lo que somos ni imponernos hormas que no calzan con nuestra naturaleza, sino construir algo mejor sobre y para nuestra imperfección.

R: Cuéntame de tu ingreso al MIR.

M: Eso ocurrió al entrar a estudiar derecho el año 1967. Tenía apenas dieciséis años y era, junto a un compañero de apellido Salinas —el «chico Salinas» le decíamos—, que también había nacido el 28 de junio de 1950, el más joven de los más de doscientos muchachos que ese año ingresaron a la escuela ubicada en la calle Pío Nono. Ahí ya había un pequeño grupo de miristas, cuyos dirigentes estaban muy influenciados por el pensamiento de Trotski. Entre ellos recuerdo especialmente a Óscar Vallespir, gran lector de Trotski y buen ajedrecista, del que se podría haber dicho lo que Mario Vargas Llosa dice del Consejero en *La guerra del fin del mundo*: «El hombre era alto y tan flaco que parecía siempre de perfil». Y junto a Vallespir estaba siempre Boris Sverdlov —¡qué nombre tan apropiado!—, otro admirador de Trotski, fuera de ser una especie de escudero del quijotesco Vallespir. También estaba, aunque no se metía mucho en el quehacer de la célula, el ya destacado dirigente mirista a nivel de la Federación de Estudiantes de la Universidad de Chile, FECH, Álvaro Rodas.

Yo estaba todavía muy verde cuando a mediados de ese año me acerqué a los miristas y no tenía idea de los conflictos internos que sacudían a la organización entre la mayoría de su núcleo fundador, gente un poco mayor y de origen obrero, como el célebre dirigente social Clotario Blest, y además con una fuerte influencia trotskista, y los jóvenes, especialmente los de la ciudad de Concepción, que representaban la orientación más guerrillerista o «foquista», como se le llamaba, de inspiración cubana. La idea de estos jóvenes, de origen marcadamente burgués, era que la creación inmediata de pequeños focos guerrilleros haría madurar las condiciones para la insurrección armada general que destruiría al régimen capitalista.

Esta línea, que también incorporaba elementos del pensamiento maoísta sobre la «guerra irregular y prolongada», estaba representada sobre todo por Miguel Enríquez, quien, junto a su hermano mayor, Marco Antonio, y a Bautista van Schouwen, redactó la *Tesis insurreccional* aprobada en el congreso fundacional del MIR en agosto de 1965. Por su parte, los trotskistas sostenían una línea más evolutiva, donde la insurrección armada sería la culminación de un largo proceso de concientización entre las masas y no el producto de un acto «voluntarista» de un grupito que se iba a las montañas. En todo caso, ya hacia fines de 1967 el conflicto entre estas falanges entró en un momento álgido en el que Miguel y sus jóvenes amigos asumen, durante el tercer congreso del partido, celebrado en diciembre de ese año en la Casa de la Cultura de San Miguel, la conducción plena del MIR y se inicia un proceso de marginación de parte de las otras corrientes revolucionarias.

R: O sea, entraste a un MIR muy convulso. ¿Qué significó esto para ti y tus compañeros de la Escuela de Derecho?

M: Muchísimo. La verdad es que yo y otros jóvenes como yo, no teníamos idea de toda esta trama hasta que un día, seguramente en marzo o abril de 1968, llega a una reunión de nuestra célula nada menos que el hermano menor de Miguel Enríquez, Edgardo, apodado «el Pollo», y simplemente procede a marginar a los dos trotskistas que dirigían nuestra célula y que ya mencioné con anterioridad: Óscar Vallespir y su escudero Boris Sverdlov. Ni recuerdo los motivos que «el Pollo» dio para ello ni teníamos pito que tocar en todo esto, pero la consecuencia es que la célula quedó en nuestras manos y nos transformamos en «los miristas» de la Escuela de Derecho, que hablábamos a nombre del partido en las asambleas y cada día poníamos nuevos afiches en el hall de la Escuela, hechos a mano y habitualmente con frases del Che o consignas del mayo francés como «seamos realistas, pidamos lo imposible» y otras parecidas.

Era una mezcla extraordinaria de cosas: miristas que entonaban la música del *Sgt. Pepper's Lonely Hearts Club Band*, de los Beatles, usaban pantalones pata de elefante, leían con avidez a Marcuse, Freud y Lenin, soñaban con la lucha antiimperialista de los vietnamitas, llevaban boina negra con estrella roja, a lo Che, tomaban tecito con sus abuelos, veraneaban en lindas casas de playa, predicaban el amor libre y enamoraban con éxito a chicas de lo más «burguesas» o, por lo menos, «pequeñoburguesas», siempre que fueran lindas eso sí.

R: Bonita mezcla, muy típica. Todo parecía un juego pero terminaría de una manera bien trágica.

M: Así es. Mi chapa o nombre de guerra era Erik, tomado del célebre vikingo noruego que descubrió Groenlandia y que era conocido como Erik el Rojo (Erik Röde como luego aprendería a decirlo en sueco). Yo no sabía mucho de él, pero seguro que eso de «el rojo» me atrajo. Esto de asumir un nombre de guerra era algo que tenía un simbolismo extraordinario: pasabas a ser otra persona, un revolucionario profesional, un «bolche», que era lo máximo a lo que se podía aspirar.

El nombre de guerra de Miguel era Viriato, figura arquetípica del «buen salvaje» y gran luchador lusitano contra las huestes romanas en el siglo II antes de nuestra era. Todo era muy romántico. En ese tiempo, nuestros afiches llevaban escrito «MIR, Poder Estudiantil», hasta que un buen día nos llegó la orden de eliminar semejante estupidez ya que el MIR era un partido proletario y punto. Así pasamos a cosas como «MIR, Poder Obrero y Campesino» y «Pueblo, conciencia, fusil, MIR, MIR». Sí, también fusil.

R: Disculpa, pero todo eso huele a epopeya, a épica, a buena literatura de Jorge Semprún o Arthur Koestler, y a cine francés. ¿Cómo era eso de las armas? ¿Era ya en serio en esa época? Recuerda que yo integraba la Jota, calificada de reformista.

M: Bien en serio, pero no muy profesional, por así decirlo. Recuerdo mi primer «entrenamiento militar» —bueno, exagerando un poco— a comienzos de 1968, en una hermosa casa veraniega en Las Cruces. Llegamos en tren a Cartagena y de allí nos fuimos trotando por la Playa Grande hasta Las Cruces. Unos siete kilómetros, nada fácil para chicos santiaguinos bien poco en forma. En Las Cruces nos esperaban nuestros jefes militares, entre ellos uno de los compañeros más cercanos de Miguel Enríquez, Humberto «Tito» Sotomayor que estaba con Miguel el día de su muerte. Tenían un pequeño arsenal de las armas más disparatadas que puedas imaginarte y cada uno de nosotros llevaba algo con que aportar a esta especie de fiesta mirista.

Por mi parte, llevaba la hermosa escopeta de mi abuelo, al que, como buen español, le encantaba cazar, y unos cuantos cartuchos. Y allí estuvimos, armando y desarmando pistolas, fusiles y escopetas, y aprendiendo técnicas de disparo y de lucha guerrillera, pero todo en teoría, ya que no podíamos empezar a disparar en Las Cruces en plena noche de verano. No sabes la emoción de todo eso, aunque fue frustrante no poder usar «los fierros», como le decíamos a las armas.

R: Eso viene de los «hierros» de los revolucionarios cubanos.

M: Me acuerdo de que para no irme tan frustrado de vuelta, pasé a ver a unos amigos que veraneaban en Playas Blancas, a medio camino entre Las Cruces y Cartagena, y allí, con toda la imprudencia de los diecisiete años, disparamos de lo lindo y, además, escuchamos fascinados el vinilo de *Sgt. Pepper's Lonely Hearts Club Band*, que por entonces todavía era una novedad. Mis amigos no tenían idea de dónde yo venía, aunque de seguro hice todo lo posible para que lo intuyeran ya que me llenaba de orgullo y emoción estar metido «en serio» en esto de la revolución, fuera de hacerme mucho más interesante entre las mujeres.

R: Así que de esa manera empezaron tus años verde olivo…

M: Sí, y al poco tiempo estaba ya convertido en «instructor de montaña» con entrenamiento en la localidad del Cajón del Maipo. Imagínate, pensábamos crear un foco guerrillero allí, cerca de Santiago. Luego, a comienzos del 69, había pasado a ser «encargado nacional» de producción de mochilas estilo vietnamita. Fabricamos unas doscientas en un taller que teníamos en la comuna de San Miguel y la mía la usé mucho, porque era muy buena.

También me compré unas botas «estilo Comité Central», que eran magníficas y que se vendían en una tienda del centro de Santiago. Estas eran las que se recomendaban para guerrilleros de verdad. Esto era un sueño y uno andaba como elevado en su rol de mesías revolucionario, mirando al resto de los mortales, pequeños e insignificantes, desde las cumbres olímpicas del que está dispuesto a morir y a matar por un ideal grandioso.

R: Esa es, precisamente, la disposición de ánimo que convierte al fanático en asesino. Y todo esto en un marco de irresponsabilidad total y de desprecio total por la democracia chilena de entonces. Un drama se iba incubando…

M: Pero en todo esto también pasaban cosas entre divertidas y grotescas. Recuerdo una vez que estaba entrenando a un grupo nuevo en el Cajón del Maipo y nos perdimos completamente, venía la noche y se nos había acabado el agua, y mis subordinados novatos ya no daban más. Pero justo entonces vino la salvación: un grupo de boy scouts, niños la mayoría, que lógicamente estaban de lo más ubicados. Ellos nos ayudaron, y jamás se enterarían de que se habían topado con una columna de la vanguardia de la futura revolución chilena. Bueno, si se lo hubiésemos dicho seguro que se hubiesen muerto de la risa ante el penoso espectáculo de estos ridículos aspirantes a Che Guevara.

R: Es apasionante lo que cuentas. Tiendo a relacionarlo también con la pose y el simulacro. ¿Sabes?, la democracia, y Chile era un país democrático también entonces, genera no solo responsabilidad sino también mucha irresponsabilidad. En dictaduras las personas no se atreven a ser irresponsables, hablando en términos políticos, porque lo pagas con la cárcel. Como en democracia existe, en cambio, el derecho a discrepar y a errar, también existe el derecho a ser políticamente irresponsable.

Nuestra realidad revolucionaria de entonces tenía mucho de pose y simulacro. Había una pose en la vestimenta del revolucionario y su aspecto cuidadosamente descuidado, de melena, barba, botas, como un ángel ajeno a los intereses materiales, y obsesionado por el poder político y económico para regalarle a las masas la prosperidad, la igualdad, la justicia y el avance al socialismo. Éramos campeones para ser solidarios con los recursos de otros. Cuando en Cuba se acabaron esos recursos nacionales, se los buscó en China, la URSS y Venezuela, y hoy de nuevo en Estados Unidos. Lo delicado de todo esto es cuando de pronto la sangre o la posibilidad de morir y tener que matar se cruza con la pose y el simulacro del revolucionario jacobino, limpio, puro, impoluto, superior frente a quien se le opone, que solo puede ser la despreciable burguesía, el imperialismo o los sujetos que están a su servicio.

M: Así es, hay que ser muy malo o muy vendido para oponerse a la instauración del paraíso en la Tierra. La única pregunta que con el tiempo fue quedando por contestar era de quién iba a ser el funeral. En todo caso, las campanas ya empezaban a doblar por el viejo Chile y su democracia.

R: Eran campanas que llamaban a una última cena y nadie sabía quién iba a ser el pato de esa cena, pero todos esperaban que fuese el otro. Uno lentamente iba entendiendo en aquella época tan comprimida, me refiero a los años de la Unidad Popular de Salvador Allende, que la realidad era dura, ardua, amenazante y peligrosa, y que en ella se podía perder la vida. Era una especie de despertar y el principio de la realidad comenzaba a imponerse. Y todo esto nutrido por la retórica de los irresponsables dirigentes revolucionarios de aquella época, los textos revolucionarios de políticos, académicos y teóricos consagrados del marxismo. Queríamos unir el arma de la crítica con la crítica de las armas, y de pronto descubrimos algo trágico: que el adversario también podía recurrir a la crítica de las armas, y que tenía armas poderosas y que estábamos en minoría política.

M: Ese fue el gran descubrimiento final y nos quedamos en la pose y la alharaca revolucionaria, haciendo el ridículo ante una mayoría que nos rechazaba y un ejército profesional que nos aplastó.

R: Al final éramos retóricos y diletantes, y el ejército era mudo y profesional. Nunca hay que despertar a los perros que duermen, dice un dicho alemán.

M: Los suecos dicen que no hay que despertar al oso que duerme, lo que parece incluso más adecuado en este caso.

R: En fin, este hecho tan singular que narras de que participaste en un grupo militar siendo un joven, me lleva a recordar mi participación en el Pedagógico de la Universidad de Chile en un curso de adiestramiento semanal de la Jota en defensa personal, porque se acercaba el enfrentamiento militar en Chile.

Entiendo que los miristas y muchos socialistas, inspirados y respaldados por Cuba, se ejercitaban con armas y tácticas guerrilleras en Chile y Cuba, pero nosotros, los comunistas, habíamos apostado por la vía pacífica por orientación de la Unión Soviética. Así que lo nuestro era aprender solamente defensa personal, procedimientos para liquidar a los «fascistas» con un palo, oprimiéndoles la garganta. Recibíamos clases semanales que eran una mezcla de karate y uso de linchacos en un auditorio grande, que estaba en manos de la Juventud Comunista. Era más que defensa personal, era la eliminación del adversario, pero eso da una idea de la locura en que había caído el país, porque entiendo que simultáneamente organizaciones como Patria y Libertad y la Brigada Rolando Matus, por la derecha, tampoco estaban jugando ajedrez en esos meses.

Y todo esto funcionaba paralelo a otra lógica: recuerdo que en las últimas elecciones municipales, la Jota me pidió que trasladara en el Mini Cooper a ancianos que no podían ir a votar por sus propios medios. Transitando por calles imposibles con varios ancianos dentro, la suspensión del auto quedó estropeada. Mi padre reclamó por la reparación en una época en que ni había repuestos. Nunca supo que fue un aporte suyo al brazo político del Partido Comunista chileno.

M: Yo también recibí muchas de esas clases, y hasta terminé dos veces enyesado por culpa una vez del karate y otra del judo.

R: Se lo tomaban más a pecho que nosotros, entonces. Los días miércoles o jueves llegábamos a un centro del Pedagógico un centenar de jóvenes dispuestos a liquidar a «fascistas». A eso se había reducido la política en los últimos meses de la hoy idealizada Unidad Popular. Como el auditorio tenía amplios ventanales, los cubríamos con cal o letreros para que «el enemigo de clase» no detectara los preparativos para el enfrentamiento. Los instructores se subían al escenario vestidos de negro y bandana, y lanzaban arengas revolucionarias para motivarnos a liquidar al «enemigo fascista». Y hacíamos los ejercicios gritando al unísono consignas llenas de odio, confiados en que nos acercábamos a la conquista del poder y detendríamos el fascismo.

Cuando paso hoy por algunas ciudades y veo a centenares de personas haciendo gimnasia sincronizada en plazas o calles, me viene de inmediato a la memoria esa etapa de terrible polarización en Chile. Ahora hacen esos ejercicios para bajar de peso o vivir más sano, pero nosotros hicimos algo parecido con otros fines, unos fines que muchos prefieren olvidar, pero que a mí hasta hoy me penan. Pensar que pude haber matado a otro compatriota, o pude haber sido asesinado por otro chileno… En eso terminó la vía chilena al socialismo «con sabor a empanadas y vino tinto», según palabras de Allende. Y todos pusimos nuestro aporte a esto, por lado y lado. Mientras estos jóvenes bailan hoy al ritmo de rock o salsa, yo a esa edad también andaba en grupos semejantes, pero era para matar a otros chilenos o para que no me mataran.

M: Bueno, yo además bailé harto rock y cumbia con unas excelentes «cubalibres», pero a mí también me pasa que comparo y me resulta increíble recordar en todo lo que anduve metido. A veces se lo cuento a mis hijos, pero no mucho para que no se asusten de mí, y pienso en mi madre y de cómo habrá sido para ella saber que su único hijo andaba metido en todo esto. Pero para ella así debía ser, eran los riesgos que nuestros ideales nos imponían, pero igual debe de haber sido angustioso aunque nunca me hizo el más mínimo reproche, fuera de decirme «cuídate, Mauri». Pero lo peor es que los chilenos han olvidado mucho de esto, y hay tantos jóvenes de hoy que nunca han recibido una información verídica de lo que fue ese Chile camino al precipicio de los años setenta.

R: Yo hice todo aquello sin que mis padres pudieran ni siquiera imaginarlo. Cuando vuelvo a mirar esa etapa de polarización profunda, previa a la dictadura militar de Pinochet, pienso en la sabiduría de mi abuelo materno, que era un hombre sensible y culto. Dicen que nadie aprende por experiencia ajena, y es cierto. Él subrayaba algo que no olvidaré nunca: la persona es un templo que acoge y cultiva en su interior convicciones, creencias, fe, en fin, todo lo cual es intocable.

A mí no me convencía que esa parte del ser humano fuese inviolable. Para construir al hombre nuevo hay que partir desconociendo esa inviolabilidad de la conciencia individual porque yo, como estado, voy a formar y reeducar al hombre viejo para convertirlo en otro ser humano, uno que se amolde a mi utopía política. Claro, mi abuelo esbozaba el concepto de persona del cristianismo o de la revolución norteamericana.

Entonces me parecía que mi abuelo era reaccionario como buen democratacristiano, y que por ello no estaba a la altura de la época en que vivíamos, que necesitaba Robespierre.

M: ¡Qué sabios eran nuestros abuelos!

R: Una de las últimas frases que recuerdo de él, cuando advirtió que estaba leyendo a Marx y Lenin, fue: «Hay que tener mucho cuidado cuando uno es joven con los filósofos que lee, porque los filósofos son gente muy culta e inteligente, que domina el lenguaje y puede convencerlo a uno de cualquier cosa».
    Yo tenía unos dieciséis años, y me pareció que lo que el abuelo decía era insostenible porque yo consideraba que eso no podía ser un riesgo por cuanto había una sola verdad en política, y lo que yo estaba leyendo me conducía a esa verdad, a la luz de la que tú hablabas. Por lo tanto, su preocupación era reaccionaria y por ello inútil. Fueron frases que, con el tiempo, cuando enfrenté en el socialismo realmente existente la ruptura, el quiebre, la incertidumbre y la duda, me hicieron sentir su sabiduría y tuvieron una capacidad tremenda de iluminarme, solo comparable a la influencia que tuvieron en mi conversión algunas novelas y poetas.

M: Con todas estas cosas que tú cuentas, ¿por qué no te inclinaste hacia la democracia cristiana? Teniendo todos estos antecedentes, era como lo natural. Además, estamos hablando de una democracia cristiana muy radicalizada que daría origen, por ejemplo, a la candidatura a presidente en Chile de Radomiro Tomic y toda su idea de la «vía no capitalista» al desarrollo.

R: Es una gran pregunta. Estoy hablando del período anterior al gobierno de Allende, los años 68 o 69, yo tengo quince o dieciséis años. Creo que entonces mi abuelo sufría mucho por las tensiones políticas que afectaban a Chile y porque veía que ellas se agudizaban y se reflejaban en sus nietos. Otro de mis primos, que estudiaba arquitectura, terminó en el MIR, por ejemplo.

No me hice democratacristiano primero porque a mis ojos era un partido como el radical, ya sin mecha revolucionaria, demasiado mesurado. Su proyecto era un socialismo comunitario que más parecía un pretexto para no construir el socialismo marxista y que nadie había llevado a la práctica. Yo quería ser radical, cambiar a Chile de arriba abajo, y la DC era el reformismo para prolongar la existencia del capitalismo. Además, pesaba sobre mí el hecho de que el expresidente Frei había sido apoyado también por Estados Unidos, y ese país era para mí el imperialismo y el responsable de todos los males del mundo. La democracia cristiana era entonces despreciable por reformista. Al final milité en una juventud que no era tan radical como el MIR o el Partido Socialista, PS, de esos tiempos, sino más bien reformista, lo que nos causaba complejos, simplemente porque la URSS era una realidad comprobable, y Chile no era comparable a Cuba.

M: Justamente por eso les decíamos jocosamente rabanitos o reformistas, que era el peor insulto entre nosotros.

R: Ustedes eran para nosotros aventureros de ultraizquierda, respaldados por Fidel Castro, que quería aplicar mecánicamente la realidad cubana a la chilena. Pero admito que vuestro líder seducía más que los abrigados viejos del Buró Político en Moscú. Ojo, que ese era un argumento de la Jota para atacar al MIR entonces. En esa época el PC chileno dependía de la URSS, y era visto —como casi todos los PC del mundo— como reformista por el decisivo Departamento América del Comité Central del Partido Comunista cubano.

Pero nuestro ataque principal se dirigía contra la democracia cristiana, porque veíamos allí una división entre reformistas-reaccionarios y reformistas-progresistas. Víctor Jara cantaba que la DC no era «ni chicha ni limoná», y a lo que nosotros aspirábamos era a dividir a la DC para conseguir que el centro político del país apoyara la construcción del socialismo. A propósito de Víctor Jara, que fue asesinado de forma brutal al comienzo de la dictadura: tenía una canción que destilaba un odio social y racista que revela cómo nos llevábamos los chilenos entonces. Se titula «Las casitas del barrio alto», y habla de «los niños rubiecitos» que con otros niños rubiecitos «fuman pitillos en Austin mini» y juegan «con bombas y con política». Expresa un impresentable racismo al revés, que hoy consideraría hasta políticamente incorrecto.

Era la visión del «hombre nuevo». Nosotros luchábamos contra el «hombre viejo», vicioso y sedicioso, blanco y rubio, que debía ser erradicado. Allí vemos a los «niños rubiecitos» como un adversario. Eso de atar a un enemigo a un rasgo racial determinado es tremendo, pero da una idea del Chile dividido a muerte de entonces.

M: Súmale la letra de otra canción, esta vez de Quilapayún, y tienes la película completa: «Cuándo querrá el Dios del cielo que la tortilla se vuelva, que los pobres coman pan y los ricos mierda, mierda». Ese era el horizonte de nuestras luchas, nuestra épica. Todo eso quedó muy bien plasmado en ese vinilo también de Quilapayún llamado *Por Vietnam* que apareció en 1968 y que escuchábamos incansablemente.

R: Cuando entré a la universidad a estudiar por la mañana antropología social —con curiosidad por grandes autores como Lévi-Strauss, Merton, Chinoy y Childe—, en el recién creado Departamento de Antropología Social y Arqueología, que estaba frente al Pedagógico, empecé encantado, pero al rato, corría 1972, me di cuenta de que había pocas clases. Había un par de horitas de clase los lunes, miércoles y viernes, y nada más, pero lo que sí abundaba era la política.

La universidad era la universidad de la política, y de una política en estado terminal. Y yo, que venía de la disciplina del Colegio Alemán, del estudio intenso y disciplinado, de salas limpias y clases todos los días, sin jamás una huelga de nadie, de pronto me encuentro con ese mundo apocalíptico, de paredes rayadas, campus sucio, profesores y alumnos que faltaban a clase, de mítines espontáneos y convocatorias a marchas multitudinarias, de disturbios, peleas y pedradas. Me di cuenta de que tenía tiempo para estudiar otra carrera en forma paralela porque, en tiempo al menos, las exigencias estaban por debajo de las del Colegio Alemán.

M: ¿Qué otra cosa estudiaste?

R: Me matriculé también en literatura latinoamericana. La gente te miraba rarísimo porque querías estudiar más. Entonces la Jota me encargó reclutar militantes en el Departamento de Antropología, que era una carrera de moda —ya había pasado la moda de la sociología—, y de fundar una célula. En el Departamento de Antropología abundaba la gente de izquierda, pero caviar, y para la Jota, organización más bien obrera, era importante poner un pie allí. Así que fui, al menos hasta el golpe de estado, el único joven comunista ahí, y tuve el encargo de crear un diario mural.

M: Como yo lo hacía en la Escuela de Derecho, donde hasta colgaba mis poemas revolucionarios, como uno que se llamaba «Bandera roja» y hablaba de «el pueblo» que, a lo lejos, venía marchando con una bandera roja que, al acercarse, mostraba ser la camisa de un obrero ensangrentada por las balas de la represión… ¡Imagínate!

R: ¡Realismo socialista puro, Mauricio! Sí, estamos emparentados… ja, ja, ja. Para mi diario mural me conseguí en la dirección regional de la Jota un marco de madera y cartulinas, donde podía pegar letreros, parecidos a los anuncios de teatros y cines que se amarran a los postes en las calles. Entonces lo instalé y aseguré con alambre, y ahí estaba el diario mural de las Juventudes Comunistas en el Departamento de Antropología y Arqueología. Duro con la DC y la reacción fascista. Me sentía profundamente orgulloso.

Yo elaboraba mis propios editoriales sobre la UP, la lucha de clases, la revolución y el socialismo. Claro, no tardó mucho el encargado de la Jota a nivel del Pedagógico en citarme para reprocharme que lo que estaba haciendo estaba bien pero era muy personal. Había que poner las cosas en sintonía con los editoriales del diario comunista *El Siglo* y la línea de la Jota. Entonces me discipliné. Sufrí mi primera censura.

M: Te llamó al sentido colectivo, a subordinar tu yo al nosotros, al partido. Esa es la esencia alienante del leninismo.

R: Exacto. Es el partido el importante, no tú. «Mira, estos son los conceptos…: tú parece que algo le pegái a la escritura, muy bien, pero no te olvidís de cuáles son las ideas importantes», me dijo. Al final, nunca logré reclutar a nadie, no sé si por culpa de la línea de la Jota o porque me faltaba calle y persuasión. Tampoco supe si escribía mal o bien esos editoriales que terminaron copiando el tono de los discursos del secretario general del Partido Comunista, Luis Corvalán, con refranes y todo. Lo cierto es que fui un náufrago político dentro del Departamento de Antropología Social, donde predominaban socialistas, miristas y democratacristianos.

En esa época estudiaba conmigo Ángela Jeria, madre de la presidenta Michelle Bachelet, que militaba con los socialistas. Tenía entonces unos cuarenta años, elegante, fina, culta, atractiva y físicamente estupenda. Además, esposa de un general que apoyaba a Allende, Alberto Bachelet. Era el sueño erótico de los que teníamos veinte. Nos alborotaba las hormonas.

Pero viene el golpe de estado y todo se derrumba. Recuerdo que para el 11 de septiembre de 1973 fui, como establecía una instrucción central, a mi centro de estudio, pero comprobé que solo estábamos allí los militantes de base y nuestra líder inmediatamente superior, llamada Pepa. El resto de los dirigentes se había hecho humo esa misma mañana. No vi a los importantes dirigentes Martín Pascual ni a Alejandro Jiménez, ni a Lautaro Carmona entre los disciplinados militantes que llegamos al Pedagógico. Había reuniones tal vez en la Jota, lo ignoro, o se impuso el dicho de que soldado que arranca, sirve para otra guerra. Esa experiencia me marcó para siempre y me rejuré que nunca más serviría de carne de cañón para ninguna causa política.

M: Fue una gran traición, y así pagaron muchos justos por los grandes pecadores.

R: Ese día lo describo en *Nuestros años verde olivo*: los dirigentes de peso, los líderes universitarios, esos que llamaban permanentemente a defender el gobierno hasta las últimas consecuencias, no aparecen por ningún lado a «la hora de los mameyes», como le dicen los cubanos a esos momentos que exigen todo tu coraje.

Pero yo creía en lo que creía entonces. Vivía en Luis Carrera con Vitacura, y agarré el Mini Cooper y me acerqué al Pedagógico ese 11 de septiembre por la mañana, y ya había un cordón de militares rodeándolo. Estacioné lejos y caminé. Se podía pasar en dirección al Pedagógico, pero se cerraba cada vez más el círculo. Yo tenía veinte años, cantidad de sueños y utopías revolucionarias en la cabeza, y entré al Pedagógico, y es allí donde veo algo que no olvidaré nunca y que me sirvió para sacar una conclusión para el resto de mi vida: la Pepa, nuestra jefa directa, nos dice que hay que quemar los carnets de militancia y los documentos. Pero no hay ningún dirigente de la Jota superior a la Pepa. No hay, ni aparecerá. Hoy me pregunto si no es lo mismo que le pasó a Allende ese día.

M: ¿Has tenido reacciones de alguno de esos ausentes vergonzosos por lo que escribiste?

R: Hace unos años me increpó Alejandro Jiménez por haber relatado eso. «Me pusiste a mí en ese libro, tú que hai bolseao toda la vida en los países comunistas…, y me ponís a mí. Tú no sabís que me pasé, mientras vos bolseabai afuera, diecisiete años combatiendo en Chile contra la dictadura», me dijo. Le pedí que se calmara y dejara de insultar, y le insistí: el día 11 de septiembre de 1973, pese a las instrucciones que había, no llegaron dirigentes de la Jota al Pedagógico, y yo sí llegué. Yo fui a arriesgar la vida, y ustedes desaparecieron.

M: ¿Cómo siguió el 11 para ti?

R: Después de quemar los documentos —recuerdo que los Hawker Hunters sobrevolaban la ciudad en vuelo rasante— nos fuimos con otro camarada de base a la Escuela de Letras a quemar los diarios murales. Cerca de ahí estaban las rejas del Pedagógico, y más allá el círculo de soldados. Mientras sacábamos las listas con nombres de alumnos y pasaban rugiendo los aviones, nosotros estábamos destruyendo documentos, arriesgando nuestras vidas sin saberlo, porque éramos jóvenes e irresponsables, pero cumplíamos nuestro deber revolucionario.

Al final, cuando la cosa se puso más fea y la orden fue la de irse como uno pudiera, yo salté un muro del Pedagógico, fui a dar a unas casas de un piso, y de ahí me fui en el Mini a casa. Esa fue mi hora de los mameyes y ahí noté que tenía que aprender de la política y que la política es algo demasiado serio, pero que los políticos no siempre lo son. Allende vivió su hora de los mameyes solo y aislado; ninguno de sus dirigentes apareció, aunque hoy lo inscriben en sus banderas. De ahí extraje la conclusión: hay que ser cauto a la hora de abrazar causas políticas. Es el mensaje que le di a mis hijos: que ningún político te haga comprometer tu sangre para alcanzar ciertos fines.

M: Lo de Allende es importante. Solo, pero con gran valentía y, por lo menos ese día, un gran sentido de la responsabilidad. Estoy convencido de que sus palabras pidiendo tranquilidad —el pueblo «no debe dejarse provocar, ni debe dejarse masacrar»— evitaron una masacre de inmensas proporciones. Si hubiese llamado a sus seguidores a ir a defenderlo a La Moneda hubiese corrido muchísima más sangre de la que corrió. Fue grande en su muerte y hay que reconocerlo.

R: Totalmente de acuerdo. Pero cuéntame cómo fue tu 11 de septiembre.

M: Déjame, antes de llegar a eso, retomar el hilo de lo que te he ido contando. Mi bautizo de fuego, para llamarlo de alguna manera, fue la toma de la Escuela de Derecho en marzo del 68, justo la noche anterior a que comenzaran las clases. Éramos los miristas y otros muchachos de la escuela, todos fuertemente influenciados por un profesor joven y carismático llamado Alfredo Nazar, que había hecho su doctorado en Italia y que era un devoto extremo de la Revolución Cubana y de la figura de Fidel Castro, con la que, sin duda, se identificaba. Le decíamos «el maestro» y lo admirábamos sin límites. En esos tiempos, el decano era el padre del exministro de Hacienda del primer gobierno de Michelle Bachelet, Andrés Velasco, y contra él dirigíamos nuestra artillería en defensa de Nazar, que no fue recontratado para el curso de 1968 por su estilo abiertamente subversivo de enseñar y también por sus formas muy poco académicas de intimar con sus estudiantes.

Le hicimos la vida imposible al pobre Eugenio Velasco, que era un hombre muy respetable pero que para nosotros representaba lo más despreciable del espíritu burgués. Así que decidimos tomarnos la escuela, aun siendo una clara minoría. Éramos algo más de cincuenta muchachos, cifra a la que llegamos porque a la toma se incorporaron los socialistas e incluso, en último momento, los comunistas. Yo llegué con nuestro pequeño televisor en blanco y negro marca Sanyo en la mano, cosa que mi madre no me perdonaría tan fácilmente, pero teníamos que poder ver las noticias.

R: ¡Me imagino el enojo de tu madre! Una cosa es ser revolucionario y otra tonto.

M: También podrías haber dicho huevón, pero llamémoslo entusiasmo revolucionario. Mi puesto de combate fue una de las entradas laterales de la escuela. Entre los que vigilaban esa entrada recuerdo muy bien a Nibaldo Mena, que era un poco mayor que yo y militante comunista de origen bastante humilde. Con él, sobre un techo bajo donde estábamos parapetados, conversé toda esa noche exaltada, fuera de jugar alguna partida de ajedrez que Nibaldo ganó. Él representaba para mí al comunista en el buen sentido de la palabra: abnegado y con una percepción de las cosas mucho más amplia y de largo plazo que la nuestra. Era un cuadro muy bien formado y sabía que esta lucha ni había empezado ni terminaría con nosotros.

Ese sentido de la trascendencia histórica era muy potente e impactante, e inducía a una calma que nosotros no teníamos. Nibaldo me hablaba de los peligros del «izquierdismo pequeñoburgués», esa «enfermedad infantil del comunismo» de la que escribió Lenin, y me decía cazurramente: «los extremos se tocan». Él representaba el reformismo y la claudicación de que acusábamos a los comunistas, pero me permitió palpar un marxismo más serio, no como el nuestro, que era libresco, carnavalero y voluntarista. En mi mundo de pistoleros románticos, la figura de Nibaldo era muy poco atractiva, pero no dejó de impresionarme. En buenas cuentas, allí estaban las dos concepciones revolucionarias que se enfrentarían constantemente hasta el golpe del 73, desestabilizando de manera fatal al gobierno de Allende: los que queríamos «avanzar sin transar», costara lo que costara, y aquellos que, con el proverbio italiano, decían «*chi va piano va sano e va lontano*». Las metas eran las mismas, pero nuestros horizontes de tiempo y los métodos elegidos en ese momento, eran muy distintos.

R: Fue realmente un conflicto decisivo y tremendamente autodestructivo, que se presenta, al menos subterráneamente, en todas las revoluciones. Por lo general son los grandes caudillos, como Robespierre, Lenin, Castro o Chi Minh quienes deciden, a punta de sangre y espada, el ritmo y la profundidad que han de tomar las cosas. Y la gente que apostaba por el todo o nada en el Chile de entonces terminó sumando no solo a los miristas sino también a la mayoría de los socialistas, cuyo partido estaba en manos de fracciones guerrilleristas, y a los mapucistas, entre otros. Todos por el enfrentamiento armado, el conteo sin protección al enemigo de clase, sin dilación, y con el «¡patria o muerte, venceremos!» en los labios. Fueron acciones criminalmente irresponsables, y hubo muchos políticos izquierdistas responsables de exacerbar las diferencias y de las consecuencias que arrastraron. Tendrían diferentes epílogos: muertos o desaparecidos unos, torturados y exiliados otros, y algunos a la larga siguieron en la política como «renovados» o renacieron como empresarios. Pocos, que recuerde, han hecho un mea culpa público, de cara al país.

M: Los comunistas sabían muy bien que la URSS jamás mantendría una Cuba al otro lado de Los Andes con lo que ya le costaba la Cuba del Caribe. Sabían lo que era la geopolítica y dónde estaban los límites de lo que Estados Unidos podía tolerar.

R: Y sabían en términos generales, porque los soviéticos se lo habían dicho, lo que cuesta financiar al improductivo socialismo, dotarlo de comida, tractores, combustible y armas a miles de kilómetros de distancia.

M: Para nosotros solo existía la voluntad revolucionaria, el coraje, el desplante del macho, todo muy al estilo castrista-guevarista. Era la hora, como Che Guevara decía, de crear dos, tres, muchos Vietnam, y en ello pensábamos que estábamos con nuestra revolución de farándula que tan caro le terminó costando a Chile.

R: ¿Y cómo terminó la toma de la Escuela de Derecho?

M: La mañana siguiente se juntó gran cantidad de estudiantes que querían entrar a su primer día de clases y, liderados por los democratacristianos, literalmente «nos sacaron la cresta», nos echaron a patadas y a palos. Así que mi bautizo de fuego no terminó muy bien. Lo más ridículo de todo es que mi mamá tuvo que ir a rogarles a los odiados democratacristianos que nos devolvieran nuestro televisor.

R: ¿Y lo recuperó? Un televisor eran palabras mayores en el Chile de esa época.

M: Lo devolvieron. Así eran todavía las cosas en Chile.

R: ¿Y cómo siguió tu historia de mirista?

M: El 68 fue un año lleno de acción: tomas de locales universitarios y secundarios, y peleas callejeras constantes —pasábamos cerrando el puente Pío Nono y teníamos cerquita nuestro campo de batalla favorito: la embajada de Estados Unidos—, pero también el partido empezó a hacer serios esfuerzos por abrir «frentes de masas» y acercarse a los sectores populares, tratando de hacer cierta su nueva consigna de «MIR, Poder Obrero y Campesino». Así comenzó una nueva experiencia para mí que fue realmente importante en un sentido que iba mucho más allá de la política.

A comienzos de 1969 recibí la orden de empezar a hacer trabajo político en la población José María Caro. Así, partí a juntarme con un compañero —que luego terminaría detenido en el campo de prisioneros de Pisagua y, finalmente, viviendo en Estocolmo— en el paradero final del recorrido de los buses que iban para allá. Recuerdo bien ese encuentro y también a la compañera pobladora que era nuestro contacto y base de acción. Ella nos invitó a tomar «tecito con pan pelao», y para mí fue como ir a misa y recibir la hostia.

Salíamos a repartir panfletos y hablarles a los pobladores de este nuevo partido de banderas rojinegras que les iba a dar lo que ni socialistas ni comunistas les habían dado: la revolución obrera y campesina. Imagínate, un joven «pequeñoburgués» de dieciocho años con melena a lo Beatles y camisa floreada, que le llevaba el evangelio revolucionario al pueblo. No creo que nuestras acciones de propaganda hayan tenido mucho impacto, pero para mí fue una experiencia conmovedora: la pobreza y la lucha de verdad, especialmente la de esas mujeres heroicas, habitualmente con hijos y abandonadas por sus maridos o teniendo que soportarlos con sus borracheras, iras y amantes. Más ganas daban de hacer la revolución frente a una realidad que parecía estarla pidiendo a gritos.

R: Me imagino el terremoto personal que todo esto habrá significado para ti.

M: Muy grande, y así me iba fortaleciendo en mi nuevo yo, como profesional de la revolución proletaria. Seguía aprobando ramos en derecho, pero apenas le dedicaba tiempo a eso.

En ese año, 1969, todo va a dar un salto cualitativo. La situación general se estaba caldeando rápidamente en Chile, con frecuentes ocupaciones de escuelas, terrenos urbanos y fundos. En marzo, recuerdo, mueren ocho pobladores en Pampa Irigoin en la ciudad de Puerto Montt en un enfrentamiento con carabineros que además deja cuarenta y siete heridos, de los cuales veinte eran carabineros.

Para nosotros era la democracia cristiana y la «democracia burguesa» chilena que mostraban su verdadero rostro, dictatorial y represivo. El MIR y otros grupos similares se van radicalizando y comienzan las así llamadas «acciones directas» y de «propaganda armada». Sin embargo, el paso decisivo lo dan por su cuenta los miristas de Concepción, liderados por Luciano Cruz, a comienzos de junio, con el secuestro, interrogatorio y vejación del director del diario *Las Últimas Noticias de la Tarde*, Hernán Osses Santa María.

El hecho conmovió a Chile y el gobierno de Eduardo Frei Montalva ilegalizó al MIR y dio orden de captura de trece miembros de su cúpula dirigente, incluido José Goñi, futuro embajador y ministro de Defensa de Michelle Bachelet. Así pasamos a la clandestinidad, y el partido respondió con una serie de acciones armadas, donde los asaltos a bancos o «expropiaciones» se harían famosos. Era la hora de «los fierros», pero no solo para el MIR.

El Movimiento Revolucionario Manuel Rodríguez (MR2), desgajado del MIR, también pasa a la lucha armada con el asalto de la Armería Italiana, el 15 de junio de 1969, apoderándose de una treintena de armas y abundante munición. Un poco más tarde, la Vanguardia Organizada del Pueblo (VOP) y los «Elenos», miembros del Partido Socialista pertenecientes al Ejército de Liberación Nacional (ELN), se suman a los asaltos y también detonan artefactos explosivos. Chile pasaba de las armas de la crítica a la crítica de las armas.

R: Es increíble que toda esa locura violentista se haya desencadenado en plena democracia. Esto es clave recordarlo, porque hoy se mistifica a estos supuestos «luchadores por la democracia» y hasta se los pinta como inocentes palomas.

M: Esto llega a tanto que hace no mucho el candidato presidencial Marco Enríquez-Ominami, quien ha declarado que él «habría sido mirista cien veces», se permitió decir que su padre, Miguel Enríquez, jamás «hizo daño o promovió la violencia», sino que lo único que hizo fue «ponerse de pie frente a un tirano». Decir algo así no es solo una desvergüenza sino una falta absoluta de respeto para con lo que Miguel Enríquez pensó e hizo durante toda su vida de militante revolucionario.

R: Veo en esto un manejo de la historia que no proyecta la vida política de Miguel Enríquez sino que se acota a la forma en que murió. A mi juicio, él murió en su ley, es decir, promovió la vía armada en política y cayó frente a las armas de lo que en los sesenta definió como dictadura burguesa. Hay otros líderes ultras que predicaron y ejercitaron la violencia del mismo modo, y que en el fondo llevaron a morir a camaradas y que terminaron de funcionarios o empresarios sin asumir responsabilidades, mirando para el lado como si hubiesen sido amables empleados de una oficina de correos de Suiza, por usar una imagen de Jorge Luis Borges. Pero cuéntame cómo te afectó a ti este paso a la lucha clandestina y las acciones armadas.

M: Pasamos a la clandestinidad sin tener la menor preparación para hacerlo. Es decir, cada uno se fue a esconder donde pudo. Así que partí donde unos tíos que vivían en Quilpué y que visitaba muy de vez en cuando. Quedaron de los más sorprendidos de ver a este sobrino en la puerta, al que de pronto le habían dado ganas tremendas de verlos. Allí estuve algunos días, hasta que nos dimos cuenta de que «la represión» era en realidad bastante suave y que los militantes que no pertenecían a los trece buscados oficialmente podían volver a lo de siempre.

Pero lo más importante es que el secuestro de Osses y nuestro atolondrado paso a la clandestinidad hicieron que estallara una grave crisis interna. Los militantes de corrientes menos militaristas plantearon una crítica abierta a la dirección cada vez más «autoritaria», «militarista» y «aventurera» de Miguel Enríquez y sus amigos, lo que provocará su marginación o abandono en masa del MIR. Al mismo tiempo, surge una crítica desde el lado opuesto por no prepararse como corresponde para la lucha armada clandestina. Y es en esta posición donde yo me ubico, o sea, con la gente más «cabeza de pistola», muy influenciado por la experiencia de los Tupamaros uruguayos que habían llevado el arte de la guerrilla urbana a niveles espectaculares.

A comienzos de agosto de 1969 mi célula se reúne con Miguel Enríquez en mi casa de la calle Catedral 2360, frente a la iglesia de Los Capuchinos, para manifestarle nuestras críticas. Miguel conocía bien esa casa ya que se la habíamos prestado hacía no mucho para que se reuniese con la dirigencia del MIR. Fue una larga reunión que duró hasta altas horas de la madrugada. Miguel dibujaba compulsivamente figuras geométricas en unas hojas de papel e hizo un gran esfuerzo por evitar que dejásemos el partido, pero fue en vano. Se calcula que entre un 20 y un 30 por ciento de los militantes abandonó el MIR durante el invierno de 1969.

R: Así que tú fuiste realmente un ultra extremo, algo que para un reformista de la Jota es algo que ponía los pelos de punta.

M: Sí, y de tan extremo que era nunca llegué ni siquiera a participar en una acción armada, cosa que entonces era una vergüenza pero que hoy agradezco de todo corazón. Te explico lo que pasó. El círculo en el que yo me movía estaba bajo la fuerte influencia de Alfredo Nazar, el ahora exprofesor de la Escuela de Derecho que mencioné antes. Era un hombre fascinante y con rasgos lindantes en la megalomanía. Su sueño era encabezar una gesta heroica comparable con el intento de toma del Cuartel Moncada realizado por Fidel Castro en 1953, y a ese carro nos invitó a subirnos.

Así empezó la vida de una microsecta que de tan secreta e inoperante no dejó ni huella de su existencia. Nuestra idea era asaltar el Banco Central y hasta nos conseguimos planos del mismo, pero de eso no pasamos. Montamos un taller para falsificar documentos, practicábamos tiro, deportes marciales, técnicas de seguimiento urbano, etc., etc. En nuestro pequeño arsenal teníamos una pistola Luger que era nuestro orgullo. Provenía del asalto a la Armería Italiana realizado en junio de 1969 por el MR2, organización con la que tuvimos algunas relaciones e intercambiamos «materiales de combate».

Mi nombre de guerra era Anselmo (uno de los personajes de *Por quién doblan las campanas* de Hemingway), y al poco tiempo fui designado encargado político-militar de nuestra miniorganización. Toda nuestra historia fue tan grotesca que bien cabría como episodio en la *Historia de Mayta*, de Mario Vargas Llosa. Finalmente, cuando nuestro líder se cansó, disolvimos nuestro micropartido que ni siquiera tuvo nombre. De esa manera, quedé dando vueltas durante el período de la UP, acercándome a ciertos grupos del Partido Socialista pero sin volver a una militancia real. Lo que sí hice fue leer mucho.

Me estudié los tres tomos de *El capital* completitos y hasta me metí con Hegel. Fíjate que en mi biblioteca todavía tengo *La ciencia de la lógica* y *La fenomenología del espíritu* con los subrayados de esa época, fuera de alguno de los tomos de *El capital* y las *Obras escogidas* de Marx y Engels, impresas por la Editorial Progreso de Moscú y con la firma de mi madre, que fue quien las compró. Además, y casi me da vergüenza decirlo, te debo confesar que me he leído dos veces los tres tomos de *El capital* sin perderme ni una coma. Así de devoto he sido.

R: Ni Lenin se leyó a Marx dos veces.

M: Esas son las cosas que te pasan por ser intelectual, ja, ja, ja. Hasta para eso era extremista.

R: Y en eso te pilló el golpe…

M: Sí, haciendo muchas cosas. Fíjate que era profesor de economía marxista en el Instituto Superior Tecnológico, una creación efímera del gobierno de Allende. Así vino el golpe y de pronto se derrumbó todo, y quedamos expuestos a una siniestra lotería, porque la represión inicial fue desordenada y antojadiza. Ese día desperté con las marchas militares que a todo volumen habían puesto unos vecinos y logré escuchar alguno de los discursos radiales de Allende. Entendí que teníamos que dejar mi casa, llena de libros de marxismo y grandes dibujos con la imagen del Che. Me fui con mi compañera de entonces a un local del Partido Comunista que quedaba a la vuelta, en la calle Cumming, y allí el caos era total. Pregunté adónde había que ir para resistir. Me miraron con cara de locos y me dijeron que no tenían idea, y que mejor me escondiera donde pudiese.

Me fui caminando al departamento de unos amigos ubicado en la calle Violier, cerca de Vicuña Mackenna. Pasamos por el centro, a pocas cuadras de La Moneda, cuando los Hawker Hunters ya empezaban a sobrevolarla y las columnas militares avanzaban hacia el lugar donde algunas horas más tarde se suicidaría Allende. Pasé unos tres días en ese departamento, hasta que nos dimos cuenta de que el lugar no era nada seguro, ya que en el departamento contiguo vivía un pariente cercano de Luis Corvalán. Así que, simplemente, decidí volver a mi casa y ver lo que pasaba.

R: En distintos momentos de tu relato ha aparecido tu madre, figura clave en tu vida y militante socialista. ¿Qué pasó con ella?

M: Yo seguía viviendo con ella, junto con mi compañera de entonces, y el golpe la pilló en la ciudad de La Serena, donde estaba inaugurando una escuela, ya que en ese momento era funcionaria del Ministerio de Educación. No supe nada de ella por varios días, hasta que pudo regresar. Fue una gran alegría volver a encontrarla, pero también fue desolador verla aplastada por una tristeza absoluta. Nos abrazamos largamente a la entrada de nuestra casa de Catedral: éramos dos náufragos en plena tormenta.

Al día siguiente me pidió que la acompañara al Palacio de La Moneda, para rendirle un último homenaje al «compañero Presidente», su «Chicho» tan querido y admirado de toda la vida. Así llegamos donde estaban los restos todavía humeantes de La Moneda y nos paramos frente a la entrada que da hacia la calle Moneda, en la zona en que impactaron muchas de las bombas de los Hawker Hunters. La custodiaban unos militares jóvenes con unos impresionantes fusiles automáticos. En ese momento, mi madre rompió a llorar desconsoladamente. Era la imagen de un mundo que se derrumbaba, con sus marchas, sus años de lucha, sus cánticos y sus sueños. Traté de contenerla, dado el lugar donde estábamos y lo expuesto que era todo, pero no pude, y los milicos que hacían guardia nos miraban entre desconcertados y conmovidos por esta madre destruida por el dolor.

R: Qué escena tan dramática y qué bien grafica ese momento terrible de nuestra historia. Estabas ante las ruinas de un incendio que tú, en cierta medida, con tu irresponsabilidad también habías provocado.

M: Así es. Al poco tiempo mi madre me dijo: «Mauri, tienes que irte. Acá lo único que va a pasar es que un día te van a matar».

Era un sabio consejo, así que en octubre, con mi mochila estilo vietnamita a cuestas, tomé un bus con destino a Mendoza. Me llevé dos libros conmigo, como para no traicionar mi identidad intelectual y mis ansias de saber: *Ciencia de la lógica* de Hegel e *Historia y conciencia de clase*, del marxista húngaro Georg Lukács. Eran como mi tabla simbólica de salvación y por eso elegí dos de los libros de más difícil lectura que uno pueda imaginar.

R: Notable. Yo compré el de Lukács en 1972, en una librería de la calle Macul. Deseaba fortalecer mis armas de la crítica. Tenía diecinueve años y me costó mucho entenderlo. Nunca lo terminé. No era como *El estado y la revolución*, de Lenin, o el *Manifiesto Comunista*. ¿Y de Argentina seguiste a Europa?

M: Sí, gracias a unos amigos italianos, que me pagaron el pasaje en barco. Llegué a Lisboa, donde ellos me esperaban para llevarme a Boloña. Allí viví unas semanas en una vieja casa ubicada en Via Mascarella, en ese tiempo el barrio de las prostitutas, hasta partir en tren con destino a Estocolmo, adonde llegué en pleno invierno nórdico. Era enero de 1974 y así empezaba mi segunda vida. Suecia era conocida entonces, mucho gracias al accionar de su embajador Harald Edelstam, como un país que acogía con los brazos abiertos a los chilenos que huían de la dictadura de Pinochet.

R: Por esa fecha yo estaba llegando a Alemania Oriental. Salí de Chile el 30 de diciembre del 73 y llegué el 3 de enero a Alemania Oriental. Como joven comunista tuve una experiencia más burocrática y ordenada que la tuya que fue, si me lo permites, más aventurera.

M: Sin duda, absolutamente aventurera, tal como el PC decía de nosotros.

R: Eso se debe a que el Partido Comunista es burocrático y conservador cuando tiene el poder, y burocrático y moderado cuando ve posibilidades de aumentar su representación parlamentaria en la sociedad democrática. Por lo tanto, mi experiencia en la Jota durante la Unidad Popular fue fundamentalmente mantener mi diario mural, asistir a las reuniones, donde también leímos *La base*, de Luis Enrique Délano, y varios clásicos de la literatura del realismo socialista, y acudir a jornadas de trabajo voluntario en fábricas expropiadas.

Estuve en Yarur y en Sumar, donde se produjo mi primer contacto con la clase obrera. Después volví a tenerlo en las desastrosas fábricas estatales de Alemania Oriental, donde también hice trabajo voluntario, porque en Cuba participé en jornadas de trabajo voluntario en el campo de propiedad colectiva, recogiendo boniato a puntapiés porque no había tecnología rusa para eso. Los únicos que llegaban con entusiasmo a esos centros de trabajo de propiedad «de todo el pueblo», éramos los estudiantes que habíamos dejado de ir a clases y disfrutábamos de un día diferente.

M: ¿Cómo fue trabajar en fábricas de la Alemania comunista?

R: En Alemania Oriental comprobé que los obreros se sentían igual de enajenados y aburridos de su trabajo como esos obreros del capitalismo que proyectaban las novelas y el cine socialista. En la práctica, se veía resignación, no había entusiasmo, pero sí banderas rojas y grandes letreros celebrando el socialismo, la sabiduría del Partido Comunista, la hermandad eterna con la Unión Soviética, o a Erich Honecker o Leonid Brézhnev. Se suponía que eran fábricas y tierras en manos del estado, recuperadas para «el pueblo», y que expresaban que al fin se había acabado la explotación del hombre por el hombre. Pero la vida seguía siendo como antes, o peor que antes, porque al otro lado, en Alemania Occidental, los obreros ganaban seis veces más y trabajaban menos, tenían más regalías y mejores ambientes de trabajo, y disfrutaban de más vacaciones y un nivel de consumo inalcanzable para los germano-orientales. Eso, sin mencionar el paupérrimo estado de las empresas y la economía, que a partir de la reunificación en 1990 comienzan a ser saneadas gracias a los impuestos de los alemanes occidentales.

M: Se suponía que la gente trabajaba por el amor al socialismo y no por «intereses egoístas». Por eso es que les daban medallas y títulos altisonantes como «héroe del trabajo», que fue algo muy honorífico en la Unión Soviética, que incluso te hacía merecedor de la Orden de Lenin.

R: Pero también emergía aquí un problema con la teoría de Marx, porque él analizó a fondo la economía capitalista del siglo XIX, pero nunca abordó la economía del estado socialista, que promovía como panacea. Marx enfatiza que el capitalista explota al obrero por la diferencia que existe entre el valor de cambio y el valor de uso de la mercancía trabajo, y es crítico a esa ganancia del capitalista, pero no abordó, porque no podía imaginarlo, que las empresas estatales operan igual sobre la base del valor de cambio y de uso del trabajo obrero, porque de lo contrario son deficitarias y no aportan al erario fiscal. Marx tampoco pudo imaginar el nivel que alcanzaría la productividad del capitalismo del siglo XX (y qué decir de la del siglo XXI), la que pudo brindar a los obreros «explotados» una calidad de vida inmensamente superior a la de los obreros «no explotados» de las empresas estatales del socialismo, y menos pudo imaginar el déficit democrático de un estado monopólico.

En mis jornadas de trabajo voluntario en las empresas tomadas en el Chile de la Unidad Popular o en las empresas de «propiedad del pueblo» de Alemania Oriental y Cuba, comprobé algo decepcionante para un joven idealista: como en rigor nadie era dueño de la fábrica o la tierra, porque eran estatales, nadie trabajaba en forma seria y responsable. Se le echaba a la cundidora nomás. Además, se bebía mucho alcohol, se conversaba, se sacaba la vuelta, se «tiraba», y los productos los desviaban los mismos obreros y campesinos al mercado negro. Esos ingresos eran como los suplementos salariales que se entregaron en sobres en La Moneda hasta el gobierno de Ricardo Lagos: eran secretos y complementaban el magro salario. Los mismos obreros de las empresas estatales estaban interesados en fomentar el mercado negro porque de ese modo mejoraban sus sueldos o disponían de mercancías para entrar en el trueque de productos escasos, usual en el socialismo.

Recuerdos tengo varios: en una oportunidad, en una fábrica de champú de Berlín Este, a los que fuimos a hacer «trabajo voluntario» nos regalaron al final muchas botellas de champú y todos se las llevaban para revenderlas. Se notaba que no habían inventado allí la contabilidad. Y recuerdo que en La Habana yo tenía un estupendo contacto en la única fábrica de cervezas, creo que se llamaba La Modelo, que me invitaba allá a hacer trabajo voluntario. Como la cerveza estaba absolutamente restringida por la escasez, cuando nos íbamos podíamos llevarnos varias cajas de botellas.

Era un robo de hormiga, pero organizado, desde una punta a la otra de la isla; era la forma en que los trabajadores se aseguraban ingresos extras, porque todo iba a dar al mercado negro a precios determinados por ese mercado, ya que en el mercado estatal, subvencionado, donde los precios de los productos eran ínfimos, reinaba el desabastecimiento total y vitalicio. Esto, te lo digo porque lo viví, es consustancial al socialismo.

M: Esa ha sido la enfermedad eterna del socialismo, tal como lo vemos hoy en Venezuela y como se vio en el Chile de la UP. Hay un dicho muy bueno sobre el trabajo y los salarios en el socialismo, que además de ser magros no te sirven de mucho en razón del desabastecimiento: «Ellos simulan que nos pagan y nosotros simulamos que trabajamos».

R: Te contaré que en esos años de escasez de la Unidad Popular, creamos con mi novia un pequeño criadero de pollos. No te rías: queríamos criar pollos y venderlos a los vecinos porque los precios estaban por las nubes, y se decía que la derecha los acaparaba. Nos dimos cuenta de que, en términos teóricos, era un buen negocio y que ayudaríamos a la economía del país. Sin saberlo, estábamos integrándonos a «la mano invisible» de Adam Smith.

Mi novia vivía en la calle Vaticano con Alcántara porque sus padres eran comunistas caviar, muy cultos y refinados. Tenían un gran terreno. Construimos el criadero en una bodega de la propiedad y le instalamos luces para mantener calentitos a los famosos pollos. Planeamos criar en un comienzo unos doscientos o trescientos pollos, qué se yo, lo que arrojaría una fortuna para estudiantes como nosotros, y compraríamos afrecho a un centro de acopio de la ECA, creo. Era un molino donde había afrecho o maíz o harina para pollos. Estaba en Paine.

Íbamos a ser empresarios comunistas *avant la lettre* como los de Rusia o la Cuba de hoy, y nadie de la Jota debía saberlo porque ninguno de sus militantes mostraba luces ni interés para emprender algo comercial o formar al menos una empresita. Todos allí a lo que aspiraban era a ser empleados del estado o del partido. De iniciativa privada, nada, aunque los novelistas y los músicos comunistas sí mostraban bastante iniciativa privada en sus ámbitos.

Pero el drama comenzó cuando ya teníamos los pollos y pasamos a necesitar afrecho. Así que al final llegamos en el Mini Cooper al lugar en Paine que mencioné a comprar la comida de los pollos, pero en medio del desastre económico y político que había, los compañeros que manejaban el lugar nos recibieron de mala gana. De partida, no les gustó ni el autito ni nuestro aspecto estudiantil, menos nuestras motivaciones mercantilistas.

«Vengo a comprar afrecho porque estoy criando unos po-
llitos», les dije con la plata en el bolsillo. «No, no, así no es la
cosa —me dijeron—, tiene que justificar la adquisición y estar
inscrito antes.» Había que registrarse no sé en qué oficinas estatales centrales, creo que hasta en la Junta de Abastecimientos
y Precios, JAP, y cumplir mil requisitos que no cumplíamos.

El resultado: muy parecido al de tu movimiento ultrarre-
volucionario porque nunca obtuvimos ni un huevo y hubo
que deshacerse de los pollos, limpiar la bodega y volver a ser
un buen militante comunista: nada de iniciativas empresariales aquí, confiemos en el papá estado. Claro, tampoco en ese
bello barrio momio, de «casitas» como las que ridiculizaba el
cantante Víctor Jara, debían enterarse que dos jóvenes de la
Jota querían ganar plata y combatir el desabastecimiento. El
proyecto se fue a las «pailas», y de él jamás se enteró ni la dirección local de la Jota ni los vecinos que se organizaban para
defender el barrio de supuestas brigadas comunistas que se lo
iban a tomar.

M: Recuerdo que ustedes tenían unas camisas muy bonitas de
color amaranto, ja, ja, ja.

R: En la portada de mi libro *Detrás del Muro* aparezco yo con
esa camisa. Pero yo entré por la puerta ancha y por el parqué
a militar en la Jota: los padres de mi novia de entonces, profesionales de buena situación, participaban en actividades de comunistas caviar del barrio alto. Asistían de cuello y corbata, y
si era en fin de semana, se veían como burgueses en sus tenidas
legere. En ese mundo, el PC recolectaba dinero de militantes
y conciencias filocomunistas, había presentaciones privadas de
cantantes chilenos o extranjeros de música protesta, que venían a conocer la revolución chilena. Había una dosis de diletantismo revolucionario tremendo en todo eso, pero era bien
intencionado y tenía otro pelo, y yo lo disfruté.

M: Así fue. El diletantismo revolucionario fue nuestro sello, ya sea el estridente, como el mirista-socialista, o el más reposado, como el de los comunistas o del mismo Allende. Todo fue muy poco serio.

R: En Cuba aprendí a ver cómo se hacían las cosas en serio en materia de política revolucionaria. Los cubanos eran muy serios al organizar todo lo que tuviese que ver con el partido, fuese lo artístico, ideológico o conspirativo. Ellos tenían una noción clara de lo que es el poder, el ejercicio del poder, la represión al enemigo, el peso de la propaganda y la educación política. Los comunistas cubanos sentían desprecio por el diletantismo de sus camaradas chilenos, por su incapacidad para darse cuenta de en qué se habían metido al iniciar la revolución «con sabor a empanadas y vino tinto».

Descubrí que para los cubanos era melodramático ser chileno. A sus ojos éramos unos «bobos» que habían soñado con abofetear a Estados Unidos y a la burguesía nacional sin siquiera tomar un petardo en la mano. Para los cubanos, hacer la revolución era algo muy serio y en lo que se podía ir hasta la vida. Para hacer una revolución había que estar dispuesto a morir y matar, a usar los hierros. Me pareció terrible pero realista esa visión radical cubana. Aunque no habían leído al gran escritor alemán Georg Büchner, ni habían escuchado de sus dramas sobre el poder, *La muerte de Danton* y *Woyzeck*, pensaban como él. «La revolución no está consumada, quien realiza una revolución a medias, se cava su propia tumba», dijo Büchner, un genio que murió a los veinticuatro años.

También tenían clara los cubanos la definición de Lenin sobre la revolución, esa que dice que ella tiene lugar no solo cuando los oprimidos ya no desean resistir más las condiciones en que viven, sino cuando al mismo tiempo los explotadores ya no pueden vivir y gobernar como lo hacían hasta ese momento. Para los cubanos, los chilenos éramos unas figuras patéticas de la historia latinoamericana: habíamos creído que la revolución socialista se impone por los votos, sin la fuerza de las armas, sin tensar las cosas hasta el extremo que revienta la institucionalidad ni lanzar las masas a la calle, decididas a conseguir el poder.

Quiero parafrasear en este marco una frase de la revolucionaria alemana Rosa Luxemburg: la libertad es siempre la libertad del otro. Para los cubanos no había, eso sí, ninguna reflexión en ese sentido. Todo debía subordinarse a la consolidación del poder revolucionario, todas las libertades incluidas. Pero aquí la irresponsabilidad de los dirigentes al final siempre es la irresponsabilidad de los otros, pues son los otros los que pagan.

M: ¿Cómo viviste el tiempo del golpe?

R: Ese es otro ejemplo, en realidad el ejemplo máximo, del diletantismo de la izquierda chilena que criticaban los cubanos. Viene el golpe de estado y nosotros como Jota teníamos un plan de emergencia que contemplaba un riguroso sistema jerarquizado para llamarnos por teléfono en cadena, empleando chapas y claves, superorganizado y pensado para preparar la resistencia. Pero lo primero que hicieron los militares fue cortar todos los teléfonos.

M: Es para la risa, lástima que también sea algo tan trágico.

R: Por otra parte, la casa de los padres de mi novia se convirtió en un refugio del PC para ministros de Allende que, de ser detenidos, iban a ser torturados y fusilados. Participé en esa operación por solidaridad humana básica, desde luego. La operación la dirigía un excelente agente germano-oriental, ya fallecido, de apellido Ruschin. En esos días se ocultan allí, entre otros, las dirigentes Mireya Baltra y Julieta Campusano.

Y es bajo esas circunstancias extremadamente peligrosas que yo entro en contacto directo con esos dirigentes, porque yo era un simple militante de base. Pude operar en esas semanas porque me desplazaba en el Mini Cooper, donde pasaba inadvertido. Eso lo detallo en *Detrás del Muro*. Si nos hubiesen sorprendido a todos bajo ese techo de calle Vaticano (ironías de la vida), no estaría hoy bajo este parrón. Meses más tarde, Ruschin me pasa el pasaje a Berlín Este y una matrícula para la Universidad Karl Marx, de Leipzig. Yo había visto demasiado. Pero aún no lo había visto todo, como diría el detective Philip Marlowe.

M: Te voy a contar algo más del período preexilio. Después de mi aventura con la microsecta de Nazar y gracias a los contactos de uno de sus integrantes, entré en enero de 1972 a trabajar en el Departamento de Ejecución Directa de la CORVI. Lo dirigía un viejo militante socialista de raigambre trotskista —como ves, en mi vida revolucionaria siempre se cruzaba algún trotskista— llamado Guido Morales. Todo un personaje, con barbita de chivo como su héroe ruso, Morales tenía a su cargo este departamento formalmente dependiente de la CORVI, pero pensado como una institución autónoma dedicada a la autoconstrucción de viviendas populares. Era parte de la institucionalidad paralela que por entonces se quería construir: una especie de estado revolucionario dentro del estado burgués. Por ello se duplicaron las instancias de la CORVI —replicando la célebre idea de Lenin y Trotski del «doble poder» o poder paralelo— y se creó un propio departamento jurídico que yo, con mis veintiún años y mis estudios a medias de derecho, pasé a dirigir.

Eran, sin duda, tiempos excepcionales. El asunto es que me encargaba, junto a algunos compañeros de la Escuela de Derecho que recluté para que me ayudaran, de todo tipo de investigación interna en un aparato que llegó a contar con miles de empleados y trabajadores. Las obras de construcción se desarrollaban generalmente con la mano de obra que proveían los mismos pobladores que después iban a recibir las viviendas.

R: Miles de funcionarios. *No problem.* El estado paga. No hay duda de que eran tiempos excepcionales y todo eso grafica la seriedad de un propósito revolucionario que, de hecho, terminó pulverizando el aparato del estado chileno.

M: En ese contexto me tocó hacer un sinfín de cosas, tratando siempre de que los líos y conflictos internos se resolvieran internamente, o sea, sin caer en las manos de la justicia o las instituciones «burguesas», como la misma CORVI. La más extraordinaria y significativa de estas experiencias fue la creación y funcionamiento del tribunal popular de Nueva La Habana a mediados de 1972, que me tocó dirigir. Te lo cuento con algo de detalle, ya que es un hecho poco y mal conocido de esos años revolucionarios.

R: Esto suena interesante, y creo que algo de eso trascendió en medios de la época, así que adelante.

M: El Campamento Nueva La Habana había sido formado en los terrenos del exfundo Los Castaños, ubicados en avenida Departamental con Américo Vespucio, en noviembre de 1971, por unas mil quinientas familias provenientes de los campamentos Ranquil, Magaly Honorato y Elmo Catalán. Los miristas eran la fuerza política dominante, con potentes dirigentes populares como Alejandro Villalobos, apodado «el Mickey» y muerto a manos de agentes de la Dirección de Inteligencia Nacional, DINA, en enero de 1975, y Mario Leiva, «el viejo Mario», hombre de gran temple a quien aprendí a admirar por su sabiduría tranquila, sacada de las duras experiencias de toda una vida luchando contra la pobreza.

En fin, a fines de abril de 1972 nos llega la noticia de que estaba quedando «la cagá» en la obra que estábamos construyendo al lado del campamento. Partí de inmediato y me reuní con el viejo Mario y el Mickey, quienes me informaron de lo acontecido. Los hechos eran confusos, pero todo partía de la agresión y violación de una compañera universitaria que, con su pareja que era un joven arquitecto trotskista, vivían en el campamento, o sea, se habían proletarizado, como se decía entonces. La compañera había finalmente reconocido al presunto agresor, que era un rondín de la obra, y este había sido detenido por dirigentes de la obra entre los que algunos, exaltadamente, defendían la opción del «paredón» para el violador, cosa que fue ventilada en una asamblea de asistencia limitada.

Las cosas tomaron rápidamente otro carisma cuando los familiares y conocidos del agresor empezaron a movilizarse en su defensa, lo que llevó a una nueva asamblea, esta vez multitudinaria, donde compareció el supuesto violador con heridas múltiples que, como todo lo indicaba, él mismo se había causado para forzar su entrega a alguna posta, y, además, sufriendo —o simulando sufrir— un ataque de epilepsia. Allí se desmadró todo, empezó un tremendo griterío y los acusadores pasaron a ser los acusados. Terminaron teniendo que arrancar de una masa de pobladores enardecidos que les gritaban asesinos y que estaban dispuestos a lincharlos y, de paso, a destruir la obra en construcción que era identificada como el reducto de los dirigentes culpables. Es decir, realmente había quedado «la cagá».

R: Esto es de sainete o comedia, de pronto, y supera lo que la fantasía pudiese imaginar.

M: Y allí llega «el joven abogado», como me decían, para arreglar como se pudiera el panizo.

R: Ah, esto sigue.

M: Verás, se llegó al acuerdo de crear un tribunal con participación de todas las partes implicadas para que se estableciera lo ocurrido, tanto la presunta violación como el accionar de quienes apresaron al rondín acusado. Así constituimos el tribunal popular de Nueva La Habana y sesionamos algo así como un par de semanas. Yo fui su presidente y trabajé siempre con un par de mis ayudantes de la Escuela de Derecho y unos veinte representantes de los pobladores. Todas las sesiones fueron íntegramente grabadas, pero, lamentablemente para la historia, las cintas fueron finalmente borradas por lo peligroso de su contenido.

Lo increíble de todo esto es que nunca se filtró hacia afuera, a pesar de que la prensa algo había olido. Al final, presenté nuestras conclusiones ante una asamblea realizada en el comedor de la obra, que las aprobó. Un momento crítico en esa asamblea fue cuando un poblador cuestionó mi calidad de abogado. Tenía toda la razón, «el joven abogado» de larga melena era apenas un estudiante de derecho que más sabía de Marx, Lenin y Mao que de leyes. Pero el momento difícil se superó, porque la verdad es que el trabajo que hicimos fue bien serio y nuestras conclusiones eran sólidas y convincentes.

R: ¿Volviste a encontrar a tus amigos revolucionarios de Nueva La Habana?

M: Sí, en el año 73, algún tiempo antes del golpe y cuando yo ya había dejado mi trabajo en el Departamento de Ejecución Directa. Iba caminando por la calle Providencia y de repente viene una marcha y escucho el sonoro «¡Pueblo, conciencia, fusil, MIR, MIR!», cuya fuerza era reforzada por el resonar rítmico de bototos golpeando el suelo. Allí venían mis amigos de Nueva La Habana, con el viejo Mario y su hija al frente, con cascos de la construcción y palos de colihue en las manos. Por supuesto que me sumé a ellos y seguimos bajando hacia el centro por el medio de Providencia. De ello guardo un recuerdo que todavía me conmueve.

La avenida estaba desierta, las tiendas habían bajado las cortinas ante posibles desmanes y las ventanas tenían los postigos cerrados o las cortinas corridas. Era un ambiente fantasmagórico y un silencio sepulcral solo interrumpido por nuestros gritos. En ese momento miré hacia un segundo piso y vi una cortina que se movía. Imaginé entonces que alguien nos escudriñaba y pensé en el terror que a esa persona debía darle esta visión de quienes, sin lugar a dudas, querían destruir todo su mundo, y sentí un terrible placer morboso en ese miedo que inspirábamos a los opresores del pueblo.

R: El terror revolucionario en acción. Maximiliano Robespierre justificaba el terror revolucionario como una justicia rápida, implacable, efectiva, severa. Terminó guillotinado de manera rápida, implacable, efectiva y severa.

M: Pero mientras marchábamos causando terror, me asaltó de pronto un sentimiento muy distinto. Me pregunté: «¿y si ellos ganan?», y no me cupo duda de que en ese caso el gusto que ahora nos estábamos dando, allí y en todo Chile, lo pagaríamos con creces. No habría perdón, como tampoco nosotros estábamos dispuestos a perdonar si ganábamos la partida. Así aportamos a la destrucción de todo sentimiento de amistad cívica en nuestro país: ya no éramos una comunidad sino un país en guerra civil mental, de enemigos dispuestos a exterminarse mutuamente. Solo faltaba saber quién sería el verdugo y quién la víctima. En todo caso, ya nadie sería inocente.

R: Cuán bien le haría a Chile si escuchásemos muchos testimonios como el tuyo. Pero la mayoría de quienes azuzaron a nuestro pueblo a tomar el camino del fratricidio callan o se fueron en democracia con los labios sellados al otro mundo. Así se construyen mitos y mentiras sobre lo que pasó. La historia se construye desde el presente, es decir, se va construyendo día a día, y en este sentido yo siento tu testimonio como un aporte vívido a nuestra historia. Hablar de la historia es hablar del presente. Se trata de oponerse a la manipulación de la historia, que tiene lugar a través de diversas instituciones chilenas, muchas de ellas financiadas con fondos públicos. Hay muchos interesados en presentar la historia reciente en blanco y negro, algo que irrita, avergüenza y que es tremendamente dañino para Chile.

M: Nosotros terminamos creando el monstruo que luego nos devoraría y esa es la gran responsabilidad que la izquierda chilena, con pocas excepciones, nunca ha tenido el coraje de asumir plenamente. Sí, nosotros estuvimos en primera línea en la obra de destrucción de la democracia chilena y luego vinieron los tanques y los generales para concluir, de manera bárbara, lo que nosotros habíamos iniciado.

Esto no los exime en absoluto de su responsabilidad por el terrorismo de estado que le impusieron a un Chile donde en realidad, y dejando de lado las fantasías que nos hacíamos al respecto, nunca hubo una guerra de verdad, pero no porque no la hayamos querido, sino simplemente porque no tuvimos con qué hacerla. Gente como Carlos Altamirano y Miguel Enríquez se desgañitaban amenazando e intimidando con el Vietnam chileno que vendría, pero cuando llegó el momento de la verdad, el 11 de septiembre de 1973, se descubrió la vaciedad absoluta de tanta amenaza altisonante. Eran delirios de mentes afiebradas en un país enfermo de odios. Así terminó ese Chile que apenas un decenio antes era visto como ejemplo de civilidad y democracia en el continente.

R: Coincido plenamente contigo, voy a llegar a ese tema. Hay una cosa que iba a mencionar antes: cuando termino de hacer unas cosas mínimas en la clandestinidad, llega la instrucción de que me vaya de Chile, pero hasta entonces debía mantenerme en casa de mis padres en Valparaíso. Ellos tenían una casa amplia con excelente vista a la ciudad y la bahía: tres pisos, sótano, recovecos. Era un hogar de gente políticamente moderada.

Llego allá y les explico a mis padres que debo salir de Chile y que antes espero descansar en la seguridad de su hogar. De pronto escucho unos ruidos en el tercer piso, subo a ver y compruebo que allí mis padres habían escondido a dos tipos de la familia: uno estudiante de arquitectura, del MIR, y el otro estudiante de filosofía, del Partido Socialista Revolucionario, el PSR de orientación trotskista. Imagínate la situación. A mí me habían recomendado que me fuera a la casa de mis padres porque era un oasis, y después de lo que había visto necesitaba un sitio tranquilo, seguro, de bajo perfil.

Claro, mis pobres padres le habían dado asilo por solidaridad familiar a un mirista y a un trotsko, que hasta hace poco marchaban amenazando con las penas del infierno a los reaccionarios de la ciudad de Valparaíso, para que se quedaran en el tercer piso de la casa porque allí seguramente nunca llegarían los militares. Así que teníamos prácticamente una célula insurgente en nuestra casa. Uno de ellos se fue después al exilio en Suecia, pero hoy vive en Chile; el otro partió a Canadá, donde se afincó, y yo me he pasado fuera del país gran parte de mi vida.

M: Bonita «casa de seguridad» que buscaste… Además, con un trotskista, que era lo peor que podía haber para un comunista…

R: Si en algo nos especializamos los tres fue en destruir, de hecho y de palabra, la república democrática de Chile. Como bien tú dices: lo que pasa después es que como la república está muerta, vienen los militares a enterrarla. El resultado final: los tres revolucionarios buscan refugio bajo el techo de alguien completamente inocente y sin responsabilidad alguna en esa destrucción de la convivencia republicana. Con el tiempo me he dicho: qué cosa más increíble, con veinte años metí por irresponsable a mis padres en una situación extrema, que pudo haber terminado en tragedia.

M: Lo hicimos tantas veces con tanta gente inocente... Pero es uno de los «derechos» que te da la moral revolucionaria: el fin justifica los medios.

R: Estos conocidos de la familia, que hasta antes del 11 marchaban por las calles de barba, melena, chaquetón negro y botas, y que vociferaban a los cuatro vientos «expropiar», «fusil», «paredón», y que parecían listos para ir a combatir a la Sierra Maestra, lo primero que hicieron cuando empezó la represión fue esconderse en la casa de familiares. Terminan ocultos en la casa de un humanista socialdemócrata, como era mi padre, y una católica anticastrista, como es mi madre.

Y esto es también una autocrítica: hasta yo terminé refugiado allí, comprometiendo a mis viejos, después de haberle echado leña a la hoguera que encendimos en Chile entre 1970 y 1973. Ya te decía: diletantismo e irresponsabilidad, eso fue lo que marcó la tónica de muchos izquierdistas de ese época que conocí, entre los cuales me incluyo. Ya en el socialismo real, después del golpe de estado, me decía ¡pero qué grado de irresponsabilidad, cómo es posible que se haya llegado a eso, además de andar asustando con la revolución a tanta gente! Aún resuenan en mi cabeza: «¡Pueblo, conciencia, fusil, MIR, MIR! ¡Ho, Ho, Ho Chi Minh, lucharemos hasta el fin!». Me imagino que lo recuerdas.

M: Como si fuera hoy.

R: Y uno notaba, tal como tú contaste, que la gente corriente miraba aterrada desde sus casas a estos revolucionarios incendiarios que pasaban por la calle lanzando relámpagos. Tengo la misma percepción: había gente asustada al ver a miles de tipos con banderas, cañas y linchacos, gritando «¡Expropiar, expropiar, es mandato popular!» o «¡Momios al paredón, momias al colchón!»... Eso éramos nosotros como país antes del golpe de estado, y por eso ocurrió después lo que pasó. Y con lo que digo no justifico ni una sola violación de derechos humanos sobrevenida bajo la dictadura.

Pero hay que ser honestos hasta que duela: nos gustó meterle miedo a los momios y a los militares, y tarde nos dimos cuenta de que se iba acumulando miedo, resentimiento y odio del otro lado. Claro, hoy muchos —de uno y otro lado— eluden la responsabilidad, prefieren asumir el rol de víctimas, y la división y la polarización prefieren pintarla como que cayó del cielo de la noche a la mañana, después del 11 de septiembre de 1973.

M: Es una distorsión de la verdad histórica que para muchos se ha transformado en un capital político del que han vivido durante largo tiempo. Víctimas inocentes, blancas palomas de la paz, luchadores idealistas por la democracia, todo un cuento que debería dar vergüenza.

R: Permíteme manifestar en este contexto algo que ya he manifestado con anterioridad: mi crítica al Museo de la Memoria inaugurado en 2010, que se financia con recursos de todos los chilenos. No lo critico por los horrores de la represión que exhibe, y que debe exhibir para que no se olviden, sino por lo que no cuenta, por lo que calla. No lo critico por la justa denuncia que hace de la historia de Chile, sino por el injusto silencio que guarda ante ella.

La debilidad ética y pedagógica del Museo de la Memoria es que cuenta una historia trágica que comienza abruptamente, sin hacer referencia al Chile que destruimos entre todos a comienzos de los años setenta, a ese Chile que hemos recordado bajo este parrón epicureano desde la perspectiva de la izquierda militante. Nada justifica la violación de derechos humanos bajo la dictadura, pero el Museo de la Memoria no explica bajo qué circunstancias estalló el horror que condenamos. Esa omisión, que obedece a un estilo de hacer política que se basa en guardar silencio para eludir la autocrítica y juicios sobre asuntos esenciales, es una gran deuda que el museo tiene consigo mismo y con los jóvenes chilenos que lo visitan y buscan, no realimentar odios y divisiones del pasado, sino algo que se aproxime a la verdad y les permita entender ese Chile que hasta el día de hoy nos sigue dividiendo de mala manera.

M: La verdad es que más que de un museo —que como tal debe buscar hacer comprensibles las cosas y en el cual siempre debe imperar un sentido responsable y serio de la historia— se trata de un montaje cuyo propósito, que sin duda logra, es impactar al espectador, dejarlo atónito, impedirle razonar. Es una manipulación de la historia usada por quienes manejan el presente a fin de controlar el futuro, tal como Orwell decía. Es un uso desvergonzado y mentiroso de una tragedia nacional que a tantos nos tocó tan dura y directamente.

R: En el diseño de ese museo hay un mal narrador, un narrador partidista e interesado. En ese sentido no es un museo nacional, es un museo de la mala memoria. Llevé a mis hijos, siendo adolescentes, a ver el museo porque quise que conocieran esa parte de la historia de Chile. Y al final, luego del hondo impacto que les causó presenciar los testimonios de la represión y de condenarla, hubo una pregunta de ambos: «¿Por qué llegaron los chilenos a odiarse tanto?». Y eso no lo explica el museo. Aclaro: no hablo de justificación, sino de explicación.

El 11 de septiembre de 1973, Chile no era un cantón suizo donde de pronto caen las bombas sobre La Moneda porque unos militares se vuelven locos en Peñalolén. Porque cuando yo escribí mi crítica sobre el museo, algunos me atacaron de inmediato afirmando que yo quería justificar la represión, el asesinato y la desaparición de personas. ¡Por favor! ¡Pongámonos serios! Esto es como cuando a uno lo tildan de batistiano —de Batista, apellido del dictador cubano anterior a los actuales— por exigir hoy elecciones libres en Cuba. El museo, que se financia con los recursos de todos nosotros, debe servir a la educación cívica de todos los chilenos, y eso exige contar la historia completa, donde unos fueron responsables por azuzar el odio y la división, y otros por reprimir, torturar y asesinar. Mientras no lo haga, para mí seguirá siendo el museo de la mala memoria.

M: No me extraña que te haya llegado ese tipo de críticas. Es una respuesta automática, un reflejo defensivo, de quienes saben que si se conociese de verdad, la historia no los absolvería.

R: «Papá, ¿y cómo era Chile antes del 11 de septiembre de 1973?», es la pregunta que me hace mi hijo porque el museo no habla de eso. Y vuelvo a lo de la responsabilidad nuestra en el proceso de polarización y división de Chile bajo el gobierno de Allende: el museo no habla de esa etapa previa porque prefiere «pasar», dejar en el agujero negro, en la bruma del olvido, la responsabilidad de quienes —como tú y yo, y como muchos otros, y de algunos con gran responsabilidad política entonces— vivimos y nutrimos la crispación, la división, la polarización, el hostigamiento de las bases de nuestra república.

Porque yo fui uno de estos miles de huevones que gritaba en la calle «lucharemos hasta el fin», «momios al paredón», «fusil, fusil», y eso contribuyó a emponzoñar el clima de convivencia y a arrojar al país por una pendiente cuya topografía de acantilado nadie conocía ni pudo imaginar. Hay gente que prefiere guardar silencio frente a eso, y proyectar la película a partir del

11 de septiembre. Y esto lo digo responsable y serenamente, como alguien que siempre ha condenado la dictadura de Augusto Pinochet.

M: Lo triste, Roberto, es que sin duda muchos eran unos cabros huevones, como dices, pero detrás de todo esto está toda esa ideología, esa religión atea y sofisticada de la revolución mesiánica, que lleva a la guerra supuestamente emancipadora entre seres humanos. Y están los profetas de esa religión, devotos teólogos de la inquina impulsados por una voluntad ardiente de hacer el bien supremo. Eso es lo que he llamado «la desventura de la bondad extrema», y de esa desventura fuimos parte.

R: Octavio Paz dice en un momento que no hay nadie más reaccionario que los intelectuales marxistas latinoamericanos, porque nunca los vio pedir disculpas ante la ciudadanía, y nunca admiten que se han equivocado. La democracia en Chile es fuerte y frágil. Fuerte porque está basada en un gran acuerdo nacional, y frágil por lo mismo. Basta con que un sector influyente la declare obsoleta para que entre en crisis. Dicen que para bailar tango se necesita a dos.

M: Es que al «enemigo de clase» no se le piden disculpas. La única disculpa que un marxista puede dar es por no haberlo aplastado o aniquilado, por haber fallado en su propósito y deber revolucionarios. Ese es el sentido de la así llamada autocrítica, denunciar todo lo que uno hizo mal desde el punto de vista de la revolución, no de la democracia, la convivencia cívica o las reglas morales más elementales.

R: A eso se refería el poeta Georg Büchner con la frase de que quien no lleva la revolución hasta sus últimas consecuencias, se está cavando su propia tumba. Permíteme hacer dos afirmaciones conclusivas sobre este Museo de la Memoria. Te enseña a condenar la violación de derechos humanos, porque nadie que visita el museo puede quedar incólume y justificar ese tipo de violaciones. Pero el museo nada te enseña sobre el nocivo impacto que tiene para la democracia cuando un sector fundamentalista y minoritario la cuestiona a fondo para hacer una revolución y crear un país cualitativamente diferente.

Y observa lo que ocurre hoy en Chile: muy pocos —solo aquellos que aplauden sin reserva a Castro, Pinochet, Maduro o Corea del Norte— justifican la violación de derechos humanos para ejercer el poder, pero muchos no valoran la importancia del debate respetuoso y la convivencia cívica, e ignoran los perniciosos efectos de polarizar y dividir al país, de llamar a usar retroexcavadoras y aplanadoras. No es casual que lo primero genere una condena casi transversal en Chile, pero que no haya conciencia unánime respecto de lo segundo. Y esto se debe a que estamos dejando de contar la historia completa de nuestra gran tragedia nacional. No estamos hablando de los peligros de destruir la convivencia democrática de un país. En otras palabras, estamos fomentando una memoria incompleta, una memoria fracturada, una mala memoria.

M: Y eso se hace con propósitos claramente manipulativos que dan rédito político. Por eso se deja de enseñar a las nuevas generaciones la lección más dolorosa y más valiosa de nuestra historia, que trata justamente de esa división del país que antecedió al golpe y de la cual todos, unos más otros menos, fuimos responsables. Imagínate lo saludable que sería un museo que contase sobre el Chile real de entonces, con su pobreza indignante y su frustración ya antigua, con su incapacidad de darle a nuestro pueblo condiciones dignas de vida y sus jóvenes en busca de una alternativa, pero que también contase cómo todo ello fue utilizado para sembrar el odio, las semillas de la violencia y el desprecio a la democracia. Que honestamente relatase, por ejemplo, cómo el principal partido de la izquierda, el Partido Socialista del presidente Allende, ya en 1967 y de forma unánime, descartó la alternativa democrática y pacífica para conseguir sus fines y se abanderó con la necesidad de la lucha armada para conquistar el verdadero poder.

Y que contase sobre todo ello que hemos venido rememorando, que por cierto no es más que una fracción mínima de todo lo que habría que contar. Esa franqueza también ayudaría a entender la dramática soledad final de Salvador Allende, desbordado constantemente por los suyos y finalmente devorado por aquellas fuerzas que puso en movimiento pero que no supo controlar. Son grandes lecciones para Chile que una historia manipulada nos impide extraer como país.

R: Lo increíble es que esa decisión del Partido Socialista que tú comentas se adopta para construir una democracia nueva, «popular», inspirada en alguna experiencia de Europa del Este, Cuba o las «zonas liberadas» de Vietnam. Pero lo cierto es que se construye una alternativa teórica que echa por la borda al Chile de entonces, que la izquierda odió, pero que, con todas sus imperfecciones, era uno de los países más democráticos, probos y respetados de América Latina, y muy superior en libertad y democracia a los modelos que latían en la cabeza de nuestros líderes radicalizados. Ese fue el Chile que arrojamos por la borda. Y dimos el salto al vacío, aunque a veces, releyendo la prensa de la época, da la impresión de que la UP, dividida y desorientada, al final dio un salto a cualquier parte.

M: Los límites impúdicos de la desinformación y la manipulación los muestra; como te comentaba, Marco Enríquez-Ominami, tratando de convertir a su padre, ese marxista-leninista absolutamente convencido de la necesidad de la «guerra popular» y la dictadura del proletariado, en una especie de Mahatma Gandhi chileno que «jamás promovió la violencia».

R: Miguel Enríquez, eso no hay que olvidarlo, era el favorito en Chile de Fidel Castro y de «Barbarroja» Piñeiro —el jefe de la inteligencia cubana y de sus operaciones en el exterior, incluido el narcotráfico. Eso está fuera de toda duda. Para La Habana, el MIR era la única carta verdaderamente revolucionaria, porque era fiel y dependía del Departamento América del PC cubano. El PC chileno dependía de Moscú, y en esos años el PC chileno no sentía simpatía alguna por el MIR, y tampoco elogiaba a Fidel Castro. No hay que olvidar eso. La reconciliación entre PC chileno y PC cubano —o, mejor dicho, la subordinación del PC de Chile al de Cuba— recién acaece a fines de los años setenta, en La Habana, proceso sobre el que han reflexionado varios memorialistas comunistas.

M: Es importante recordar todo esto justo ahora porque vivimos, desde el 2011, una etapa muy significativa de cambio generacional, en que una nueva generación, la primera posdictadura, irrumpe, sin duda para dejar una fuerte huella en la historia chilena. Esa generación fue educada en la desmemoria de la que hablamos y en la mitificación del izquierdismo pregolpe. Por ello es que una parte de ella, la más radical y articulada políticamente, busca romper la tradición de consensos de la generación que dirigió la transición a la democracia, y que fue aquella que vivió, sufrió y también aprendió de las duras experiencias del pasado.

Lo que hoy vemos es un nuevo radicalismo, que incluso ha hecho que algunos de los viejos estandartes de la izquierda renovada tiendan a volver a sus andadas juveniles. Como dice la canción de Violeta Parra: es como volver a los diecisiete, pero no para que entre «el amor con su manto», sino la política de la crispación y el enfrentamiento. Por eso tenemos el deber de recordar y hablar en voz alta del Chile democrático que un día se perdió y por qué se perdió.

R: Pero hay algunos que dicen que nuestro deber es callar, por fidelidad a la tribu o agradecimiento o lo que sea.

M: Bueno, de eso nada. ¿Cómo nos vamos a callar si somos gente que transitó por ese Santiago de comienzos de los años sesenta en el que tú podías ver al presidente Jorge Alessandri caminar tranquilamente desde su departamento de la calle Phillips a La Moneda y que diez años más tarde tuvo que dejar un Chile con toque de queda y muertos a granel? Así de rápido fue todo. Bastó una década de desmesura para destruir nuestra civilidad y desquiciar complemente a Chile. Y es eso lo que se debe estudiar y comprender, para que nunca más veamos los tanques en las calles y los generales, o a quién sea el dictador, en La Moneda.

R: Lo que tú nos recuerdas es una imagen muy gráfica, además de portar un simbolismo tremendo, y tiene que ver con la forma de desplazamiento de los presidentes del Chile de antes. Recuerdo que nos enorgullecía que el presidente Alessandri, «el Paleta», hiciese esa caminata diaria entre su departamento en el cuarto piso de Phillips 16 y La Moneda, como si fuese un líder sueco. Y recordemos lo que hoy parece increíble: a veces iba solo o lo acompañaba algún ministro, le molestaba ser seguido por un guardaespaldas. Notable que un presidente chileno pudiera transitar sin peligro, y no porque no hubiese opositores, sino porque se respetaba a la autoridad que representaba al país.

M: Eran opositores y no enemigos o soldados de una guerra ideológica sin cuartel, como lo serían pronto.

R: Es un recuerdo que tiene un sentido político profundo. También el expresidente Eduardo Frei caminaba por las calles. Recuerdo haberlo visto de niño en Valparaíso, en calle Esmeralda, y haber estrechado su mano. Fue el primer presidente chileno al cual tuve el honor de saludar. Y esto hay que ponerlo en relación con Allende, que de pronto —y sin duda que tenía razones para tomar precauciones adicionales— se mete en una larga caravana al estilo Fidel Castro, con los 125S azules y escoltas propios, no del estado de Chile, que van mostrando cara de malos detrás de anteojos oscuros y hacen alarde de portar metralleta. Ahí vemos dos estilos presidenciales para desplazarse: republicano en el caso de Alessandri y Frei Montalva, de caudillo en el de Allende.

Esos estilos reflejan el estado de ánimo de un país, su calidad cívica y, por ende, educan a los ciudadanos. Claro, el de Allende era más espectacular y «revolucionario», más «taquillero» que el estilo sobrio y parco de los presidentes anteriores. Al vivir en La Habana capté dónde había aprendido Allende ese estilo para desplazarse por el país: de Fidel Castro y su caravana, cuyos hombres de uniforme verde olivo revisaban hasta las alcantarillas —y no bromeo— de las calles por donde pasaba el máximo líder. Invito en este sentido a leer las memorias de alguien que durante años fue el principal escolta de Fidel Castro, Juan Reinaldo Sánchez, tituladas *La vida oculta de Fidel Castro.*

Imágenes como esas dicen y enseñan mucho. Por eso a mí me pareció ejemplar cuando llegó Patricio Aylwin a la presidencia y restauró una forma republicana de trasladarse como mandatario. Él quiso conservar su auto viejo, no quiso escoltas y ordenó que se respetaran los semáforos. ¿Por qué digo todo esto? Porque la democracia y la república, también se nutren de las señales y gestos que emite el poder. Si son señales y estilos positivos y trascienden, entonces educan a la ciudadanía, y nos hacen sentirnos orgullosos y confiados de la institucionalidad.

M: Es realmente algo sin paralelos y que muestra hacia dónde se encaminaba Chile: Allende constituye un aparato de seguridad fuera de la legalidad, no llama a los carabineros ni a la policía de investigaciones a resguardarlo, sino que crea, y el nombre lo dice todo, un Grupo de Amigos Personales, el GAP. Es decir, se pasa de las instituciones republicanas a la banda armada de mis amigos.

Ese aparato fue inicialmente proporcionado por el MIR y luego pasó a depender de los socialistas, pero siempre con mucha influencia y armas cubanas. El GAP surge de un acuerdo secreto entre Miguel Enríquez y Salvador Allende durante la campaña presidencial del setenta, en el que Miguel se compromete a suspender las acciones armadas del MIR y le propone a Allende la formación del GAP, mientras que Allende le promete la amnistía que una vez siendo presidente le daría a los miristas y a otros «jóvenes idealistas», entre ellos a los militantes de la organización VOP, que algunos meses después asesinaría a Edmundo Pérez Zujovic.

En su discurso del 5 de enero de 1971, Allende dijo que lo que lo separaba de esos «jóvenes militantes de la izquierda» era «una apreciación táctica distinta». Esa era, a su juicio, la diferencia, cuestión de táctica pero no de estrategia ni de objetivos. Eso retrata de cuerpo entero a Allende, de quien Che Guevara escribió, como dedicatoria a su libro sobre la guerra de guerrillas que enorgullecía tanto a Allende: «A Salvador Allende, que por otros medios trata de obtener lo mismo. Afectuosamente, Che».

R: Imagino que cuando escribió eso, el Che no podía ni soñar que había contribuido a establecer una monarquía comunista de cincuenta y seis años en la isla.

M: La creación del GAP, de la misma manera que nuestro tribunal popular de Nueva La Habana y tantas otras expresiones similares, no eran sino manifestaciones de ese doble poder o institucionalidad paralela que se pretendía crear. Pero junto a ello se dio un notable proceso de desquiciamiento de la convivencia cívica al nivel de la cultura y el lenguaje. Ya hemos hablado de la música, y recuerdo las campañas que los periódicos *El Clarín* y *Puro Chile*, con fuertes ligazones con Allende y el Partido Comunista, lanzaron contra Jorge Alessandri…, «La Señora». No dejaron insulto por usar, transformando el diálogo democrático en una pocilga.

R: ¿Te acuerdas, Mauricio, de la página de la portada del izquierdista *Puro Chile* del 5 de septiembre de 1970, al día siguiente de la elección presidencial? Aparece una gran caricatura del llamado «enano maldito» gritando: «¡Les volamos la ra… ja ja ja ja…!». Una forma nada republicana de celebrar una victoria presidencial, un estilo que nos recuerda lo peor del populismo de Chávez y Maduro.

M: En este contexto me acuerdo de algo bien distinto pero igualmente sintomático de esa época: la terrible portada de la revista mirista *Punto Final* unas semanas antes del golpe, donde se lee a toda primera plana: «Tiene la palabra el camarada Mauser». Lo que está tomado de un célebre poema revolucionario de Maiakovski en el cual se dice algo que era el exacto reflejo del estado de ánimo del Chile de entonces: «Las discusiones sobran. ¡Silencio, oradores! Tiene usted la palabra, camarada Mauser».

R: Estamos hablando de la época previa a Pinochet. Tengo aún fe y esperanza en Chile, porque supongo que si alguien editara hoy un periódico del tono de los que estamos comentando, tal vez no encontraría muchos lectores… Aunque mirando el panorama nacional, uno se topa de pronto con tonos inquietantes y estilos de gran bajeza, fascistoides, al tratar a ciertos políticos y a ciertas instituciones.

M: Por ejemplo, he visto que el gobierno actual se defiende de las críticas diciendo que se trata de una «campaña del terror». Es algo increíble, que cercena el debate público e interrumpe todo diálogo. Y los que usan esa forma artera de confrontar una crítica muy legítima saben que ese calificativo viene del tiempo de la Guerra Fría, cuando las cosas no se discutían sino que se pasaba directamente a la agresión. Son malos síntomas, reflejos peligrosos de un gobierno bastante agobiado. Hay que estar muy atentos frente a este tipo de violencia verbal porque, como las guerras, se sabe cómo empiezan pero no cómo terminan.

II

EXILIO Y RUPTURA

R: Pasemos ahora al exilio y la ruptura con nuestros ideales revolucionarios.

M: Salí de Chile con toda la intención de regresar pronto e integrarme a la lucha contra la dictadura. Por entonces no tenía ataduras partidarias, pero me pareció que debía volver al MIR para canalizar mi propósito. Era el único partido que, a mi juicio, mostraba una verdadera voluntad de lucha intransigente a pesar del fracaso rotundo en resistir al golpe mismo. La política de quedarse en Chile y luchar, concretada en la consigna «El MIR no se asila», contrastaba con la fuga desordenada de los dirigentes de los partidos de la Unidad Popular y su actitud ambivalente respecto de las formas para enfrentar la dictadura.

R: ¿Vivías entonces en Estocolmo?

M: No, llegué a Estocolmo pero después de un par de semanas me fui, en febrero de 1974, a una hermosa ciudad universitaria que queda un poco al norte de Estocolmo llamada Uppsala. Allí había mucha actividad solidaria con Chile y empezaban a llegar otros chilenos. Así que pedí asilo y me instalé en una vivienda para estudiantes que me facilitó el estado sueco, que en todo eso es tremendamente eficiente. Y no solo vivienda sino también medios para mantenerme mientras esperaba la resolución de mi petición de asilo. Incluso te ponían traductores y te daban algo de dinero para equiparte con ropa de invierno, lo que es vital cuando hay que soportar diez o más grados bajo cero. Así que empecé a conocer ese gran estado de bienestar que luego vería hundirse en una profunda crisis para reconstruirse exitosamente a partir de la década de 1990. Pero eso es otra historia que he relatado en algunos de mis libros como *Suecia, el otro modelo*.

R: Me hablabas de tu intención de reintegrarte al MIR, ¿cómo lo hiciste?

M: La consigna «El MIR no se asila» no impidió que muchos miristas se asilasen o simplemente arrancasen del país. Y por ese motivo el partido los expulsó y les puso el terrible timbre de «desertor, traidor y cobarde». A pesar de ello, esta gente empezó a organizarse en el extranjero para apoyar al MIR y se les dio una estructura orgánica llamada Grupos de Apoyo al MIR, GAM. Uno de esos GAM se creó en Uppsala y con esa gente, que hacía actividades abiertas de apoyo a la «resistencia chilena», tomé contacto a fin de volver a acercarme al MIR.

R: Cuéntame más de ese mundo de exiliados que cargaban con un terrible estigma y, me imagino, una tremenda necesidad de reparar su «crimen».

M: Era un micromundo absolutamente patológico, habitado por gente muy joven que vivía perseguida y aplastada por su traición y un deseo muy vivo, pero lleno de contradicciones, de purgar su culpa. Vivían angustiosamente su condición de traidores, desertores y cobardes, y buscaban reparar su crimen mostrando voluntad no solo de apoyar al partido sino de, algún día, volver a luchar en sus filas en «el frente», o sea, en Chile.

Al mismo tiempo, los aterrorizaba aquella perspectiva, conscientes como todos estábamos de lo que eso significaba.

Esta conciencia se fue acrecentando en la medida en que llegaban compañeros que habían resistido un tiempo más largo en la clandestinidad y podían testimoniar lo duro que eso era y el destino de tortura y muerte que esperaba a quien caía en manos de la temida DINA (Dirección de Inteligencia Nacional) o del SIM (Servicio de Inteligencia Militar), el SIFA (Servicio de Inteligencia de la Fuerza Aérea) o el SIN (Servicio de Inteligencia Naval).

La atmosfera del GAM era de absoluta sumisión a todo lo que dijese u ordenase el partido —un traidor no tiene derecho a disentir y su principal deber, para algún día poder ser perdonado, es mostrar lealtad ciega—, pero también de control mutuo: debíamos vigilarnos y denunciar cualquier «debilidad» y el más mínimo indicio de que la intención del compañero de retornar a Chile no era cierta o se debilitaba. Éramos almas en pena en el purgatorio mirista. Recuerdo incluso procesos internos porque alguien se había comprado un estéreo, síntoma claro de aburguesamiento, o la feroz crítica a alguien que se enamoró de una sueca porque de esa manera se ataba al país que nos acogía, debilitando el único sentido tolerado de nuestras vidas: volver a combatir a Chile. Vivíamos en una burbuja llena de aire contaminado y en ese contexto yo al menos tenía la ventaja de, por no haber sido militante del MIR para el 11 de septiembre, no llevar el cartel humillante de traidor, desertor y cobarde.

R: Este aire enrarecido se vivía prácticamente en todos los submundos del exilio chileno y lo experimenté directamente innumerables veces.

M: Así es, y condicionaba toda la vida que uno hacía. Yo recibí mi permiso de residencia después de un par de meses y entonces el estado benefactor me mostró mi camino en Suecia. Las asistentas o guías profesionales y laborales —eran siempre mujeres, en general ya un poco mayores y bien lejos de la imagen mítica de la despampanante mujer sueca— habían estudiado mi currículum y deducían que yo querría seguir con mis estudios universitarios. Hasta me ofrecieron entrar directamente a hacer un doctorado en derecho, ya que, por increíble que parezca, había aprobado todos los ramos de la carrera excepto derecho procesal.

Todo parecía encajar perfectamente, más aún encontrándonos en Uppsala, sede de una de las universidades más prestigiosas de Europa. Así que la sorpresa de mi asistenta fue mayor cuando yo le expresé, sin la menor duda, que a la universidad yo no volvía, sino que quería convertirme en obrero industrial especializado, y que me encantaría estudiar para ser tornero, fresador o algo parecido. Para ella esto era un sueño, ya que Suecia, con su notable industria metalmecánica, necesitaba justamente ese tipo de trabajadores. En suma, ante ella estaba el «cabeza negra» perfecto, dispuesto a alistarse en las filas del proletariado industrial sueco (claro, proletariado con Volvo, hermosa casa y lindo perrito, como se decía entonces). Cómo iba a saber la pobre que mi verdadero propósito era muy distinto: aprender las habilidades necesarias para fabricar armas y participar más eficientemente en la guerra contra la dictadura chilena.

R: ¡Qué comedia de equivocaciones!

M: Así que de esa manera, fuera de estudiar sueco, empecé una formación técnico-profesional de casi dos años y saqué mis dos primeros títulos: fresador y reparador de máquinas de taller. Son títulos que llevo a mucho orgullo y hasta los puse, para sorpresa de muchos, en mi currículum oficial en el Riksdag (Parlamento de Suecia) cuando en 2002 pasé a ser diputado. Esa experiencia fue para mí algo tremendamente enriquecedor: aprender de veras a trabajar con las manos. También fue una gran experiencia el ser inmigrante y empezar desde abajo, limpiando suelos, separando ropa sucia en lavanderías o lo que fuera. Así se reeducó ese joven santiaguino de clase media que tanto había leído sobre el proletariado industrial y las fábricas, pero que nunca las había conocido de verdad.

R: Superaste a Marx en eso: jamás trabajó en una fábrica y vivió de los aportes que le entregaba su amigo Federico Engels, que los recibía a la vez de su padre empresario. La experiencia de convertirse de pronto en inmigrante implicó un gran cambio de posición social para ti y para mí. De pronto estabas abajo, eras el último de la fila y hasta vivías situaciones de discriminación que de seguro abren los ojos respecto de lo que muchos padecen en Chile, proviniendo de las clases más populares y con piel «menos blanca».

M: Es una gran lección de vida y efectivamente te da una perspectiva sobre nuestro país totalmente nueva para personas como nosotros. Fue en Suecia donde entendí lo profundamente clasista y racista que era nuestra sociedad. Pero una de las cosas que más me impactó fue perder la capacidad de expresarme, que es la gran arma del intelectual. Eso fue algo que seguramente tú no experimentaste por saber bien el alemán, pero para mí fue como una castración. Pasar de pronto a ser un estúpido por no poder decir más que las cosas más elementales y, además, pronunciando todo pésimo por la tremenda dificultad fonética del sueco. Fue algo muy penoso, pero de ello también se aprende.

R: ¿Y cómo seguía tu vida de mirista?

M: Muy militante, pero relativamente tranquila hasta 1977, cuando el MIR decidió iniciar la Operación Retorno. Pero en el intertanto pasaron cosas bastante dramáticas. En abril de 1975 recibí una llamada de Loreto Valenzuela, la actriz, que había sido novia mía y de la cual solo guardo buenos recuerdos, para comunicarme que mi madre había sido detenida y estaba desaparecida.

R: Qué terrible debe de haber sido para ti recibir una noticia así, y a la distancia. ¿Cómo reaccionaste?

M: Imagínate. Siendo su único hijo todo se multiplicaba: el sentimiento de impotencia, de deber hacer algo y no poder. Bueno, hice lo que pude, como recurrir a las autoridades suecas para denunciar su desaparición, de manera que hubiese alguna presión de parte de la embajada en Chile. Pero eso no significaba mucho por entonces. Ahora bien, también había una especie de estoicismo revolucionario que te permitía recibir este tipo de noticias sin enloquecer o quedar destruido: así era la revolución, exigía y le daba sentido al sacrificio máximo; de ello había hablado muchas veces con mi madre. Es ese sentido de la trascendencia histórica del marxismo el que te puede brindar un consuelo tan fuerte como al creyente la expectativa de alcanzar la vida eterna. Es algo muy potente y heroico, que te prepara para lo más sublime, el martirio revolucionario, y para lo más abyecto, matar incluso a tus viejos camaradas por la revolución.

R: ¿Por qué detuvieron a tu madre?

M: Fue por ayudar a un camarada mirista, Isidro Arias, músico de la Orquesta Filarmónica de Chile que, según consta en el Informe Rettig, estaba haciendo un rayado contra la dictadura en la comuna de La Granja el 2 de abril por la noche y fue sorprendido por un policía de investigaciones que intentó detenerlo. Arias le disparó, matándolo, y empezó a esconderse en distintas casas donde accedieron a acogerlo.

Mi madre lo recibió el 6 de abril en nuestra casa de la calle Catedral, sin tener mayores antecedentes de por qué se lo perseguía. Allí llegó la policía, que ya había dado con su domicilio anterior, donde consiguieron el número telefónico de la casa de mi madre después de dejar de darle de comer y beber a la guagüita de la mujer que había ocultado a Arias. Así que el mismo día 6 nuestra casa fue rodeada y se detuvo a Isidro Arias, que intentó cortarse las venas, y también a mi madre. Los llevaron al centro de detención Villa Grimaldi, donde Arias moriría desangrado y mi madre permanecería poco más de un par de semanas. Fue seriamente maltratada, perdió un oído y sufrió un prolapso uterino. Luego fue trasladada a la Casa Correccional de Mujeres, donde pasó un tiempo para posteriormente quedar en libertad condicional. Finalmente, en 1976, llegó exiliada a Suecia.

R: ¿En qué estado llegó a Suecia?

M: La verdad es que nunca se recuperó de todo lo que había pasado, lo que no es fácil cuando ya tienes cerca de cincuenta años. Un tiempo después enfermó de cáncer y murió en 1981 en la misma ciudad donde un día me convertiría en doctor en filosofía y donde actualmente vivo, Lund, al sur de Suecia, casi frente a Copenhague.

R: Es una etapa muy dolorosa en tu vida, y estrechamente vinculada con la historia, la política y la tragedia de Chile. Me consterna lo que comentas. Permíteme hacerte volver a la Operación Retorno que el MIR ya estaba iniciando en 1977.

M: Sí. El primer retornado llegó a Chile, después de haber sido entrenado en Cuba, en septiembre de 1977.

R: Es la época en que yo vivo en La Habana y acabo de renunciar a la Jota, que ahora se había embarcado en una aventura militarista para «liberar» a Chile con un ejército popular y revolucionario, que debía formarse en La Habana.

M: Pues esa fue la respuesta a los terribles reveses experimentados por el partido en Chile, especialmente desde la muerte de Miguel Enríquez en octubre de 1974. El MIR estaba totalmente destruido en Chile y la dirección exterior elaboró la idea de enviar a gente para que, mediante alguna acción suicida, mantuviese «la presencia» del partido en el país.

Por supuesto que esto no se planteaba así, sino que se decía que Chile vivía una situación prerrevolucionaria, que las masas estaban a punto de levantarse contra la dictadura, que solo faltaba la chispa que desencadenase el gran incendio revolucionario, etc., etc. Nada de ello era cierto, pero poco importaba para quienes solo soñábamos justamente con eso y con dar la vida por la causa. Así que a comienzos del 77, en pleno invierno nórdico, la dirección del MIR en Suecia llama a quienes estuviesen dispuestos a volver a una reunión en un departamento en un barrio de Estocolmo.

Éramos unos veinte miristas —muchos de ellos camaradas que aún no se recuperaban anímicamente de lo que habían sufrido en Chile— que nos dimos cita aquella noche que nunca olvidaré. Allí estábamos, en el salón del departamento, esperando que nos llamasen para entrevistarnos en una pieza contigua a fin de determinar nuestra idoneidad para el retorno. Nunca he pasado una noche similar: se podía palpar la angustia de tantos que hacían el sacrificio máximo de ofrecerse para volver al Chile de la DINA, sin en verdad quererlo ni estar en condiciones de hacerlo, pero sin alternativa, ni ante el partido ni ante su propia conciencia. Salían de la conversación con los rostros contrahechos y se reincorporaban al silencio sepulcral que poblaba aquella habitación llena de pavor, donde la mirada de todos trataba de saber si ese compañero sería uno de los elegidos.

R: ¡Qué noche! En esa misma noche, pero miles de kilómetros hacia el oeste, muchos jóvenes revolucionarios chilenos dormían en institutos y escuelas militares de Cuba, donde se adiestraban para desembarcar un día en las costas del país y liberarlo de la dictadura. Los más ingenuos soñaban con un yate Granma del Pacífico Sur. ¿Y cómo te fue a ti esa noche?

M: Desastrosamente bien, ya que me eligieron entre los tres que fueron seleccionados. Otro de ellos fue José Goñi, quien fuera ministro en el primer gobierno de Michelle Bachelet, y el tercero, un compañero que efectivamente volvió y murió en «el frente». Seguramente por no haber pasado por grandes apremios antes de dejar Chile ni ser un «traidor, desertor y cobarde», estaba en mejores condiciones anímicas para enfrentar el retorno. La verdad es que no lo sé a ciencia cierta, pero sí sé que salí de la entrevista con mi ego revolucionario a punto de reventar de orgullo y emoción. Finalmente era uno de los elegidos por la historia para ser héroe o mártir, y de eso se había tratado toda mi vida hasta allí. «Era la hora de los hornos y no se habría de ver más que la luz», para usar de nuevo las palabras de José Martí.

Fue la noche más terrible y también la más hermosa de mi vida. Volví a Uppsala en un estado de ánimo exaltado para contarle a mi compañera que nos íbamos a Cuba, con nuestra hija que apenas tenía algunos meses.

R: O sea que ibas camino a la isla, donde muchos compatriotas jóvenes, que habían soñado con convertirse en médicos o ingenieros, terminaban en la escuela militar Camilo Cienfuegos o el Instituto Técnico Militar; yo pasaba en esos años mil y una penurias, sin techo ni libreta de abastecimiento, y prisionero de una depresión causada por la pérdida de la fe comunista y la falta de una salida posible de ser alcanzada.

M: Esa era la idea: a Cuba, donde mi mujer y mi hija se quedarían, y yo recibiría entrenamiento militar para luego seguir camino a Chile.

R: Si te fijas, esa fue la coyuntura precisa en que la estrategia del Partido Comunista se acopló a la estrategia de la vía armada del MIR y, en el fondo, de Fidel Castro y el Departamento América, que dirigía Manuel «Barbarroja» Piñeiro. Fueron los dirigentes comunistas Volodia Teitelboim y Gladys Marín, entre otros, que al final se dejaron convencer por el máximo líder de embarcarse en la aventura militar, y se apartaron de la línea histórica del PC, lo que desembocaría en un desastre y le pasaría la cuenta al partido. Todo aquello era secreto, desde luego.

M: Fue, sin duda, un viraje espectacular el que dio el Partido Comunista. Pero volviendo a mi relato te contaré que dejamos nuestro departamento y nos fuimos a esperar la llegada de las visas y los pasajes al cuarto de estudiante que nos facilitó un amigo chileno. Sin embargo, todo empezó a demorarse por razones que desconozco, y en ese momento apareció mi salvador, un porteño como tú. Era un camarada un poco mayor y miembro del Comité Central del MIR, que venía llegando directamente de la cárcel en Chile, donde había resistido con coraje la tortura. Su peso político y moral era por ello muy superior a quienes en ese momento dirigían el MIR en Suecia.

Este hombre debe de haber sido uno de los pocos que quedaban en el MIR de formación trotskista, y por lo tanto tenía una visión bastante distinta al guerrillerismo suicida que imperaba entonces. A su juicio, la política del partido de mandar a sus mejores cuadros jóvenes a una muerte segura era criminal. En Chile no había ninguna condición para que eso fructificase y todo lo que se nos decía de una situación prerrevolucionaria eran puros cuentos. La lucha iba a ser larga y había que cuidar nuestras reservas humanas para, algún día, ganar un apoyo popular masivo, pero no a punta de balazos sino de un trabajo de agitación paciente y persistente.

Cuento corto, este compañero nos llamó a una reunión en Estocolmo, donde planteó todo esto. Lo hizo con fuerza y, además, con cariño y preocupación por esas jóvenes vidas que tenía delante de él. Nos trató como seres humanos de verdad y no como carne de cañón o meras piezas del ajedrez revolucionario. Fue el discurso más impactante que he escuchado en mi vida, y me la salvó.

R: ¿Recuerdas cómo se llamaba?

M: No, ni siquiera recuerdo con seguridad su chapa o nombre de guerra, aunque se me viene a la cabeza el nombre de Arnaldo o Arnoldo. Solo lo encontré una vez más, fugazmente, en el metro de Estocolmo, pero no conversamos ni pude expresarle mi agradecimiento, el que ojalá le llegue si lee este libro. Sus palabras tuvieron en nosotros un efecto liberador. Alguien con un peso moral y político innegable nos abría la rendija de la duda, del cuestionamiento, de las decisiones propias. Fue el autorizador moral, que es una figura clave para poder romper con el círculo humana y moralmente atenazador de la vida de secta. El partido mentía, manipulaba y buscaba un activismo suicida. De esa manera, autorizados moralmente y propulsados tanto por un instinto de supervivencia como, de seguro, por el pavor subterráneamente acumulado ante el destino terrible hacia el que íbamos, unos veinticinco miristas rompieron con el partido y decidieron seguir un camino propio.

R: A veces aparece la persona proverbial, el ángel, dirían algunos, que te salva la vida. Para mí esa persona fue el poeta disidente cubano Heberto Padilla, de quien hablo en extenso en *Nuestros años verde olivo*, que me convenció de no convertirme en oficial en la FAR para ir a morir en alguna guerrilla. Si no lo hubiese conocido, tal vez no estaría contando la historia, porque uno, más allá de las dudas, buscaba una causa que abrazar con fanatismo y heroísmo. Esa manipulación es fácil en quien es muy joven. Pero volvamos a la tuyo: me imagino que entonces te saliste rápido de la secta.

M: No del todo.

R: ¿Cómo?

M: Como reza el dicho: se necesita un clavo para sacar otro clavo. Así que decidimos agruparnos independientemente para seguir con nuestras vidas al servicio de la revolución. Pero la idea era ahora de largo plazo: formarse profundamente en el marxismo y regresar a luchar a Chile bajo condiciones que no fuesen suicidas. Para ello decidimos irnos a vivir cerca los unos de los otros y crear un colectivo de formación marxista. Como todos vivíamos dispersos por distintas ciudades de Suecia, elegimos una ciudad donde ninguno vivía y que, por lo tanto, implicaba para todos el mismo esfuerzo de mudarse a un lugar nuevo.

Así, por ahí por abril de 1977, empezaron a llegar estas jóvenes familias chilenas a la ciudad de Malmö, la tercera ciudad de Suecia, ubicada en el extremo sur del país. Las autoridades sociales estaban tremendamente desconcertadas ante este flujo migratorio que, aparentemente, no tenía motivo racional alguno. Elegimos un barrio de lo más segregado para vivir, ya que allí había abundantes viviendas vacías, y así constituimos nuestro micromundo, que inicialmente abarcó una veintena de familias y en el que yo tenía un rol de primera línea en lo intelectual. Pero en realidad era el canto del cisne de nuestra pasión revolucionaria, una salida decorosa de la secta que te daba la posibilidad de vivir acompañado esos primeros momentos desgarradores de la ruptura.

Nuestros destinos empezaron pronto a divergir y en la segunda mitad de 1977, empecé mis estudios de historia económica en la Universidad de Lund. Era una forma fácil de sobrevivir usando el préstamo de estudios, me dije inicialmente. Pero la verdad es que, finalmente, podía dar rienda suelta a mi vocación de historiador. Nuevamente se hacía presente la herencia de mi madre, que por entonces ya estaba en Suecia y que luego se mudaría a Lund. Y así empezó mi distanciamiento de las ideas revolucionarias, que pronto se aceleraría para llegar, en 1979, a una ruptura total.

R: Me intriga ese proceso. Además rompes en 1979, justo el año en que por fin yo logro salir de La Habana, pero no aún del mundo gobernado por los partidos comunistas, porque desembarco en la RDA, único destino al cual podía viajar detrás del Muro. Pero cuéntame más de este distanciamiento de las ideas revolucionarias, que esta vez no se detiene a medio camino, como es común, sino que llega hasta sus últimas consecuencias.

M: Se trata de un proceso bastante largo, en el que de hecho invertí siete u ocho años hasta completar mi tesis doctoral, defendida y aprobada en la ciudad de Lund en marzo de 1986. En todo caso, ya en 1979 había redactado la primera versión de lo que sería mi ensayo de ruptura definitiva con el marxismo —«Socialismo real, desarrollo capitalista y crisis del marxismo», reza su título— que se publicaría en España en 1981, en el número 7 de la revista *En Teoría*, que dirigía gente cercana a Fernando Claudín, el famoso dirigente comunista español expulsado del partido en los años sesenta junto a Jorge Semprún, el legendario camarada Federico Sánchez que dirigió las operaciones clandestinas del partido en España bajo el franquismo.

Lo menciono porque mi ruptura coincide con un amplio movimiento crítico dentro del marxismo que involucraba a gente de diversos países que, de muchas maneras, fueron mis «compañeros de viaje». Yo ya había comenzado a publicar artículos en revistas españolas donde, desde fines de los años setenta, se desarrollaba una álgida discusión sobre lo que se llamó «la crisis del marxismo». El primero de ellos apareció a mediados de 1979, en la edición española de la célebre *Monthly Review*.

R: Era gente conocida e influyente y con autoridad en el universo comunista, y de lo cual uno no tenía noción en el cerrado mundo de Cuba o la Alemania oriental. Fuera de que Semprún fue un gran escritor y guionista cinematográfico, a quien tuve el privilegio de conocer en España. Su *Autobiografía de Federico Sánchez* es muy notable y su obra fue para mí una compañera importante en mi maduración política tras mi ruptura con el comunismo. Recuerdo haberla leído en Berlín oriental gracias a un chileno que tenía visa para viajar a Occidente y hoy es un influyente hombre de la coalición política Nueva Mayoría en Chile. Fue Semprún quien escribió el guion para *La confesión*, la película de Costa-Gavras que se rodó en Chile. Cuéntame cómo argumentabas en ese escrito de ruptura con el marxismo.

M: Mi postura, siendo lo más breve posible, era que la crisis del marxismo no era, como muchos críticos sostenían en ese tiempo, de una parte del mismo, como ser su diagnóstico apocalíptico sobre el capitalismo, y menos aún de su supuesta aplicación «errónea» en los países del así llamado socialismo real. Era, por el contrario, una crisis que partía de su núcleo, es decir, de su visión de la historia y sus aspiraciones mesiánicas. Esa era la fuente de su grandeza como movimiento político, pero allí residía también su talón de Aquiles. No es que se tratara de una buena receta mal aplicada o con algunos ingredientes de más o de menos, ni tampoco de un designio histórico aún por cumplirse del cual los socialismos reales no serían más que abortos prematuros; no, se trataba de la profecía misma acerca del comunismo venidero, que es la verdadera esencia del marxismo.

En mi texto analizaba cada una de las predicciones centrales de Marx, mostrando cómo la evolución posterior las había desmentido de manera categórica. También abordaba la biografía intelectual de Marx, poniendo en claro la falsedad del postulado acerca del supuesto carácter científico de sus teorías y estableciendo su origen especulativo, basado en los artificios dialécticos de Hegel y una secularización de la matriz milenarista cristiana, y no en años de rigurosos estudios científicos sobre la realidad del capitalismo y la evolución histórica de la humanidad. Por ello, mi texto concluía con un llamado a atreverse a liberarse del marxismo en su conjunto y lo hacía citando unas célebres estrofas en que Maiakovski parafrasea al filósofo danés Søren Kierkegaard: «Atreverse es perderse un instante, no atreverse es perderse para siempre».

R: Bonita frase, que da para mucho y se vincula con un refrán alemán: «Más vale un final de horror que un horror sin final». Veo que ya habías profundizado muchísimo en tu crítica del marxismo y desarrollabas un planteamiento esencial: el fracaso del marxismo no está en que haya sido mal aplicado a la realidad, sino a sus propias bases epistemológicas y gnoseológicas, por decirlo de algún modo, y al hecho de que Marx jamás pudo imaginar el potencial económico, tecnológico y democrático que encerraba el capitalismo, el mercado, la libertad.

M: Así es. Ya por entonces también había redactado el esbozo de un texto que años más tarde se publicaría en España bajo el título de «Marxismo y metafísica». Allí estudiaba las raíces filosófico-religiosas del marxismo y llegaba a la conclusión de que los genocidios comunistas tenían su origen y justificación en la visión grandiosa que tenía el marxismo de la construcción del paraíso en la Tierra. Era la bondad extrema de los fines que conducía al mal extremo de los medios y nos convertía en criminales políticos perfectos, como diría Albert Camus.

Además, ponía en claro algo que Carlos Semprún, el hermano de Jorge Semprún, expresó de una manera cristalina en uno de sus últimos textos, cuando habla de lo que diferencia a los comunistas en el poder, es decir, aquellos con las manos llenas de sangre, de los otros, es decir, nosotros, los que no llegamos o fracasamos en llegar al poder. Esa diferencia no es, a su juicio, moral, ética o política, sino de distancia: «la que media entre quienes están en el poder y quienes no lo están, entre quienes ejercen la represión y los que sueñan con ejercerla».

R: Me parece un razonamiento absolutamente correcto y relevante para Chile, donde muchos marxistas y progresistas se lavan las manos ya que ellos, a diferencia de muchos de sus camaradas, nunca ejercieron directamente la represión, aunque la justifican cuando camaradas de lucha la ejercen en otros países. La solidaridad y admiración de estos sectores por regímenes como los de Cuba, Norcorea, la URSS o Rumania, por mencionar solo algunos, es impresentable, y expresa un doble discurso que perjudica la consolidación de la democracia en Chile y potencia a grupos que, desde el otro extremo del arco político, justifican también dictaduras pero de derecha.

M: Otra cosa quería decirte en este contexto. Estos escritos fueron leídos por mi madre y la conmovieron profundamente. Recuerdo que después de leer el esbozo de «Marxismo y metafísica» entró en mi pieza —vivíamos juntos en Lund— y me lo lanzó por la cabeza diciéndome: «Has destruido mi vida». Y era cierto. Terriblemente cierto.

Imagínate que tu único hijo te dice a los cincuenta años, después de toda una vida de lucha y sacrificio que incluso te ha hecho pasar por Villa Grimaldi, que estabas luchando no solo por una causa equivocada sino por una genocida. Y no solo eso. Te dice además que gente como ella y como yo, y como todos nuestros compañeros que entregaron sus vidas por la causa con las mejores intenciones y los deseos más ardientes de hacer el bien, éramos la fuente del mal.

Lo ocurrido en el socialismo real, la barbarie leninista, estalinista o maoísta no era casual, sino que fluía de nuestros ideales, con su mundo nuevo y su hombre nuevo que llamaban al delirio revolucionario que terminaba en el Gulag o los Campos de la Muerte. Fue demasiado para mi madre y todavía no me he reconciliado con el dolor que le causé no solo al ser más querido, sino también a un ser de una integridad y una entrega ejemplares como era ella.

R: Es una situación de hondo dramatismo porque conjuga lo político y lo privado. Y perdona que lo diga por deformación profesional: es una situación extrema e inolvidable en una novela o una película. Nada expresa de modo más plástico la crudeza y el dolor de una ruptura política profunda que esa escena entre madre e hijo que describes.

M: Ese fue el momento más difícil de todo este proceso, pero no el único. Ya que mi mensaje era tan violento para todos mis excompañeros que no podía provocar sino un sentimiento enfurecido de traición y un distanciamiento irreparable. Pero, claro, lo de mi madre fue lo más hondo y dramático y, debo reconocerlo, insuperable.

Así y todo seguimos adelante, con el dolor causado, que sin duda era injusto por más bien fundamentados que estuviesen mis razonamientos o quizás justamente por eso, por toda esa artillería de conocimientos y razonamientos que yo había descargado contra nuestros viejos sueños. Ella no podía reconstruir su vida, de la que además ya no le quedaba mucho. Pero ¿qué podía hacer? ¿Cómo negarle lo que pensaba y esconderle lo que escribía si toda nuestra vida había sido un largo diálogo sobre la historia y la revolución?

Traté de explicarle que no podía hacer otra cosa, que había llegado a ese convencimiento y que era muy importante comunicárselo, que cualquier otra cosa sería deshonesta para con ella. Pero no sé si la convencí y ni siquiera yo estoy muy convencido de ello. ¿Será que a veces hay que callar, no por miedo ni menos por pudor, sino por compasión?

R: Qué difícil lo que cuentas. Y pensar que algunos creen que esto de la ruptura y de ser converso es como ir de picnic. No tienen idea de los desgarramientos que se sufren, con uno mismo y con gente que uno quiere profundamente.

M: Así es. Pero ello me dio el fundamento de la perspectiva bajo la cual he realizado mi crítica del marxismo, que es bien distinta a la de muchos críticos liberales que se hacen la vida fácil partiendo de una especie de maldad intrínseca de los marxistas. Mi punto de partida ha sido siempre el contrario, es decir, que se trata de una verdadera tragedia y que lo que hay que entender no es cómo el mal produce el mal, sino cómo una voluntad desmedida por hacer el bien lleva al mal absoluto. En eso he tratado de ser siempre leal al recuerdo de mi madre y al dolor que le causé.

R: Me gusta tu perspectiva. Es compleja, profunda y humana. Como en tu caso, yo también fui amigo y familiar de quienes ejercían una dictadura que hoy lleva más de cincuenta y seis años: la cubana. Sin embargo, cuando cultivas demasiado el lado humano de quien ejerce la represión, corres un riesgo enorme: puedes terminar excusando las atrocidades cometidas por las buenas intenciones, al menos iniciales, de quienes conociste, estimaste y amaste, ya que en el poder se desencadenan pasiones y apetitos mucho menos idealistas de quienes las cometieron.

M: Tocas un punto esencial en varios sentidos. Por una parte, esa concepción es la que explica la disposición generalizada que existe respecto de los comunistas y el comunismo de perdonar lo que hicieron y siguen haciendo porque su fin era bueno y noble. Lo hicieron por una buena causa y por ello serían radicalmente distintos de otros totalitarios, como los nazis o los fascistas en general, que son absolutamente condenables porque luchaban o luchan por una mala causa.

De esa manera se ha construido ese doble rasero o estándar moral que, por ejemplo, permite darse besitos cariñosos con un dictador comunista como Castro y pasearse al mismo tiempo por el mundo como heroína de la libertad, como en su momento lo hizo la joven diputada comunista Camila Vallejo. O como ser parte de un gobierno democráticamente respetable sin jamás haberse hecho la más mínima autocrítica por la complicidad activa con acciones genocidas, como es el caso del Partido Comunista de Chile.

R: Así es, se trata de un espectáculo bochornoso que se repite una y otra vez. Es un doble estándar cuidadosamente calculado y obcecado, implacable e inflexible, que apunta a la construcción de la mala memoria. Esto, según George Orwell, proviene del hecho de que, después del pacto entre Hitler y Stalin, Stalin forma una alianza con el mundo democrático para enfrentar a los nazis. Stalin sigue siendo un déspota terrible y con millones de muertos, pero al aliarse con Occidente se genera un cambio en la percepción del georgiano. Los países democráticos que lo necesitaban, controlan en época de guerra la crítica a la Unión Soviética y fomentan a la intelectualidad comunista o prosoviética. Es por eso que Orwell tiene tantos problemas para publicar *Rebelión en la granja*: son los intelectuales de izquierda los que se oponen a que critique el totalitarismo soviético. De allí surge el doble estándar de muchos, que perdura hasta hoy, ante los mayores totalitarismos del siglo xx: el nazifascista y el comunista; ambos, por cierto, de raíz socialista.

George Orwell analiza muy bien en uno de sus ensayos por qué el Partido Comunista es mejor visto en ciertos círculos que el Partido Nacional-Socialista, a pesar de que ambos construyen los dos sistemas totalitarios más pérfidos del siglo xx. En esa lucha que se da entre barbarie y democracia, entre totalitarismo y libertad, el bárbaro y totalitario dictador Stalin pasa bajo cuerda por varios años como un aliado necesario en contra de Hitler, por lo cual no hay que ventilar sus «pecados» ante el mundo.

Orwell narra cómo muchos intelectuales de izquierda británicos, vinculados al servicio secreto de la URSS, o bien cautivados por la idea de la igualdad y la sociedad sin explotadores, le hicieron la vida imposible, lo criticaron en los medios y lograron impedir por un tiempo la publicación de su célebre *Rebelión en la granja*, porque afectaba el prestigio de un aliado de Occidente. Ese giro de la historia, en el cual los antiguos aliados e iniciadores de la Segunda Guerra Mundial, Hitler y Stalin, se declaran la guerra, y que lleva a Stalin a convertirse en un aliado clave del mundo libre para derrotar al Nacional-Socialismo, es el que desde los años cuarenta del siglo pasado facilita la labor a quienes no condenan al comunismo.

Y así se llega a este doble estándar que conocemos en Chile: condeno al totalitarismo nacional-socialista, pero no al totalitarismo comunista. Allí está el origen de un doble estándar que sigue hoy vigente en líderes de la izquierda chilena cuando «pasan» y callan ante la violación de derechos humanos en Cuba, la RDA o la URSS.

M: Este doble estándar y la tolerancia que crea para con el comunismo deben ser enfrentados sin por ello caer en su caricaturización. A mi juicio, debemos asumir la complejidad del asunto y hacerla también extensiva a otros tiranos y totalitarios. El islamista radical que hoy comete un atentado aterrador está alentado por un impulso mesiánico no menos respetable y terrible que el del marxista. Quiere el paraíso en la tierra, la umma universal del profeta, ese mundo de paz y armonía donde el Corán será la ley suprema, pero para llegar allí hay que matar y destruir ilimitadamente hasta que todo el mundo sea parte de la Casa del Islam, la famosa Dar al-Islam o el nuevo califato. ¿Y qué diremos de los nazis y de todos esos alemanes que masivamente lucharon y murieron por el sueño delirante del Führer? ¿No es que querían un mundo ideal, poblado por seres superiores y puros, un mundo de armonía y comunidad, para cuya instauración había que depurar y eliminar a una parte de la humanidad?

¿Y cómo juzgaremos a los inquisidores católicos? ¿No es que torturaban y mataban por la salvación de las almas? ¿O vamos a suponer que todo era un teatro grotesco para esconder apetitos viles? Depurar y eliminar en nombre de la redención: al burgués, al pequeñoburgués, al trotskista, al judío, al discapacitado, al romaní, al infiel, al hereje o al converso a la fe equivocada; esa es la melodía de todas estas doctrinas terribles, y pienso que así debemos analizarlas y juzgarlas, porque no tendrían ni una fracción de su potencia destructiva si no fuesen capaces de concitar ese tipo de fanatismo militante y de entrega total que solo las doctrinas mesiánicas y los ideales más sublimes pueden concitar.

R: Es una perspectiva sobrecogedora la que propones: usar el mismo rasero y partir de una especie de presunción generalizada de idealismo para juzgar a los peores tiranos conocidos.

M: No a todos, pero sí a muchos. Pero nos queda todavía otra parte igualmente importante. Los franceses dicen: *Tout comprendre, c'est tout pardonner*, usando la formulación clásica que le dio Tolstoi en Guerra y paz. Pero yo diría al revés: «Comprenderlo todo no es perdonar nada».

Es un tema de gran complejidad filosófica que hace a la relación existente entre causalidad y responsabilidad. Los deterministas extremos deben negar la responsabilidad personal, tal como un creyente absoluto en la idea de un plan divino, eterno e inmutable, debe negar el libre albedrío, como lo hicieron, cada uno a su manera, San Pablo y Calvino: por ello afirmaron que nadie puede ganarse el cielo por sus obras y sostuvieron la famosa doctrina de la gracia inmerecida y la predestinación de las almas.

Este tema ha tenido un papel protagónico, entre tantos otros, en el debate sobre Hitler, especialmente entre estudiosos judíos. Algunos incluso se han opuesto a todo intento de hacer comprensible a Hitler, ya que ello implicaría humanizarlo, explicarlo, comprenderlo y, finalmente, perdonarlo o al menos relativizar sus crímenes por cualquier razón que sea: un padre que lo maltrató, unas condiciones sociales determinadas, un sentimiento de traición a la patria... Esta posición dice en el fondo: el mal extremo, como el que encarnaba Hitler, debe ser condenado, no comprendido. Esa postura no me parece aceptable en ningún sentido y, más aún, hace imposible aprender del pasado.

Debemos poder entender y también condenar, con toda la fuerza y determinación que se requiera. Es más, a mi juicio, esa capacidad de hacer el mal de manera extrema anida en la propia naturaleza humana y se desencadena bajo el impacto conjunto de ciertas circunstancias y ciertas ideas, como las representadas por las ideologías mesiánicas. Esa conclusión fue la que un día encaminó mis pasos hacia el liberalismo, como defensa irrestricta de la libertad e integridad del ser humano tal y como es; una especie de muro de contención contra nuestra propensión a sacrificar al ser humano de carne y hueso a nombre de colectivos o ideales abstractos como la humanidad, la raza, la clase social, la nación, el comunismo, la salvación o lo que sea. Este es un tema en el que tanto Albert Camus como Mario Vargas Llosa han profundizado mucho. Pero ya es hora de hablar de ti y de tu ruptura.

R: Tengo la impresión de que mi ruptura, vamos a decirlo así, fue menos dolorosa, porque yo no había calado tan profundamente dentro de esa cultura comunista, que es particularmente

fuerte y cerrada porque adquiere carácter de secta o cofradía y
cuenta con una historia, que en Chile se remonta a comienzos
del siglo xx y en Europa al siglo xix, con Babeuf, Marx y Engels. Se trata de una cultura o subcultura que se inmiscuye y
regula casi todo, incluso el estilo de vida del militante, las preferencias estéticas, las relaciones familiares, de amistad y hasta
el amor. En un texto célebre, *El socialismo y el hombre en Cuba*,
Che Guevara dice que para los revolucionarios «el marco de
los amigos responde estrictamente al marco de los compañeros
de Revolución. No hay vida fuera de ella». Uno no podía sen-
cillamente tener una novia o esposa de derecha o centro, que
no comulgara con el partido. Es una cultura que te provee con
todas las respuestas que la vida exige.

Este matrimonio malavenido entre mi alma juvenil y la Jota
se debió, tiendo a pensar, a la formación libre que mis padres
me dieron en casa, porque dentro del ámbito familiar no había
gente mayor de izquierda, solo algunos primos universitarios
que se definían de izquierda, pero esa opción se entendía entonces en la familia como una pataleta normal de juventud que
se debía pasar cuando la gente se titulara, trabajara, se casara y
adquiriera responsabilidades reales en la vida.

Pero en mi entorno tampoco había gente de cultura conservadora, digamos estrictamente católica o vinculada al Opus
Dei. Por el contrario, abundaba la gente independiente y agnóstica, o católica o protestante, en particular, los alemanes e
ingleses que uno conocía. Era toda gente para la cual la política,
en términos generales, no era importante sino cada seis años,
cuando se elegía presidente, porque consideraban que la felicidad en la vida no pasaba por los políticos ni el estado sino por el
esfuerzo personal, la vida familiar y el trabajo. Recuerdo a unos
parientes del cerro Playa Ancha en Valparaíso, los Marholz y los
Correa, donde los hombres mayores eran masones y sus mujeres católicas, pero todos eran allendistas desde siempre. Sin
embargo, nadie militaba en partido alguno, ni dependían del

gobierno de turno para obtener trabajo. Era gente tolerante, bien informada, con sensibilidad social, que soñaba con un país más justo en los almuerzos familiares de los domingos o en algún té o cena de beneficencia, pero no eran comunistas ni simpatizaban ni con Fidel Castro ni los países de Europa del Este.

M: Ese es un tipo de allendismo muy civilizado que fue bien importante en su momento y reflejaba una faceta de Allende, con su encanto burgués y su gran pasión por lo social. Eran buenas gentes que nunca se tomaron en serio la otra parte de Allende, ni tampoco de esa izquierda chilena que se declaraba marxista-leninista. Pensaban que solo eran palabras y poses. Pero se equivocaban.

R: Creo que Allende tenía un baño de conocimiento marxista, algo de masón y una experiencia electoral que no lo convirtieron en apparatchik. Insisto en que el recuerdo de esas experiencias familiares, con personas que yo quería y respetaba mucho, que eran familiares o amigos de la familia, me ayudó a decepcionarme y a romper con el comunismo cuando lo conocí en la RDA y Cuba. A los tres o cuatro años de vivir en el socialismo, rompí con la Jota. Sin embargo, mirando en retrospectiva, lo que aún me parece complicado de entender es cómo llegué a convertirme en un joven comunista si los pocos amigos o compañeros de colegio que llegaron a ser de izquierda optaron en su mayoría absoluta por el Movimiento de Acción Popular Unitaria, MAPU, el MIR o el PS.

Por eso las amarras que me ataron a la cultura comunista fueron delgadas e incómodas, sin historia previa en la familia, y esa condición de avis rara me facilitó la ruptura y mi paso en 1978 a la juventud del MAPU-OC, que se denominaba Unión de Jóvenes Democráticos, que eran liberales de izquierda en el sentido amplio de la palabra, para nada dogmáticos ni intolerantes; no sentían admiración por los países comunistas, y veían con desenfado y alegre simpatía a países como Italia, Francia o Suecia, gente a la cual el eurocomunismo le parecía un paso en la dirección correcta, una superación del comunismo o el marxismo-leninismo.

M: O sea que lo tuyo fue más light, por así decirlo.

R: En cierta medida fue muy de piel y sentimiento, no de cultura familiar ni de teoría porque abrazo la causa temprano, pero ese amarre débil al muelle comunista no significa que mi ruptura con el dogma haya sido una experiencia light o frívola, porque en los inicios yo sí creí en el socialismo como un católico cree en la Virgen María. Confieso que ignoro qué hubiese sido de mí en términos políticos de no haber conocido el comunismo real. Tal vez habría seguido militando, engañado por la ideología, porque las demandas abstractas de igualdad, justicia social y democracia popular sonaban muy bien a mis oídos.

Pero mi ruptura también tuvo una dimensión familiar —sé que hay otras dimensiones, más políticas—, porque al romper con los comunistas reparé en cierta forma el dolor que mi militancia le causó a mi padre masón y a mi madre católica. Sí, creo que la posición de mi familia facilitó la ruptura. En el caso tuyo, tu ruptura con la izquierda fue al revés: le causó un profundo dolor a tu madre, dolor del cual nunca se recuperó. Un dolor parecido al que les causé a mis padres, mi hermana y abuelos por abrazar precisamente la causa comunista.

Para mí, romper con la Jota fue asumir la pérdida de mi fe comunista y recuperar la plataforma para salvar una relación plena con mi familia y mis mejores amigos del colegio y la infancia. Había, por lo tanto, una suerte de retorno al viejo redil. Eso compensó en alguna manera el dolor que causa renegar a los veintitrés años de aquello en lo que había creído con diecisiete o dieciocho. No quiero ser ingrato ni simplificar esa etapa: la ruptura al comienzo me causó dolor, desazón y desconcierto, pero al mismo tiempo un alivio, porque bajaba de mis hombros la responsabilidad histórica de los comunistas por lo ocurrido en Cuba, la RDA o en tantos otros países.

M: Veo que las nuestras son historias paralelas, con puntos comunes pero también muy distintas. Tú volvías a los tuyos rompiendo con el comunismo, mientras que yo me alejaba de ellos, de mi madre y mis grandes amigos, que fueron mis compañeros de lucha y de sueños. La mía fue una «traición» política y humana, la tuya solo política, y esa diferencia es muy significativa.

R: Tienes razón. Mi ruptura me permitió mirarme en el espejo, mirar a mis padres, a mi hermana y familiares, a mis amigos, a todos ellos con otros ojos. Es que el cargo de conciencia que significaba haber visto el criminal Muro de Berlín y simpatizar con quienes lo mantenían, con quienes mantenían a un país como una prisión, no se supera fácilmente. Yo rechazaba la dictadura de Pinochet, y ya no pertenecía a una organización que justificaba las dictaduras de Castro, Honecker o Brézhnev.

Hay que recordar cómo eran las cosas. Y tenemos una diferencia adicional nada menor en nuestras rupturas: la tuya se produce en la democracia parlamentaria del reino de Suecia, la mía en la dictadura comunista de Fidel Castro. Por eso, pienso que en tu caso lo gravitante son la teoría y la historia, y en el mío lo gravitante para esa ruptura es simplemente la vida, la agobiante y asfixiante experiencia cotidiana en el socialismo realmente existente. Lo mío fue cocinarme en mi propia salsa, en mi propia utopía, e imaginar que esa era la salsa que mi partido había preparado para que mis padres, familiares y amigos se cocinaran en Chile.

Los países comunistas proyectaban una imagen idealizada y esquemática del ser humano: estaban los abnegados y desinteresados revolucionarios del mundo, por un lado, y los inmorales y avarientos reaccionarios del mundo, por otro. Y la expresión más pura, transparente, sublime y sacrificada del revolucionario era aquel que tenía el honor de llegar a ser militante del partido comunista. Y, atención, uno creía en eso porque lo afirmaban Fidel, Honecker, Brézhnev y nuestros partidos infalibles. Y lo creía porque era joven y vivía en un país donde el estado omnipotente y omnipresente lo subrayaba a diario a través de los medios y textos de estudio. Por lo tanto, romper con el comunismo en el socialismo era romper con el futuro de la humanidad, renunciar a los portadores de las mejores esperanzas de la humanidad y convertirse en un sospechoso que podía terminar «al servicio de la burguesía, el imperialismo y la CIA», estropeando el rutilante avance mundial hacia el comunismo.

M: Era la idea del pecado siempre acechando, muy propio de ese mundo de inquisidores y autoinquisidores que crea el comunismo.

R: Probablemente, el momento de mi mayor compromiso con la causa comunista es en septiembre, octubre o noviembre de 1973, cuando en Chile estaba dispuesto a dar la vida por defender la causa desde una casa que había devenido casa de seguridad del partido. Allí yo habría dado encantado mi vida por oponerme a la entrada de soldados a ese refugio de exministros de la Unidad Popular.

Pero después, ya en el socialismo real, fui perdiendo la fe en que aquellos sistemas que encerraban a su población, uno detrás de un muro, el otro en una isla, fuesen democráticos y deseables para Chile. Algunos optaron por vivir esa duda lacerante en silencio y callar para siempre; otros, los menos, optaron por romper y revelar públicamente por qué rompieron. Pero no es fácil. Hay que reunir coraje. Se paga un alto precio por romper con el dogma y, sobre todo, por explicar públicamente por qué se rompió con el dogma.

Por eso muchos callan y miran para otro lado. El Partido Comunista perdona a quien rompe con él y se va callado para la casa, pero no a quien explica por qué rompió con el totalitarismo. Esto lo puedes observar con mucha claridad en el Chile de hoy. Hay políticos que fueron comunistas y que rompieron con el partido porque simplemente rechazan el totalitarismo, pero guardan silencio. No están dispuestos a asumir los costos que significa hablar al respecto. El que calla es una cantidad negociable para el partido, el otro un enemigo. Y gente de izquierda —entre ellos escritores— se me acercó en su momento sugiriéndome con las mejores intenciones del mundo lo siguiente: no critiques a los comunistas pues ellos controlan la escena cultural en Chile; influyen en la crítica, los nexos y los premios a través de los filocomunistas. Te costará caro. Pero para mí lo importante era la verdad, y no iba a callar en mi patria ya en democracia, cuando me atreví a romper con los comunistas viviendo en una isla regida por el Partido Comunista.

M: Ese es un hecho muy notable y rescatable. Mi ruptura habrá sido más dramática en lo personal e intelectual, pero yo estaba a buen recaudo en la biblioteca de la Universidad de Lund mientras que tú estabas pasando dificultades en la isla.

R: Tampoco lo veo así, porque sería llevar la ruptura al ámbito de quiénes tuvieron necesidad de más «cojones» para romper. Son simplemente rupturas diferentes, bajo circunstancias diferentes, y ambas valiosas porque en el fondo son alternativas modélicas de ruptura. No sabes cuánta gente se me acercó en distintas ciudades mientras firmaba *Detrás del Muro* a decirme que les había pasado algo parecido y que agradecían el libro porque le otorgaba voz a su propia ruptura. Lo que es común a ambas rupturas es que tuvimos coraje cívico e intelectual para articularlas y consolidarlas en libros, novelas y ensayos, para darles voz en la plaza pública.

Como digo, en mi ruptura la decepción y el desencanto personal no emanaron de los textos del marxismo o del liberalismo, sino de la realidad diaria del socialismo, no de los maratónicos y desaforados discursos de Fidel Castro, sino de los mercados desabastecidos, las colas ante las tiendas y el monopolio informativo, no del «futuro luminoso que pertenece por entero al socialismo», sino de la triste y deprimente realidad cotidiana del ser humano que habita en el socialismo. La decepción y el desencanto tampoco venían de lecturas críticas al socialismo, pues no las había en el socialismo. Solo se publicaba aquello que estaba en la línea absolutamente oficial: discursos de Castro, Honecker, Ceaucescu, manuales de la Academia de Ciencias de la URSS; en fin, ni siquiera se publicó jamás a marxistas disidentes ni a eurocomunistas, de los cuales no hablaban los medios. No, no circulaban allá libros de Solyenitzin, Adorno, Acton, Marcuse, Bloch, Havemann, Schaff, Leonhardt, ni menos de Semprún, Berlin, Hayek, Churchill, Popper o Vargas Llosa. El camino había que hacerlo al andar, como diría Machado.

M: Esos autores fueron mis grandes apoyos intelectuales y también morales. Mario Vargas Llosa, a quien con los años conocería personalmente, fue muy importante en este sentido. Así que, considerando esto, creo que podemos decir que mi ruptura fue más fácil, o más facilitada, que la tuya. Como te decía, en toda mi soledad me sentía parte de una corriente crítica importante. Viviendo en el comunismo uno debe sentirse de veras aislado, absolutamente disidente, casi un loco, y en constante riesgo.

R: Ese feeling tuyo de pertenecer a una corriente más amplia de liberales, de gente que pensaba como tú y tenía expresión intelectual y política, me causa una sana envidia a posteriori. Te confieso: vivir en el socialismo significó para mí muchos años de lecturas perdidas irremediablemente, y eso es triste, porque hay libros que deben leerse a cierta edad. Así como en esos años de juventud dejé de consumir la música rock, la moda en la ropa y productos de Occidente, dejé también de leer lo que debí haber leído. No, mi ruptura no fue teórica sino práctica, y debo reconocer que esos años de paréntesis cultural alimentaron en mí un resentimiento contra todas las manifestaciones que, en nombre de una causa superior, censuran las influencias culturales de Occidente. Heberto Padilla, el poeta cubano que sufrió la represión más escandalosa del régimen castrista, lo decía con claridad: «El tiempo siempre se venga de lo que no hiciste en su momento». En rigor, creo que la crítica más efectiva del socialismo la ejerce la porfiada realidad cotidiana del socialismo, pero ella tiene un límite: es intransferible porque nadie es capaz de narrar lo que es vivir decenios en el socialismo. Por eso, solo quien no ha vivido en el socialismo puede defenderlo en forma fanática, el que lo conoce sabe cuánto calza.

M: Roberto, lo que me llama la atención es que muchos no tienen idea de lo difícil y doloroso que es romper con un dogma.

R: Así es. Y si algo no me deja indiferente cuando critican por haber roto con el comunismo en los años setenta, no es tanto el hecho de que te acusen de traidor, de haberte pasado al enemigo, de ser agente de la CIA, que es lo usual en organizaciones comunistas, sino el afirmar que la ruptura con un dogma es un ejercicio frívolo, rápido y fácil. En realidad, es exactamente al revés. Tú ya diste testimonio suficiente de ello. Es doloroso descubrir que la causa que abrazaste con emoción en tu primera juventud para construir una patria libre, justa y próspera conduce precisamente, como lo muestra la historia reciente hasta el cansancio, a lo contrario.

M: Y más doloroso aún es descubrir que en uno mismo habitan las semillas del mal.

R: Terminamos hobbesianos, al final. Pero es cierto, portamos la semilla del mal, y ella puede volver a germinar si uno no está alerta, y para mí el mejor alerta en este sentido es estar atento al arte y la cultura, a la filosofía política, al debate político de altura, a la economía y el desarrollo mundial, a escuchar, a empatizar.

Pero es cierto: mi experiencia es diferente a la tuya. Llego al socialismo realmente existente por lo ocurrido en Chile en 1973. Pude haberme ido directo de Chile a Alemania Occidental porque, como egresado del Colegio Alemán, tenía derecho a ingresar a las universidades de esa Alemania. Pero me fui al socialismo por coherencia política, y curiosidad y entusiasmo juveniles. Si militaba en la Jota, debía irme al comunismo. No tardé mucho en entender a esas bellas alemanas que en el socialismo me dijeron: «¿Y cómo te viniste a esto pudiendo haberte ido a Occidente? ¡Eres un estúpido, lo único que nosotras queremos es irnos de aquí!».

M: De puro huevón podría decir alguien, pero ya sabemos que no se trata de eso.

R: De huevón y dogmático, pero también de ignorancia o sordera. Fíjate que en Chile aun muchos progresistas te preguntan por qué dejaste de ser comunista, pero en países desarrollados te preguntan cómo se te ocurrió llegar a ser comunista en los sesenta o setenta, porque para decir la verdad: había ya suficiente información y documentación que probaban el carácter dictatorial y fracasado del sistema. Y para quien no quería aceptar ninguna razón crítica, al menos debería haber bastado ver el Muro de Berlín para encender las alarmas.

Pues bien, yo me cerré ante la apabullante elocuencia de la historia. ¿Cómo? Me tapé los ojos, las orejas y la boca. El dogma marxista-leninista, que era la supuesta salvación de Chile, me impedía mantener los sentidos abiertos a la realidad. Y el costo fue alto: siento que haber vivido tantos años en el socialismo fue despilfarrar parte importante de mi vida y de mi goce de la vida, pero me entregó una madurez y legitimidad política para romper con el sistema y la ideología que conocí.

Me fui allá y tanto en el socialismo de Cuba como en el de la RDA no viví como dirigente político, es decir, en Cuba estudié y trabajé en la construcción, porque lo de la universidad gratuita en Cuba solo se lo creen los ingenuos y los militantes chilenos duros; y en la RDA estudié y trabajé como traductor, todo lo cual lo describo en mis memorias *Detrás del Muro*. Ni en Cuba ni en la RDA el estado me entregó un departamento o un auto o una plaza fija de trabajo, ni un televisor o una radio (todo eso lo entregaba en Cuba el estado, si es que había, desde luego). Los que lo invitan a uno a callar por gratitud, fuera de que es una cobardía moral respaldar la violación de derechos humanos, están pensando en los políticos chilenos que efectivamente obtuvieron departamento, auto, permiso para viajar cuando desearan a Occidente, e incluso salario del estado comunista para realizar trabajo político relacionado con Chile.

Esa gente tiene, desde luego, una relación de gratitud con el estado comunista. ¡Si los mantuvieron durante años para que se dedicaran a la política chilena! Otra cosa son aquellos chilenos que, tras recibir la condición de asilados en países comunistas, se mantuvieron mediante su trabajo, como en cualquier otro país. Ese fue mi caso.

Pero lo que me asombra es que esa idea de la obligatoria gratitud hacia regímenes totalitarios, gratitud que te lleva a silenciar tu crítica a la violación de derechos humanos en esos estados, implica que hasta tu muerte has de deberle lealtad a ese estado donde viviste. Según esa lógica, yo jamás debería criticar en mi vida ni a la RDA ni a Cuba, pero tampoco a Alemania Occidental, Suecia o Estados Unidos, donde también he vivido de mi trabajo, por lo demás.

Y aun así, pese a este absurdo, se plantea otra pregunta: ¿hacia quién debe sentir uno gratitud? ¿Hacia el partido único en el poder, hacia el estado totalitario, o hacia los ciudadanos encerrados por el estado comunista? Yo les pregunto a los antiguos exiliados chilenos en la RDA: ¿en la noche de la caída del Muro de Berlín, ustedes celebraron con el pueblo germano-oriental, que cruzó feliz el Muro hacia la libertad, o estuvieron de duelo con los Honecker y sus camaradas dirigentes comunistas porque los diecisiete millones de «malagradecidos» y «traidores» se marchaban al funesto capitalismo por motivos «ruines e inconfesables»?

M: La respuesta es bastante obvia. Piensa, por ejemplo, en lo que dijo Ángela Jeria, la madre de la actual presidenta, de la caída del Muro: «Me dio pena porque, en primer lugar, se perdía un país que yo conocí y que dejó de existir. Fue un ensayo interesante de haber logrado una sociedad más justa y equitativa». Es para ponerlo en un marco, pero, claro, ella vivió en una burbuja o no quiso ver, ya que, como dijo: «Nunca vi ni conocí gente allá que hubiera sido arrestada, torturada, detenida, desparecida, presa». Suena igual que aquellos que después del nazismo dijeron no haber visto ni sabido nada o los que lo dijeron respecto del régimen de Pinochet.

R: La presidenta Bachelet también guarda un silencio inaceptable frente a lo que fue la RDA. Ella es la mandataria de un país democrático, que sufrió los rigores de una dictadura, pero aún no se atreve a decir nada sobre la condición de los derechos humanos en un país donde vivió y se formó. Para mí fue impresentable cuando en su visita oficial a Alemania, el 2014, expresó solo gratitud hacia la RDA por lo que le obsequió, y esto frente a dos víctimas de la represión de la RDA: el presidente federal Joachim Gauck, a quien la Stasi le secuestró a su padre y lo envió a campos de trabajos forzados en Siberia, y a Angela

Merkel, que también era, como Gauck, religiosa y sufrió por ello discriminación en el estado comunista.

M: La gratitud se vuelve un pretexto para «pasar», callar, mantener silencio.

R: Si de gratitud se trata, me gusta recordar que en mi primera estadía en la RDA, viví y estudié con una beca universitaria de seis meses. Viví en un cuarto estrecho, a veces con dos y otras con tres internados. En Cuba viví dos años en casa de mis suegros y el resto fui un sin techo, y me financié el estudio trabajando en la construcción, adonde me envió el estado pagándome seis dólares mensuales. El título universitario que tengo de la Universidad de La Habana me lo gané estudiando y trabajando media jornada, porque la educación en Cuba no es gratuita. Como estudiante-trabajador me enviaron a la construcción, y en la RDA tampoco tuve departamento propio y me mantuve trabajando como traductor.

Así que el argumento de estar obligado a guardar silencio por gratitud, al menos en mi caso, no funciona. Yo guardo una gratitud digna, no incondicional, hacia la RDA porque me acogió, una gratitud que no me impide criticar a ese régimen totalitario, y guardo hasta hoy simpatía y admiración profundas por esos millones de alemanes que, tras cuarenta y cuatro años de dominio comunista, fueron capaces de conquistar su libertad y democracia sin disparar un tiro.

M: Cuántas vicisitudes habrás pasado en esos tiempos…

R: Fíjate que en Cuba financié la parte final de mis estudios haciendo traducciones para el departamento técnico de la embajada de Alemania Oriental, donde valoraban mucho mi alemán porque lo aprendí desde niño, y ellos no tenían en Cuba a alguien que pudiera traducirles tan bien. No fui traductor político, desde luego, porque eso estaba en otro edificio de la embajada, pero sí en la parte técnica, y eso me permitió vivir del mercado negro y poder alojar en departamentos de amigos a los cuales les pagaba con carne y pan de la Diplotienda. Los amigos me albergaban porque a mí me despojaron de la libreta de racionamiento y nunca me asignaron ni un cuarto donde vivir.

Recordemos que el estado era el único propietario y corredor de propiedades en los países comunistas. Las casas no se vendían ni compraban. Era el estado el que las otorgaba como premio y distinción ideológica. Por eso viví revendiendo botellas de ron y carne que compraba con los bonos que me pagaba la embajada de la RDA, y así alojé en casas de amigos, dormí en parques o en el apartamento de alguna novia, e iba contando historias para que me dejaran dormir en el living, al menos.

M: A la gente le cuesta imaginarse lo que significa ese tipo de monopolio estatal total: el ciudadano queda absolutamente a merced de los antojos del poder. Además, para sobrevivir te obliga a actuar constantemente fuera de la legalidad, rompiendo la camisa de fuerza del estado y exponiéndote a sus sanciones.

R: Quien me salva de la calle y me permite el acceso a comida es una pareja de diplomáticos de la RDA: Bernd y Ulla Leucht. Me salvan porque me entregan textos técnicos para traducir, lo que se pagaba en moneda convertible del mundo comunista y me daba acceso a ciertos productos de la tienda diplomática, inalcanzables para los cubanos, como carne, ropa, leche, ron o fruta. Nunca olvidaré a esta pareja de amigos, que viven hoy en Dresden, y tienen su propia empresa.

Hace unos años llamé a Bernd y le agradecí todo, le conté mi historia, en qué estaba, que había sobrevivido, que había salido del comunismo y que en ese tiempo era ministro. Fue

Bernd quien en 1976 me dijo: «Tienes que irte de Cuba porque esto es un desastre sin arreglo, lo sé por los datos económicos que manejamos. Si te vas a la RDA, allá tendrás trabajo como traductor y al menos un departamento decente. Si llegas allá, un buen trabajo te estará esperando. Pide que te dejen salir». Pero el encargado de la Jota en Cuba no me dejó salir, simplemente porque le parecía una decisión pequeñoburguesa. Él, sin embargo, vivía fundamentalmente en la bella Budapest, y su segundo paseaba entre La Habana, Ciudad de México y Caracas. Como decía Orwell en *Rebelión en la granja*: todos somos iguales, pero hay unos más iguales que otros. Bueno, esos abusos de poder, violaciones a derechos humanos, en verdad, los narro en detalle en *Nuestros años verde olivo*.

M: Así que en cierta manera eras un privilegiado, ya que tenías acceso a lo más deseado por todos en un país asolado por el desabastecimiento.

R: Correcto, a través de los bonos de la embajada tenía acceso al ron cubano, al joven y al añejo, que costaba siete pesos convertibles, a la carne, arroz, plátanos y aceite, cerveza y papel higiénico, conservas y pasteles, en fin, todas esas cosas que no había en Cuba. Yo alcanzaba a comprar cada mes seis botellas de ron, que vendía a 30 pesos cada una —curioso, el mercado negro reflejaba con exactitud meridiana los precios internacionales del ron— a intelectuales disidentes, y la carne y la vianda las vendía a dueñas de casa, desesperadas por la escasez, o pagaba con eso el alojamiento.

M: El socialismo puede echar al mercado por la puerta, pero le entra de vuelta por la ventana del mercado negro. Creen que pueden controlar los precios así como creen controlar las conciencias, pero esto último puede resultar más fácil que lo primero. Y ahí vemos hoy a Nicolás Maduro dando esa batalla perdida a nombre de la cual endurece constantemente sus medidas de control y represión.

R: No, no hay forma de doblarle la mano invisible al mercado, y eso lo demuestran especialmente los países socialistas. Esta relación con el mundo comunista real pero sin recibir financiamiento del estado comunista, como sí ocurría con nuestros dirigentes, me dio la libertad para decir: yo no estoy tan atado al régimen, soy sujeto de mí mismo; es más, si dejo de trabajar hoy, me muero de hambre en dos semanas porque no tengo ni libreta de abastecimiento.

En el socialismo viví de mi esfuerzo, como se hace en el capitalismo, pero sin libertad ni prosperidad. Eso me dio seguridad personal y autoridad para plantear mi desencanto y romper con el dogma. Y hablo de la libertad y de los derechos porque un día en que fui a visitar a mi hijo a la casa de su abuelo, un jerarca del régimen y exfiscal de la república, él puso su arma sobre la mesa para leerme la cartilla cuando le pedí que me ayudara a salir de Cuba: «Quiero que sepas que si yo te pego tres tiros aquí, no habrá nadie en este país que vaya a atreverse a preguntarme por qué fue». Así de simple y brutal era el socialismo. Lo mínimo que yo podía hacer era romper con todo aquello y regresar al capitalismo democrático, desde luego.

M: Allí es donde se prueba el verdadero carácter de una sociedad: ¿cuáles son mis derechos reales? No los escritos en un maravilloso texto, sino los ejercibles y exigibles.

R: Ese tema que tú planteas, ¿dónde están o cuáles son mis derechos?, ya no es teórico. A mí me podían liquidar y hacer desaparecer, como amenazó el fiscal, y ahí nadie me defendería, ni menos habría habido abogado o prensa que denunciara. Para mí esa experiencia, y no he querido dramatizarla, fue muy, muy dura. Tanto es así que en un momento pensé seriamente en el suicidio, y es Heberto Padilla quien lo descubre con horror. Es una situación desesperada: no puedo salir de Cuba y no tengo ni libreta de racionamiento de alimentos ni techo bajo el cual vivir.

Vamos un día por una calle del barrio de Marianao y le digo a Heberto: «Y pensar que toda esta crisis puedo superarla si me arrojo ante uno de estos camiones o buses. Es solo un segundo, y ya». Heberto me agarra del brazo y me dice: «Nunca vayas a tomar una decisión como esa, porque nadie de los que te importan, ni tu hijo ni tus padres ni tu hermana, te lo perdonarán jamás. Debes recuperarte y salir de Cuba, y volver a Occidente. Tú no perteneces a esto, esto es un infierno».

Ese día me entregó unas pastillas de diazepan, que él mismo tomaba —como muchos cubanos deprimidos— porque Castro no lo dejaba salir de Cuba: lo mantenía como rehén, y sin derecho a publicar en la isla ni en el extranjero. Heberto me ayudó a tranquilizarme y a diseñar una estrategia para salir de la isla. Pero si no es por Heberto Padilla y su esposa Belkis Cuza Malé, ambos poetas notables, yo no estaría aquí, Mauricio.

M: Ellos son personajes admirables. Pensar que fue su detención y su tristemente célebre autocrítica forzada en 1971 lo que finamente desencadenó la ruptura definitiva de muchos intelectuales, como Mario Vargas Llosa, con la dictadura castrista. Pero muchos otros, entre ellos Gabriel García Márquez, siguieron consintiendo y justificando. Pasaron, simplemente, a ser cómplices del totalitarismo. Y, además, siempre están los admiradores abstractos del socialismo abstracto, los que no tienen idea de lo que ha sido el socialismo real, y terminan visitando la isla como turistas o invitados de protocolo que solo ven lo que deben ver.

R: Por eso, cuando veo a cierta gente que cierra los ojos ante la realidad, siento que debatir con ellos es inútil. En general, discutir con fervientes admiradores de sistemas totalitarios, como el comunista o el nacional-socialista, es inútil. ¡Imagínate, cuando yo viví en Cuba, la revolución llevaba recién catorce años y ya era insoportable para mucha gente que añoraba la libertad y la democracia, y hoy lleva cincuenta y seis! No, no saben nada o, lo que es peor, no quieren saber nada del tremendo daño, de la soledad, la inestabilidad, la inseguridad y el terror que produce estar amenazado, en un país comunista, por un dirigente amigo de los Castro, que te dejó sin techo ni comida, y para quien eres una espina porque renunciaste al comunismo.

M: Y pensar que hay algunos, como Carlos Peña, el rector de la Universidad Diego Portales y columnista de *El Mercurio*, que quiere que te calles por «pudor», tal como lo expresó en una de sus columnas.

R: Peña es un gran académico y columnista que nunca vivió en los países socialistas, y eso marca una diferencia sideral con quien lo sufrió en carne propia. No te inspires en Giordano Bruno, que murió en la hoguera ante la inquisición, me decía Padilla. Inspírate en Galileo Galilei, y diles que la tierra no se mueve, que no se mueve, para que te dejen irte de la isla. Trata de irte por las buenas y no provoques, que puedes terminar en Mazorra, que es el hospital siquiátrico de La Habana. En fin, esas son experiencias contundentes y por lo tanto el viaje que hice al final de la noche del socialismo exigía una de dos alternativas: me dejaba humillar, callaba y seguía siendo comunista, o creaba las condiciones a lo Galileo para irme del socialismo. Opté por esto último.

M: Flexible como el bambú, que soporta la tormenta, o duro y fijo como el roble, que resiste erguido hasta quebrarse. Difícil opción. Pero creo que Heberto tenía razón, en ese momento y en esa circunstancia Galileo era el buen ejemplo. Decir que la tierra no se mueve, pero al mismo tiempo susurrar: *E pur si muove!* («¡Y sin embargo, se mueve!»), como se le ha atribuido a Galileo. En todo caso, tenías que salir de la utopía proyectada, como una sombra siniestra, en la realidad histórica.

R: Yo había salido de Chile al socialismo real y mi primera idea era estudiar marxismo-leninismo en la Universidad Karl Marx, de Leipzig, ex República Democrática Alemana, para volver a un Chile pos-Pinochet a formar gente joven y contribuir a la causa del socialismo. Pero ya en La Habana hay un momento clave, en 1975, cuando mi entonces suegro cubano me invita a una conversación muy franca: «Mira, chico, estás comiendo mierda con respecto a Chile. Militas en la juventud comunista y la famosa resistencia contra Pinochet no conduce a ninguna parte. Han pasado tres años desde que cayó Allende, y en Chile la izquierda no ha quebrado ni un vidrio en señal de protesta».

Y así continuó mi exsuegro: «Quiero que sepas que la dictadura va a durar muchos años, que la recuperación del momento revolucionario va a tardar mucho, que en toda tu vida no vas a ver el socialismo en Chile, y por eso te ofrezco una alternativa: ser revolucionario en América Latina es servir a la revolución cubana. Hazte cubano, yo te puedo abrir puertas en el servicio exterior, tienes experiencia, hablas idiomas, puedes ser un aporte al servicio exterior cubano. Por otro lado, mi hija tiene idiomas, apoyo y lo podemos lograr, pero déjate de guanajerías y olvídate de Chile. Olvídate».

Y no cesaba en su lenguaje pragmático: «Esto de la revolución es un asunto serio, es cosa de tipos con los huevos bien puestos, porque el poder se toma y defiende con los hierros, no cantando como maricas con charango y trutrucas. No te veo ningún futuro en esto». Ahí es cuando me dio miedo. Me estaban haciendo la última oferta y esta incluía renunciar a mi pasaporte chileno, y quedar encerrado en ese sistema que no me gustaba, aunque me hiciese diplomático. La política se reducía a un asunto de cojones y hierros. Y de alguna manera, bajo esas circunstancias, el fiscal tenía razón. Pero yo no comulgaba ya con esa visión de la política.

M: Me hablabas de Heberto Padilla. Cuéntame de otros disidentes que me imagino habrás encontrado en ese contexto.

R: Mi experiencia del desencanto estuvo, sin duda, marcada por amigos como Heberto Padilla y Armando Suárez del Villar Fernández-Cavada, un gran dramaturgo que era gay y al que tuvieron en un UMAP, los campos de concentración para homosexuales que había en la isla. Pertenecía a la gran burguesía independentista cubana. El único descendiente que se quedó con la revolución. Todos sus amigos y familiares se marcharon a Estados Unidos, y él renunció a sus tierras y propiedades para quedarse viviendo en un departamentito cerca de la vivienda del expresidente cubano, Osvaldo Dorticós, que terminó suicidándose en ese mismo barrio de Miramar. Armando optó por la revolución y sufrió discriminación por ser homosexual. Fue un gran amigo. Cuando me quedé en la calle y sin libreta de alimentos, caído en desgracia ante el poderoso suegro, me dijo: «Tengo un departamento estrecho, pero te ofrezco la terraza para alojar. Puedes quedarte el tiempo que necesites, de alguna forma se consigue comida». Gran tipo, formidable, cojonudo, solidario y generoso. A cubanos como ese va mi gratitud eterna, no a los dirigentes del estado totalitario. Hay que dejar clara la diferencia.

También conocí a través de Padilla a otros intelectuales entonces «tronados»: Miguel Barnet, Pablo Armando Fernández, César López, gente que vivía asustada y se sabía vigilada, y que rezaban para que les permitieran publicar un próximo libro. La arbitrariedad del estado monopólico y el control del Ministerio de Cultura comunista también se vuelcan contra los escritores.

M: Es muy diferente sentir gratitud hacia el dirigente del régimen totalitario a sentirla hacia el disidente de ese régimen. Existe un mar de distancia entre el dirigente y el disidente en un régimen así.

R: La historia sigue, porque mi suegro, o exsuegro, me manda después del divorcio de su hija un mensaje: «¡Un hombre que se divorcia jamás se va a vivir a la casa de un maricón, maricón!». La acusación en mi contra era complicada en términos políticos, porque me calificaba de homosexual y la homosexualidad era, por definición, una deformación del carácter y contrarrevolucionaria. Ya simplemente por experiencias de vida como estas, ex altos dirigentes comunistas chilenos como Ernesto Ottone, quien durante décadas fue la cabeza visible del comunismo mundial juvenil, no tiene derecho a criticarme por haber roto con el comunismo. La experiencia de Ottone se desarrolló en distinguidos foros y congresos mundiales, donde defendía y difundía una imagen positiva de las dictaduras comunistas mientras integraba la nomenklatura en Budapest, lejos de la vida de un chileno como yo. Es la primera vez que critico públicamente a Ottone, y lo hago porque este año se arrogó el derecho de criticar mi conversión, toda vez que yo nunca tuve un cargo de alguna importancia en la Jota o prebendas por ser militante comunista.

Algunos renovados de la izquierda terminaron socialdemócratas, otros como asesores o lobbistas, y todo eso es legítimo. Jamás los he criticado por el paso que dieron, pues creo en la libertad humana. Pero si me buscan, me encuentran, como dicen en Cuba. No acepto que gente con trayectoria tan privilegiada en el comunismo mundial y que luego rompió con él pero se fue en silencio, se arrogue el derecho de criticarme por yo haber roto públicamente. No puedo aceptar que gente que, mientras condenaba la dictadura chilena, aplaudía a regímenes totalitarios en congresos y foros internacionales. Todo tiene su límite en la vida.

M: Es que no condenaban la dictadura en sí misma, sino solo la dictadura de los otros. Esto es muy claro incluso en la conducta actual de la presidenta Bachelet.

R: Esa experiencia también se vincula con algo que mencionabas: ¿cómo te bajas de ese compromiso con el totalitarismo en países donde los partidos comunistas tenían el poder? ¿Cómo rompes con el comunismo donde necesitas que tu partido revolucionario te represente ante el estado socialista para estudiar, trabajar, viajar, casarse, conseguir alquiler, en fin, donde el estado no dialoga contigo como individuo y debías comulgar en todo con la ideología oficial?

M: Ese control total es lo que convierte a la oposición a ese tipo de regímenes en algo tan difícil, y esa es la razón del surgimiento del disidente: aquella persona dispuesta a enfrentar las terribles consecuencias del absoluto aislamiento y exclusión que implica oponerse a un régimen que lo controla todo. Además, un sistema así tiene una multitud de mecanismos de represión y castigo a su disposición que muchas veces hacen superflua la represión política directa.

R: Nada más artero, claro y esquemático que un discurso de Fidel Castro sobre la fe en el rumbo revolucionario y la sabiduría del Partido Comunista. Como ves, romper con él es un proceso arduo de resistencia y reinvención personal, que no tiene nada de frivolidad, que tiene que ver más bien con una búsqueda desesperada y dolorosa de respuestas. Rescato plenamente lo tuyo, porque yo también creía y quería construir un país mejor, más justo, democrático, vivible y perfectible, y en medio de mi vida en el socialismo constaté que ese sistema era tan terrible como la dictadura chilena que yo criticaba, que era simplemente una dictadura de otro color, que no traía ni prosperidad ni felicidad ni libertad ni nada bueno para el pueblo, para nadie.

M: Tus vivencias en Cuba son, por supuesto, muy distintas de mi vida en la tranquila ciudad de Lund. Te he contado del enfrentamiento con mis ideas en aquellos años, pero junto a ello estaba la relación con ese nuevo mundo que Suecia y lo nórdico representaban. Un idioma y sobre todo una cultura muy difíciles de penetrar. Además, el mismo hecho de ser inmigrante fue una experiencia extraordinariamente importante. Era iniciar una nueva vida, lo que te da una tremenda oportunidad si la enfrentas positivamente y no te repliegas sobre ti mismo o te aíslas en una especie de gueto con gente parecida a ti.

Había, sin embargo, que sortear otra trampa, mucho más sutil y compleja: evitar jugar el rol que se esperaba de ti como exiliado chileno o persona proveniente del «sur», del Tercer Mundo, caliente y convulso, lleno de buenos salvajes y ardientes revolucionarios, cosa que para muchos europeos progresistas era más o menos lo mismo. Es decir, más que vivir tu vida el riesgo era pasar a vivir la que otros esperaban de ti, hacerte encarnación de un clisé, cultivar la pose tercermundista y seguir eternamente con los bototos del revolucionario puestos.

R: Eso es algo real, y lo conocí. En Alemania occidental un latinoamericano no debía ser liberal ni de centro, correspondía que fuese de la izquierda dura o ecologista de izquierda, llevara barba y melena. Lo demás no calzaba con la imagen del buen salvaje. Había un estereotipo sobre el latinoamericano y, en general, la gente del Tercer Mundo, que fácilmente se te pegaba a la piel hasta transformarse en otro yo. Te daba algunas ventajas, pero te condenaba a vivir bien llevando una máscara. Cumpliendo expectativas de otros, mas no tu propio deseo.

M: La lectura de los textos de Mario Vargas Llosa fue muy importante para mí tanto en ese sentido como más en general respecto de mi ruptura con el marxismo. Por entonces lo conocía por sus novelas y, no menos, por esas extraordinarias columnas que ya desde 1977 viene escribiendo en *El País* bajo la rúbrica «Piedra de Toque». Mario venía recorriendo el camino del converso desde comienzos de los años setenta y leerlo fue un gran estímulo intelectual y un consuelo inapreciable para ese sentimiento de orfandad que aqueja a quienes abandonan el círculo encantado de aquellos que se creen elegidos para ser los mesías de la liberación humana. Pero respecto de lo que recién hablábamos me impactó muchísimo un texto de Mario llamado «El intelectual barato».

R: Leo mucho a Vargas Llosa pero ese texto no lo conozco.

M: Allí Mario cuenta de un encuentro entre escritores daneses y latinoamericanos al que había sido invitado un «escritor proletario» del Perú cuyas arengas demagógicas, incluyendo detalles sórdidos sobre las luchas fraccionales entre marxistas peruanos, eran seguidas como en trance por los escritores daneses. Vargas Llosa quedó muy sorprendido de esta acogida a un tipo que, evidentemente, rayaba en el delirio. Su primera reacción fue pensar que se trataba de una mezcla de ingenuidad, desconocimiento y voluntad solidaria la que llevaba a esos daneses a soportar estoicamente la demencial avalancha oratoria del «escritor proletario» peruano.

Pero luego, reflexionando un poco más, empezó a pensar que esos discursos burdos eran justamente lo que los daneses querían escuchar. Llegó a la triste conclusión de que el sujeto en cuestión no estaba allí por accidente, sino que había sido invitado con la esperanza de que dijera exactamente lo que dijo. De esta manera, buscaban confirmar un cuadro simplista, blanco y negro, de América Latina, y satisfacer sus deseos de escuchar sobre luchas románticas y gestas viriles que, para su desencanto, ya no se daban en la civilizada y pacífica Dinamarca. El «escritor proletario» era aquel buen salvaje de sus sueños y les daba justamente lo que quería: un poco de emoción a sus placenteras vidas. Por eso lo invitaron, para su propio uso.

R: Me parece de lo más relevante y muy representativo de un cierto tipo de intelectual del mundo desarrollado que aplaude apasionadamente a cualquier revolucionario que venga del sur, siempre que les baile su danza revolucionaria, ojalá con dejos indigenistas y se refiera al planeta como la Pachamama. Por eso han aplaudido el chavismo y se enamoraron del castrismo, y reciben con brazos abiertos a gente como Camila Vallejo. De una u otra forma sirven para apaciguar las malas conciencias que desarrolla la próspera sociedad de mercado en muchos de sus grandes beneficiarios. Hay un episodio sobre esto entre Vargas Llosa y Günter Grass, que me gustaría comentar más adelante.

M: El relato de Mario tiene un ingrediente más. Tratando de entender lo que había presenciado, le vino a la memoria un texto de la gran escritora danesa Karen Blixen en el que contaba cómo las aristócratas danesas del siglo XVIII llevaban a sus fiestas monos traídos del África para, como escribe Mario, «saciar su sed de exotismo y porque, comparándose con esos peludos saltarines, se sentían más bellas». Su conclusión es terrible: «Dos siglos después, los descendientes de aquellas damas practican todavía esa refinada costumbre».

Este fue uno de esos textos que marcan una vida, pero no porque lo que dijese fuese totalmente nuevo o sorprendente, sino porque Mario condensaba con extraordinaria claridad lo que yo ya venía experimentando en mi vida nórdica: que teníamos un papel ya asignado en esta Europa tan gentil y desarrollada. De allí en adelante me propuse no ser, ni por un segundo, el buen salvaje que se esperaban y creo que de esa manera salvé mi integridad, ya que quien empieza a jugar el juego del buen salvaje corre el riesgo de terminar siéndolo de veras.

R: Quiero referirme al debate que ya mencioné entre Mario Vargas Llosa y Günter Grass, en los años ochenta. En esa época Grass celebra a Cuba, y Vargas Llosa le dice que lo que está haciendo tiene una dimensión racista o paternalista. ¿La razón? Vargas Llosa le dice: celebras a Cuba, su sistema totalitario, sin elecciones libres ni pluralismo, y piensas que es un modelo para América Latina. Sin embargo, rechazas los modelos de Europa del Este para Europa Occidental, ni aceptarías la Rumania de Ceaucescu para tu país. Para los morenitos del sur está bien la falta de libertades, pero no para los europeos occidentales. Grass reconoce posteriormente que Vargas Llosa tiene razón en su análisis.

M: En ese sentido, nuestra ruptura con el marxismo revolucionario fue también una ruptura con lo que se esperaba de nosotros. Y recuerdo muy bien lo irritante y desconcertante que era para el progresismo sueco que un exiliado chileno, cuya madre había estado en Villa Grimaldi, se declarara liberal y repudiase abiertamente todo ese universo de buenos salvajes revolucionarios encarnados por un Che Guevara o un subcomandante Marcos que ellos tanto admiraban, claro, siempre que estuviesen a miles de kilómetros de distancia.

R: También nosotros, los chilenos, jugábamos un rol importante como exiliados en la RDA. Éramos parte de la educación política del régimen de Honecker. Nuestra tragedia —exilio, muertos, torturados, desaparecidos, prisioneros y oprimidos— mostraba lo que les ocurriría a los alemanes orientales si el socialismo era derrotado en la RDA y triunfaban aquellos que deseaban la unidad con la Alemania «imperialista» y «revanchista». Y nosotros jugábamos ese rol, y éramos debidamente respetados y celebrados por ello. Al mismo tiempo, contribuíamos a neutralizar la campaña pro derechos humanos que inició Occidente frente a los países comunistas a partir de la Conferencia de Helsinki, de 1975, para la cooperación europea. Había solidaridad verdadera y la disfrutábamos, sin lugar a dudas, pero había una contraprestación consciente o inconsciente. Como dicen los estadounidenses: *There is no free lunch!*

III

EL CAMINO DEL CONVERSO

R: Hemos tratado el encanto con la idea revolucionaria comunista, nuestro camino hacia ella, la militancia y la ruptura. Pero ser converso implica no solo romper con algo, sino llegar a alguna parte, a algo distinto. Nos queda entonces por hablar de nuestro viaje desde la ruptura hasta nuestras convicciones actuales.

M: En mi caso ese viaje arranca de la ruptura misma. En ese período de salida de la utopía revolucionaria me metí a estudiar muy profundamente las raíces históricas y filosóficas del pensamiento marxista. El título de mi tesis doctoral es «Renovatio Mundi» («Recreación del mundo»), lo que alude a la idea de la reinvención del mundo y del ser humano. Allí escudriño los orígenes tanto cercanos como lejanos de las ideas comunistas, lo que me llevó a entender que la fuerza del marxismo reside en su capacidad de sintetizar, actualizar y darle una forma revolucionaria a muchos de los mitos, metáforas y aspiraciones que conforman la matriz de nuestra cultura. Por una parte, está la herencia religiosa, pero por otra parte está la impronta renacentista, racionalista y modernista, que es la que le permite al marxismo darle un cariz moderno a nuestras expectativas religiosas de salvación, haciéndolas atractivas para hombres de la época de la ciencia y la industria.

R: Esa es una veta muy interesante que valdría la pena analizar más en detalle.

M: Antes de eso me gustaría desarrollar un poco más la cuestión religiosa, ya que de ella depende, en gran medida, la universalidad del marxismo, es decir, su capacidad de apelar a un sentimiento que es connatural al ser humano con independencia de su tradición cultural. La gran propuesta del comunismo moderno es la instauración de un paraíso terrenal que, en todo sentido, rescata la promesa esencial de toda la tradición judeocristiana acerca de un reino celestial donde se realiza el sueño de una comunidad absoluta, en la que no existe ni lo tuyo ni lo mío, ni envidia, luchas entre los seres humanos, enfermedad o pobreza. En suma, donde se vive la plenitud del reencuentro con el Creador y la salida definitiva de la precariedad y el dolor a nuestra condición terrena.

El orden celestial es, sin la menor duda, un orden comunista donde todo se comparte y nadie podría llegar a imaginarse que allí existe la propiedad privada o cualquier cosa que nos separe a los unos de los otros. Esa es la gran expectativa en que se funda nuestra tradición religiosa y por ello su actualización marxista-comunista no podía dejar de remecer poderosamente nuestro imaginario colectivo. Al mismo tiempo, no es difícil darse cuenta de que esta nostalgia o ansia de otro mundo y otra vida está presente en prácticamente todas las culturas y es fácilmente reconocible en el Valhalla nórdico, el Hanan Pacha de los incas, el Nirvana budista o el Reino Celestial chino.

R: El país Schlaraffenland de los alemanes, y también la Edad Dorada, de la que se habla en Don Quijote, sin descuidar los sueños de gobierno que tiene Sancho Panza con su isla Barataria.

M: Se trata de una aspiración humana que da respuesta a las carencias de nuestra condición natural: el paraíso, cualquiera que sea su denominación, no es más que el resumen de todo aquello que nos falta en nuestra existencia terrena y una respuesta a la pregunta más acuciante de todo ser humano: la muerte.

Porque somos lo que somos hemos necesitado crear ese otro mundo a fin de poder superar la desesperanza angustiante de lo precario y lo efímero. El problema se produce cuando a nombre de ese otro mundo nos rebelamos contra nuestra naturaleza humana y jugamos a ser dioses, cuando tratamos de convertir ese «más allá» que nos consuela en un «aquí y ahora» que nos invita a violentar lo que somos. Allí está el mal acechando y la tentación totalitaria.

R: Veo que planteas el problema desde una óptica que lo transforma en un dilema de carácter universal, relacionado con la naturaleza humana misma y sus desafíos existenciales más fundamentales. Esto es algo que Bernard-Henry Lévy analiza muy bien en *Left in dark Times*, donde dice que la izquierda cree que todo se soluciona con la creación de una sociedad completamente nueva, integrada por un hombre nuevo.

M: Así es, y eso fue para mí un descubrimiento inesperado. Lo que partió como una investigación crítica sobre el marxismo tendió a convertirse en una reflexión sobre nuestra condición humana, con sus limitaciones y nuestros intentos por superarlas que podían resultar en una fe en otra existencia que, para volver a las palabras de la Biblia, «no es de este mundo», o en un intento de hacerla de este mundo, como en el caso de los milenarismos tradicionales y los totalitarismos modernos.

R: Mencionabas la herencia renacentista y modernista que también se reflejaría en el marxismo. ¿Podrías desarrollar ese argumento?

M: Desde el Renacimiento en adelante, el horizonte mental de Occidente estuvo marcado, de manera creciente, por la idea de progreso, es decir, que existe una marcha consecuente, si bien no rectilínea, de la humanidad hacia un futuro mejor en este mundo. En su momento, esa fue una idea altamente revolucionaria que rompía con la visión cristiano-medieval predominante acerca de un mundo esencialmente inmejorable, un duro valle de lágrimas donde los hombres podían ganarse el cielo pero jamás realizarlo en la Tierra.

Como tal, esta nueva concepción fluye de la visión renacentista del hombre como un ser libre y poderoso, ilimitado en su capacidad de autoperfeccionarse y llegar «hasta los más altos espíritus, aquellos que son divinos», como lo dijo Pico della Mirandola a fines del siglo xv. El hombre crece y Dios se empequeñece a su lado, hasta llegar, de hecho, a ser destronado como fuerza rectora de nuestro destino: era el tiempo de lo que Nietzsche llamó «la muerte de Dios» y el surgimiento del ateísmo radical.

Este humanismo confiado y audaz derivó en dos líneas de interpretación que terminarán representando visiones antagónicas del mundo. Por un lado, la tradición liberal, que afirma la perfectibilidad de lo humano, pero rechaza la posibilidad de alcanzar lo perfecto, ya sea como sociedad o como ser humano. Por otro lado, surgieron las corrientes utópicas que afirmaban esa posibilidad y soñaban con un mundo completamente construido por los designios de la razón, eliminando todo vicio o carencia de nuestra existencia. Esta tendencia se plasmó, entre otros, en los revolucionarios jacobinos, en el positivismo de Comte, en el comunismo con sus diversas variantes y, también, a su manera, en los sueños nazistas de un Tercer Reich milenario. En este sentido, el viaje emprendido desde el Renacimiento contenía una gran promesa y una gran amenaza, todo dependía de la mesura con que se asumiese la idea de progreso y el protagonismo del hombre en su propia historia.

R: Me parece fundamental esta distinción entre la perfectibilidad y lo perfecto, entre lo que puede y debe ser mejorado, y la idea utópica de una sociedad sin defectos ni conflictos, un verdadero «fin de la historia», ya que no quedaría nada por mejorar ni nuevos dilemas por resolver. Y recordemos que en este sentido América jugó en sus inicios el rol del «lugar donde estuvo el paraíso», como diría el escritor Carlos Franz, y aportó al «buen salvaje», que con el tiempo devendría el revolucionario latinoamericano de barba, fusil y traje verde olivo.

M: Esta concepción moderna del progreso humano alcanzó su hybris con los enormes avances europeos en todos los terrenos y su hegemonía mundial indisputada. Todo ello invitaba a desbordar los límites de lo humano y permitió la recuperación de la idea del reino celestial en la Tierra bajo el manto de lo moderno, lo científico y lo ateo. Así confluyeron la herencia judeocristiana y la humanista-racionalista, dando origen a esa poderosa doctrina que es el marxismo. Es decir, se trata de una propuesta extraordinariamente seductora que mezcla elementos muy dispares: un mundo nuevo surgido de los portentos de la ciencia y la razón, que viene a realizar las aspiraciones paradisíacas de la fe religiosa.

R: Esta perspectiva arroja luz sobre los crímenes cometidos en nombre de la razón y la instauración de un orden absolutamente racional basado en la ciencia y sus avances. Pero inicialmente se trató de un optimismo histórico al término de la Edad Media, cuya base se encuentra, y vamos a ser marxistas en esto, en el sorpresivo desarrollo relativo de las fuerzas productivas, la incorporación de nuevos territorios al mundo europeo, el surgimiento del mercantilismo y, más tarde, la incipiente industrialización. El Renacimiento permite la aparición del individuo como tal, algo que bien refleja el arte que ya no solo muestra a Jesús, la Virgen María y los santos, sino también, y de forma creciente, a los hombres de carne y hueso que mueven el mundo: nobles, comerciantes, burgueses, en cuya actitud, mirada y objetos que los acompañan vemos la emergencia del individuo y su influencia terrenal como tal.

En esto juegan un papel importante visiones idílicas que conciben realidades manipulables, como *La República*, de Platón, o *Utopía*, de Tomás Moro, en donde el ser humano es ajustado y adecuado, reprimiendo su libertad, para lograr un resultado que «colectivamente» sería superior a una sociedad donde los individuos actúan por su cuenta, dirigidos por su afán de obtener ventajas, algo que obedece a la naturaleza humana. Como dice Adam Smith, no comemos pan por una conducta altruista del panadero, ni nos vestimos por una actitud solidaria del sastre, sino porque ambos buscan beneficios al suministrarnos esos productos que a nosotros nos benefician. Hay un excelente análisis de Isaiah Berlin sobre las consecuencias nefastas que tiene la seducción de una obra como *La República*, ya que apuesta por un poder centralizado y «disciplinador», que establece las reglas de la vida de la polis, algo que puede sonar muy bien en abstracto por su carácter «racional», pero que en la práctica conduce al infierno. Hayek y Keynes continúan esa discusión cuando debaten sobre la economía de libre mercado y la economía planificada, que por cierto tuvo su *appeal* en Occidente durante la Segunda Guerra Mundial. Después los países socialistas, que desaparecieron prácticamente de la faz de la Tierra, se inspiraban en el fondo en esa idea fija, donde lo determinante no es la vida misma sino esquemas abstractos que la anteceden. Esta búsqueda de la felicidad humana a través de la «eficiencia» de la organización social en su conjunto, de la ingeniería social, puede llevar a extremos insospechados, ricos en justificaciones teóricas.

M: El caso más extremo es la eugenesia y la ingeniería racial, que trata de producir un ser superior mediante la manipulación de la reproducción humana. Esto fue parte no solo del nazismo sino que también se desarrolló, incluso antes, en países como

Suecia, todo a nombre de la ciencia y la creación de seres humanos superiores. Fíjate que el primer instituto de ingeniería racial —Statens institut för rasbiologi, el Instituto del Estado de Biología Racial— fue creado en Suecia, en Uppsala, ya en 1922, y fue justamente en ese país donde se aplicó el programa de esterilización forzosa de más larga duración que haya existido en el mundo a mujeres «inapropiadas» para tener hijos: estuvo en vigencia desde 1934 hasta 1975, es decir, durante el período de hegemonía absoluta de la socialdemocracia. Esto es algo que sorprende dada la imagen idílica que existe de Suecia y su socialdemocracia, pero es que no hay paraíso que no tenga algo de infierno.

R: Algo sabía de eso. Fue el utopismo socialdemócrata y también cometió crímenes, si bien a una escala incomparablemente menor que los de los totalitarismos.

M: Así es, las utopías, sean suaves como las de la socialdemocracia, o violentas como las del comunismo o el nazismo, siempre dejan víctimas. El sueño del hombre nuevo se paga inevitablemente con el sufrimiento del hombre realmente existente.

R: *El sueño de la razón produce monstruos* es el título de un grabado de Francisco de Goya, cuyo significado va en otra dirección, pero permite parafrasearlo: Los sueños por imponer la sociedad perfecta producen monstruos y pesadillas.

M: Muy de acuerdo. Y una pieza central en todo esto es el discurso del hombre nuevo, ese ser superior que poblará el mundo ideal del futuro y por el cual debemos sacrificarnos. Este pensamiento está presente y tiene la misma función represiva en todos los movimientos totalitarios. En el nazismo se trata del ario puro, que vendría a realizar ese ideal siniestro que Nietzsche llamó superhombre, *Übermensch*. Frente a ese ser portentoso del futuro, el hombre actual, como el mismo Nietzsche dice, no es más que un puente o «una cuerda tendida entre la bestia y el superhombre». Por ello debe ser superado, es decir, reeducado, purificado y, finalmente, destruido para dejarle su lugar al superhombre, ese «rayo que emerge de la sombría nube humana». Estas ideas juegan un papel central también respecto de los militantes revolucionarios, que siempre albergan un sentimiento de culpa e inferioridad por no estar a la altura del ideal. Frente a ese ideal, y al partido que lo representa, todos, incluidos los militantes, son siempre pecadores, seres defectuosos, contaminados por el pasado y lastrados por sus «resabios burgueses». Por lo tanto, deben estar siempre dispuestos a la autoflagelación o autocrítica como se le llama.

R: Las sesiones de crítica y autocrítica son realmente centrales en la relación del partido-militante y lo digo por experiencia propia. Recordemos que Fidel Castro construyó al Che Guevara, que ordenó el fusilamiento en juicios breves de muchos cubanos, como expresión terrenal del «hombre nuevo». Lo idealizó al extremo, pero una vez muerto. No antes. Otro proceso de idealización y beatificación revolucionaria en Cuba fue Camilo Cienfuegos, que se convirtió en «el hombre nuevo», pero solo después de morir en circunstancias nunca aclaradas en una avioneta desaparecida. Pero volvamos a tu relato. ¿Cómo evolucionas hacia el liberalismo a partir de la problemática que estabas describiendo?

M: Todo ese universo de problemas con el que me debatía en la biblioteca universitaria de Lund tuvo algunos momentos críticos. El más duro fue cuando llegué a la conclusión de que yo no era distinto de Hitler o Stalin, de todas estas bestias que han hecho tanto daño. Yo tenía ese potencial, iba en ese camino. Afortunadamente, las circunstancias impidieron que ese desarrollo se completase. En ese contexto pensé mucho sobre los alemanes y la matanza de judíos, de romaníes y de tantos otros, y en ese contraste espantoso entre gente que evidentemente podía ser cariñosa con los niños, que podía amar y reír, tocar a Beethoven o leer a Goethe, y al mismo tiempo matar en masa con una frialdad espantosa.

R: Eso es exactamente lo que Jorge Semprún describe hablando del campo de concentración nazi de Buchenwald, en el que estuvo prisionero, y en cuya entrada todavía hay una frase que en ese contexto causa escalofríos: «*Jedem das Seine*» («A cada uno lo suyo», o «A cada uno lo que se merece»), que viene de una frase en latín. El campo estaba en lo alto del Ettersberg, a unos kilómetros de Weimar, la ciudad del clasicismo alemán, de Johann Wolfgang Goethe y Friedrich Schiller. Semprún reflexionó durante sus años de preso en ese campo por qué los nazis habían construido aquel horror justamente en esa ciudad, que simboliza un momento culminante de la historia intelectual, artística y humanista de Alemania.

M: Hannah Arendt ha escrito sobre «la banalidad del mal» a propósito de Adolf Eichmann. Este teniente coronel de las SS no era ni un antisemita virulento ni un exaltado o un enfermo mental, sino un ser bastante ordinario, un carrerista que cumplía con esmero sus directivas por más aberrantes que estas fuesen. Junto a ello está el mal no banal, el de los exaltados, los revolucionarios, los idealistas fanáticos. Ambas maldades se juntan en los genocidios, liberando ese potencial de destrucción que llevamos dentro y que debemos saber contener. Esa fue la problemática que motivó mi acercamiento al liberalismo, pero no como un sistema económico, sino como una valla defensiva del ser humano, con sus defectos y carencias, un muro de contención frente a la barbarie que pueden desencadenar los colectivismos y las utopías.

Ese muro de contención es básicamente un conjunto de valores, una cultura del respeto a la libertad e integridad del ser humano, que se expresa en instituciones como el estado de derecho, la limitación de todo poder, la supremacía y santidad de los derechos humanos y las libertades individuales. En todo ello me he sentido siempre muy cerca de grandes pensadores liberales latinoamericanos como Mario Vargas Llosa u Octavio Paz. Se trata del liberalismo como un carácter o talante generoso y dispuesto a la tolerancia, la amistad cívica, el respeto mutuo y el diálogo. Este es el viejo sentido de la palabra liberalismo, el que usaba Cervantes. Octavio Paz lo resume muy bien al decir que ese liberalismo, más que una idea o una filosofía, era «un temple y una disposición de ánimo; más que una ideología, era una virtud».

R: Yo también me identifico plenamente con esa visión y me siento lejos de toda reducción del liberalismo a una política económica o cosas parecidas. Los adversarios del liberalismo lo atacan a partir de su nombre, pero modificándolo: neoliberalismo, como si la partícula neo dotara al liberalismo de una connotación negativa. Recordemos que tanto el comunismo como el nacional-socialismo son enemigos declarados del liberalismo, y es el ideólogo nazi, Carl Schmitt, el que mejor explica por qué el nazismo es antiliberal y por qué el estado no debe ser liberal. A su juicio, la diversidad de opiniones paraliza a un estado y le impide actuar, a diferencia de un estado totalitario.

M: Por cierto que las ideas de la libertad tienen su expresión económica, pero ello no es, a mi juicio, lo esencial ni lo distintivo del liberalismo. Ese fue el ideario liberal que adopté a mediados de los años ochenta, muy apuntalado además por las obras de Isaiah Berlin y Karl Popper. Por su intermedio pude apreciar la grandeza de Sócrates así como el peligro de Platón y los filósofos reyes, aquellos que, como lo expresa en *La*

República, querrán «limpiar el lienzo», purificar al ser humano para sobre ese lienzo en blanco poder proyectar sus designios utópicos. Ese es el arquetipo de los revolucionarios mesiánicos que quieren borrarlo todo para recrear al hombre a su antojo.

También me ayudó mucho la lectura de *El hombre rebelde*, de Albert Camus, y me identifiqué profundamente con su concepto de rebelde, es decir, aquel que no acepta la indignidad, la injusticia, la opresión. Que dice no, que se enfrenta a los tiranos de toda condición. Aquel que no se somete, que no calla frente a una realidad que envilece al ser humano. El rebelde no es un revolucionario de aquellos que sueñan con paraísos terrenales u hombres nuevos. No, el rebelde actúa por ese hombre que somos, aquel ser imperfecto y limitado, como toda sociedad humana que podamos construir. Pero en ningún caso se resigna a que no seamos lo que sí podemos y debemos ser: dignos, respetados, libres. Eso es para mí ser liberal. Se trata de una meta mucho más modesta que la del revolucionario, pero es aquella que no nos lleva por el camino de la desmesura y la violencia. Por ello siempre digo que pasé de la soberbia revolucionaria a la sobriedad liberal.

R: Coincido con lo que dices. Constato que la ruta de ambos hacia el liberalismo pasa por los mismos hitos y lecturas, los *must*, que le ayudan a uno a descubrir que uno no está solo, que otros se plantearon antes las mismas dudas, reflexionaron a fondo sobre ellas y terminaron iluminando el camino hacia cumbres intelectuales liberales, convirtiéndose en «clásicos». En este sentido conviene recordar la definición de Italo Calvino sobre qué es un libro clásico: «Un clásico es un libro que nunca termina de decir lo que tiene que decir». Esos textos que mencionas son eso, y eso se repite en lectores de diferentes generaciones, y por eso podrían ser considerados como lectura básica para muchos jóvenes liberales por instinto u olfato.

Yo también viajé de la posición «maximalista» marxista bolchevique, con todas las respuestas a disposición, como en un cajón de sastre en el que está todo adentro, a la modestia y el desamparo, hacia la soledad y la conciencia de que la solución está en la búsqueda de las soluciones. La solución no en la solución misma, porque la solución se va escapando y hay que estar dispuestos, casi como en la actitud frente a la ciencia, a comprender que cada respuesta es momentánea, transitoria, que no es la última palabra como el dogma marxista. Esto se asocia mucho en mi ámbito con la novela: una novela no tiene como tarea dar respuestas sino plantear nuevas preguntas.

La última palabra en esto no existe, y el tener esa convicción dentro de la cabeza es un antídoto contra el autoritarismo intelectual del progresismo y contra todo tipo de verdades dogmáticas. Hay un momento en que Isaiah Berlin comenta que no todos los problemas tienen solución y que hay que ser capaz de aceptarlo, y esa es una idea que nunca me abandona. Creo que está muy vinculada con la visión totalitaria y no realista del ser humano, con esa dimensión a la cual jamás se resigna una mente estatista o izquierdista, esa de que los seres humanos no somos como quieren los libros que seamos, sino que somos como somos, hoy y aquí. Todo eso es un antídoto contra toda tendencia y todo apetito oscurantista, totalitario o populista, y apunta a la modestia humana, a la tolerancia, a la disposición a escuchar y tratar de entender sin que uno, como bien dices, esté dispuesto a echar por la borda las condiciones básicas de una vida civilizada, como el estado de derecho o el respeto irrestricto a los derechos humanos.

M: Ese espíritu de búsqueda, de duda, es lo que separa al liberal del conservador y le permite caminar con los tiempos en vez de tratar de detenerlos. Para el liberal no existen ni las verdades reveladas ni las respuestas definitivas, sino solo principios morales que nos guían en una búsqueda incesante. Se trata de esa búsqueda infinita de que habla Popper en su autobiografía muy inspirado por Sócrates, donde cada solución trae un nuevo problema, en un eterno proceso de prueba y error que en vez de hacer posible alcanzar de una vez y para siempre el horizonte, lo que hace es ampliarlo y alejarlo para que así podamos seguir caminando y progresando.

R: La última palabra nunca está dicha. La sensación de que esa era una frase subversiva en el socialismo la tuve por primera vez en La Habana, leyendo los discursos de Fidel y del Che, tan opuestos a la indagación abierta de José Martí, de quien ambos decían beber intelectualmente. Los textos de Martí se mueven en una lógica y con una pasión que deja apertura hacia un futuro incierto y desafiante, el futuro de las mil posibilidades. Los discursos de Castro y del Che se movían dentro de la lógica de un relato histórico cerrado con un libreto ya impreso, y en el caso de Castro el demiurgo de la historia cubana era la revolución de la cual él era la encarnación superior.

Historia, verdad y liberación dependían de él, de su voz y sus decisiones. Castro, que era la conciencia y el discurso de la nación, desarrolló un relato circular, cerrado, mítico, cuya única apertura, una suerte de periscopio, mostraba el comunismo como etapa final e ineludible de Cuba. Aquel relato, machacado mil veces en discursos, la prensa y la educación, sin comentaristas que no fuesen apologetas, lo montó exclusivamente con el fin de fortalecer la hegemonía absoluta del Partido Comunista y de su mismo relato, y de clausurar todo pensamiento y toda alternativa ajenos a lo oficialmente establecido. ¿Puedes imaginarte eso? Un discurso eterno, que ya lleva cincuenta y seis años, que nunca ha sido interrumpido ni cuestionado ni una sola vez en más de medio siglo, y que solo acepta rectificaciones que vengan del mismo líder que incurre en los errores por los cuales paga la nación completa... Al meditar sobre esto te das cuenta del grado de embotamiento mental que existe en Cuba y de los gigantescos y riesgosos esfuerzos que deben realizar los intelectuales disidentes para atisbar el desarrollo intelectual mundial.

Yo pude alimentar en alguna medida mi sensación de que la última palabra no estaba dicha en materia de historia y que la historia estaba aún abierta, con la lectura clandestina de libros prohibidos en Cuba y la RDA como *El maestro y Margarita*, de Mijaíl Bulgakov; *Collin*, de Stefan Heym; o novelas de Vargas Llosa, Grass, Kundera o Semprún; textos de Adorno y Horkheimer, de Carlos Franqui, Jorge Edwards (*Persona non grata*) y también de Guillermo Cabrera Infante, quien era no solo el espíritu sobreviviente de La Habana de antes de la revolución sino, al mismo tiempo, el «choteador» por excelencia de la sagrada historia del comunismo y sus santurrones.

M: Me imagino las ansias que habrás tenido de tener acceso a toda esa literatura que el socialismo real prohibía. Eso es algo que todos los disidentes transmiten: la sed de leer todo aquello que se les impide leer.

R: Nunca he soñado tanto con entrar a una librería o una biblioteca de país libre como entonces. Tú no sabes lo que en el socialismo valía —en términos económicos, de información y riesgo— un libro prohibido. Por eso, en el momento en que siento que ya no hay vuelta a la fe del marxismo, comienzo a planear mi salida definitiva de Alemania del Este, cosa que relato detalladamente en *Detrás del Muro*.

Sí, yo creí inicialmente en forma sana y honesta en el socialismo, y hubo una etapa en que habría hecho cualquier cosa, la que me pidieran, para favorecer al socialismo. Tal era mi sentido de entrega juvenil. Busqué la utopía en los dos socialismos, en aquel impuesto en Europa por la ocupación soviética, como el de la RDA, y en aquel que nació de una insurrección popular de carácter nacionalista y libertario, como el cubano, proceso que solo más tarde fue monopolizado por el fidelismo aliado con el Partido Comunista histórico.

Lo que en realidad ocurrió en Cuba, algo que descubro estudiando la historia de la revolución a través de textos como los de Óscar Pino Santos y Juan Marinello, y de relatos de disidentes, fue un gran fraude, un fraude que le pasó una dura cuenta a la nación cubana: la rebelión en contra del dictador Fulgencio Batista, que llevaba menos de siete años en el poder, nace como una rebelión que no tiene absolutamente nada de comunista, pero que al final del camino empieza a definirse como tal y elimina, exilia y encarcela a los líderes revolucionarios que rechazaban el giro comunista.

Hubo por parte de Castro un manejo maquiavélico y magistral de los sueños populares, de las masas y de los apetitos y expectativas que despertó en ellas. El carisma de Castro ha resultado a la postre letal para Cuba, que no es ni la sombra del país que fue en los cincuenta, cuando junto a Argentina y Uruguay exhibía los más altos índices de calidad de vida de la región, y contaba al mismo tiempo con una clase política desprestigiada. En ambos casos, al igual que en todo el campo socialista europeo, tal vez con la excepción de la Rusia de 1917, el surgimiento del socialismo no se ajustó para nada a lo que los clásicos marxistas plantean. En la RDA fue una imposición de las fuerzas ocupantes, en Cuba un fraude de un líder que nunca ha permitido ni un partido ni un diario de oposición, ni una elección libre y pluralista.

M: La verdad es que ninguna de las revoluciones o golpes de estado comunistas se ha ajustado a lo que Marx y Engels pensaban. Ellos creían que el socialismo fluiría del capitalismo avanzado, cuando las fuerzas productivas hubiesen ya madurado, pero eso nunca ha ocurrido. Mientras más avanzado es un país más se aleja del peligro revolucionario. Por cierto, las revoluciones comunistas siempre se han dado en países subdesarrollados.

Han sido, como bien lo dijo W. W. Rostow en un célebre libro publicado en 1960, una enfermedad infantil de la modernización y el progreso, no su resultado final.

R: Mi conclusión final después de estas lecciones prácticas y de la lectura de la historia, mi mensaje o gesto final, fue salir al precio que fuere de Alemania comunista a Alemania capitalista, pasar del Berlín Este amurallado al Berlín Oeste libre. Ese desplazamiento era para mí la ratificación geográfica de algo que ya había ocurrido en Cuba dentro de mi cabeza y corazón en términos ideológicos. Nada me ataba ya al socialismo ni a su ideología como no fuera el deseo de salir de él y contribuir por todos los medios —salvo el uso de la violencia— a su derrota.

También era en gran medida una decisión pasional e instintiva en búsqueda de la libertad y la democracia que había conocido en el Chile de antes, porque al vivir en un sistema totalitario, sin acceso a textos opuestos o críticos al poder, tu bagaje político-intelectual liberal era modesto, paupérrimo en realidad. Recuerda que los totalitarismos son antiliberales. No podía construir mi discurso entonces sobre grandes lecturas o conferencias, como las que tú por fortuna pudiste disfrutar, sino sobre interrogantes básicas que te planteaba la vida práctica, interrogantes a veces prosaicas, pero íntimas, que uno solo compartía con la gente en quien tenía confianza absoluta, interrogantes que nunca serían publicadas porque en el totalitarismo no hay forma de publicar algo mínimamente crítico.

M: Eso es lo que siempre he admirado de los disidentes: el haber construido a tientas una visión crítica al sistema que los oprimía, sin esa ayuda invaluable que es tener acceso a lecturas y debates que te van dando luces para entender tu entorno. Hace poco escribí el prólogo a una obra de un gran disidente ruso, Igor Shafarevich, sobre el socialismo, y no cabía en mi asombro al ver cómo este gran matemático, aislado en la noche cultural del totalitarismo, pudo llegar a una visión de la historia y del socialismo tan preclara.

R: Nunca he condenado ni condenaría a nadie por no haber expresado crítica bajo un sistema totalitario. Uno que vivió bajo un sistema así sabe que era y es suicida, y que tiene consecuencias terribles para los familiares y amigos. Pero una cosa muy distinta es guardar silencio una vez fuera de la dictadura totalitaria, eso es condenable pues equivale a convertirse en cómplice. Por ejemplo, en lo referente a la Cuba de hoy no tengo autoridad para criticar a nadie que haga concesiones o guarde silencio frente a la arbitrariedad, el abuso de poder y la represión. Sería incapaz de exigir desde fuera definiciones públicas que sé bien que no se pueden hacer desde dentro, y que yo tampoco hice en forma pública. El miedo es contagioso, y la cautela es recomendable. La gente en el socialismo es rehén del sistema, y existen sí siempre excepciones admirables, como Yoany Sánchez en Cuba y otros valientes opositores que merecen reconocimiento.

Las críticas a quienes guardan silencio en esos países provienen por lo general de personas que no se imaginan o no han vivido lo que es el totalitarismo. Pero otra cosa muy distinta es, como en el caso de los chilenos que vivimos el socialismo, practicar desde fuera y desde la época postsocialismo el silencio frente al totalitarismo, considerar que cincuenta y seis años del régimen de una estirpe, como en Cuba o Corea del Norte, es democrático, y que el monopartidismo es libertad y democracia. Eso raya en la hipocresía y la crueldad, confunde a jóvenes y ofende a la democracia.

M: No debe de haber sido nada de fácil salir del comunismo, incluso para quien no era ciudadano de un país comunista.

R: Quiero decir que eso de irse de Alemania Oriental a Alemania Occidental, de cruzar el Muro, es el resultado final de un proceso de frustraciones que obviamente ya tenía años, y que se concreta con la obtención del pasaporte y de visa para irme a Occidente. La gente ignora que en el socialismo no era cosa de ir a una agencia de viajes a comprar un pasaje y mandarte a cambiar, y olvida que uno, en medio de la Guerra Fría, no podía llegar a instalarse en cualquier país occidental viniendo de Cuba o Alemania oriental. Durante la Guerra Fría aquello despertaba sospechas a la hora de postular a una visa, y podía implicar ser enviado a Chile, algo muy complicado bajo la dictadura de Pinochet si venías del mundo comunista.

Tampoco quería yo, como lo hicieron otros chilenos de izquierda, pedir, desde un país comunista, asilo en un país occidental. Eso me parecía éticamente difícil de sostener. Conozco casos de chilenos de la V Región que residían en la RDA y que, para ubicarse en Europa Occidental, pidieron asilo en Suecia, precisamente. Y siguen siendo de izquierda, y obviamente callan que se asilaron en Occidente justamente del mundo comunista. Conozco a varios, y pienso que hicieron uso de un derecho, pero siguen siendo de izquierda y deseando el socialismo para Chile.

Es cierto, no podías aterrizar simplemente en Occidente viniendo del Este. Podías ser deportado a Chile por las autoridades occidentales, y eso implicaba terminar en el Chile de Pinochet como un tipo que venía de La Habana, algo por cierto peligroso. Yo preparé una salida sólida y bien organizada del mundo comunista europeo, y eso pasaba por la consecución de una razón legal para residir en Occidente. Esa razón me la entregó la posibilidad de ser corresponsal extranjero en Bonn, la capital de Alemania Occidental, gracias a mi conocimiento del alemán y a la solidaridad de un chileno que era director de una agencia de noticias en Bonn, la IPS, que los socialdemócratas del SPD financiaban en Alemania Occidental.

M: Así que llegaste como periodista a Alemania Occidental.

R: Sí, porque en Alemania no era necesario estudiar periodismo para ser periodista, bastaba cualquier otro estudio académico para desempeñarse como tal. Pero igual pagué un alto precio por ese traslado del socialismo al capitalismo. Fue duro pero digno. No me asilé en Occidente para solicitar beneficios sociales, como lo hizo alguna gente que hoy sigue siendo de izquierda.

Como lo relato en *Detrás del Muro*, llegué a la oficina de Bonn de IPS, la agencia internacional de noticias, a escribir una columna diaria y, principalmente, a cortar los télex de noticias y meterlos en un sobre que llevaba a diario al correo. Era una pega de media jornada, con un sueldo de subsistencia, pero ¡en la libertad de Occidente! Para mantener mi estatus de corresponsal extranjero debía escribir, además de la pega manual, esa columna de análisis sobre la política alemana o internacional. Estaba sobrecapacitado para el trabajo y el salario era ínfimo por ser media jornada, pero me permitía consolidarme como columnista y con ello justificar la visa, y me permitía lo más importante: vivir de nuevo en libertad, en una sociedad democrática y parlamentaria, pluralista. No había dónde perderse.

Comencé entonces de muy abajo, cortando noticias de télex. Ese fue mi trabajo, nada frívolo ni glamoroso. Era lo que había, y había que arremangarse las mangas. No estaba la CIA al otro lado de la frontera esperándote con un maletín con dólares para financiar «la traición», como creen los izquierdistas que desean desprestigiarte. Ganaba mil marcos, que era la nada misma, pero podía alimentarme y arrendar una pieza (me conseguí un departamento de dos cuartitos, con cocina y baño, en un barrio obrero). Con el tiempo y el esfuerzo las cosas fueron cambiando mucho y para bien, así que terminé de director de una revista oficial alemana para América Latina y de moderador de un programa de televisión de la *Deutsche Welle*, además de corresponsal de la prestigiosa publicación británica *Latin American Newsletters*, de Londres. Pero tuve que comenzar de abajo, a la gringa, conociendo prácticamente desde el barrido de la agencia hasta la dirección de una revista oficial alemana. No, el imperialismo no te esperaba al otro lado con un maletín lleno de dólares como premio por haber dejado el comunismo.

M: Eso es parte de la inmigración, se pasan muchas pellejerías pero vale la pena. Se aprende mucho aunque a veces se pasa muy mal.

R: Se comienza de abajo y eso enseña. Esa es, por lo demás, la filosofía de las empresas «gringas»: que el ejecutivo top haya conocido la sala de máquinas. No era fácil cumplir la tarea de enviar los telex bien cortaditos y escribir asimismo como corresponsal por el salario de un júnior. Tenía que hacerlo a diario para no complicar a mi agencia de noticias y demostrar que como corresponsal realizaba una labor irreemplazable, no una que cualquier alemán o extranjero residente podía hacer. En ese momento viví en las condiciones más básicas del capitalismo, y con un tremendo deseo de viajar y recuperar los años perdidos en el socialismo en materia de lecturas y cine.

Tenía amigos que habían salido defraudados de países comunistas y que me brindaron gran apoyo. Y así comenzó mi vida en el capitalismo, y con ello el placer de entrar a librerías pluralistas, libres y bien surtidas, donde estaba toda la producción intelectual mundial. ¡Era un goce sensual entrar allí y tocar esos libros de autores de todo el mundo! Era una maravilla en comparación con Alemania Oriental, que tenía una oferta minúscula y sesgada al lado de eso. La escala era de uno a diez mil o a un millón, pues toda la diversidad en la RDA se reducía a textos marxistas y novelas que no criticaran el socialismo o en las que el capitalismo no apareciese atractivo. La distancia en materia de libertad intelectual era astronómica.

Con el salario que empecé a ganar apenas me alcanzaba para darme gustos y las librerías fueron mis grandes aliadas: iba a ellas y me quedaba durante horas sentado en los sillones, leyendo y leyendo. Entonces, después de trabajar y escribir mi columna, me iba a las librerías hasta que cerraban, porque las bibliotecas municipales no eran tan buenas. Las librerías, en cambio, tenían lo último que llegaba, y nadie me molestaba. Las librerías fueron mi gran biblioteca en Occidente, mi balcón al mundo, y me enseñaron un género que en el comunismo desde luego no existía: el ensayo político, donde el autor tenía la libertad de criticar las decisiones y políticas de los máximos líderes nacionales o mundiales. Eso no lo había visto nunca.

M: Te debo confesar que alguna vez, en mis primeros años de exilio, hice una expedición a Berlín comunista a comprar libros: entre otras, las obras completas de Marx y Engels, las famosas MEGA, eran superbaratas. Claro, con el tiempo me di cuenta de que de completas no tenían mucho, ya que se había censurado una buena cantidad de escritos de Marx y Engels que no cuadraban con la línea del partido gobernante o su interpretación de la historia.

R: Sí, pero desde luego. Eran ediciones del comité central del partido gobernante, el PSUA (Partido Socialista Unificado de Alemania), así que imagínate si no iba a censurar los textos de los clásicos ya bien muertos, unos enterrados y el otro momificado, si no coincidían con la política práctica del partido. Buena es la teoría, pero no tanto, para parafrasear a Lenin cuando afirmaba: «Buena es la confianza, mejor es el control».

Para mí, los últimos años en el Este consistieron en callarse la boca, calmarse, poner el balón en el piso y pensar en un modo discreto cómo volver a Occidente. Cuando llegué al otro lado, vino la oportunidad de sobrevivir a través del trabajo modestísimo. «La vida hay que ganársela honradamente o...

ganársela», decía un exmilitar cubano, ahora afincado en Miami. Yo me esforcé por lo primero, sin recurrir a beneficios para inmigrantes o exiliados, y tenía la ventaja de hablar alemán, y la experiencia de haber vivido en el Chile de Allende y del comienzo de la dictadura, en Cuba y en Alemania Oriental, de haber cruzado a Occidente, de conocer la Guerra Fría y haber leído algunas cositas.

En fin, todo eso me fue abriendo caminos que me permitieron ascender en términos de salario y contactos hasta que llegué a director de la revista *Desarrollo y Cooperación*, de la Fundación Alemana para el Desarrollo Internacional. Necesitaban a gente que conociera América Latina, dominara el alemán y supiera escribir. Con un amigo que también venía del Colegio Alemán, del socialismo real y el periodismo, resultamos los candidatos ideales para esa fundación.

De un día para otro, y pese a nuestro pasado reciente en el mundo comunista, ganamos el concurso y nuestras vidas cambiaron en lo profesional y económico. Comencé a recibir un salario adicional que me hizo sentir afortunado y después se me abrieron las puertas de la *Deutsche Welle* como traductor y moderador del programa de televisión *Europa Semanal*. Fue un cambio radical de condición de vida. Las cosas funcionaron de modo espectacular y el cuento del capitalismo que circulaba en el socialismo se hizo realidad: vivía en libertad, era independiente por fin, hacía algo que me fascinaba, ganaba bien y podía viajar por el mundo. Eso me devolvió la confianza en mí mismo, que se pierde en una sociedad estatista, donde todo depende de los burócratas que asfixian la iniciativa personal. Le di prioridad al periodismo porque allí debía consolidar mi carrera en Alemania, en la revista, la agencia, la televisión, y ¡a leer!

M: Ya te veo devorando libros. En eso somos muy parecidos, gente de libros, de muchos libros. A veces miro mi biblioteca y me digo «qué privilegio, si ahí tengo a Aristóteles, a Tocqueville, a Adam Smith y a mil más para dialogar con ellos». Claro, en tu caso tenías que tratar de recuperar el tiempo perdido, así que me imagino que tu voracidad habrá sido fenomenal.

R: Se trataba de recuperar el tiempo perdido, pero también urgía leer libros de política contingente: ensayos, entrevistas o bien biografías de Kohl, Adenauer, Brandt, Genscher, libros sobre Hans-Jürgen Wischnewski o Helmut Schmidt, o de Ralf Dahrendorf, en ese mundo liberal y democrático tan rico en ideas no dogmáticas. Y subrayo lo de libros de política contingente, ya que en el socialismo no existía ese género porque nadie podía reflexionar críticamente sobre la política nacional, que se reducía a lo que el partido decidía, que estaba siempre en lo cierto: «*Die Partei hat immer Recht!*» («El partido tiene siempre la razón»), como decía un poema. Por cierto, y hoy lo veo con claridad: ensayos sobre política contingente no había en el socialismo porque no había política contingente, sino instructivos de la cúspide a la base que debían ser cumplidos sin chistar. La política «infalible» no permite disidencia.

De pronto me apasionaron estos políticos de los que solo había logrado escuchar. De pronto podía leer a Churchill y a Roosevelt, leer a quienes criticaban a la socialdemocracia o a la democracia cristiana o al comunismo, leer a quienes postulaban el ecologismo radical, como Petra Kelly y el exgeneral Bastian, a Berlinguer, Carrillo y a Gramsci (también prohibido en el socialismo); en fin, era una orgía de libros que te hacían guiños desde los estantes y que sabías que nunca podrías llegar a leer en su totalidad.

Además de mi interés por la cultura alemana y la Reforma, me unía a ese mundo su reflexión permanente sobre la *Ostpolitik*, sobre qué hacer con Europa del Este, comunista entonces, y ante la cual Alemania tenía responsabilidades históricas. Esa *Ostpolitik* era distinta a la postura de Estados Unidos, y también trataba de la tensión entre capitalismo y socialismo. Me encontré con un pensamiento amplio y lleno de matices, tanto en lo político como en lo literario, con jóvenes rebeldes provenientes de la ecología y la juventud socialdemócrata, y de otros más mesurados, que integraban la juventud liberal. Era gente que, en el fondo, trataba de contribuir a recuperar la libertad en el Este, influir en el avance de los derechos humanos al otro lado del Muro, pero desde una postura diferente a la que Estados Unidos tenía ante Cuba.

Ninguno apostaba a derribar el Muro o invadir la RDA, como me habían contado al otro lado, sino a hacerlo permeable para que circulasen las atractivas ideas de la libertad y la seductora música rock occidental, que enloquecía a los jóvenes al otro lado del Muro y que los jerarcas comunistas calificaban de «diversionismo ideológico» imperialista destinado a destruir el socialismo.

Allí descubro a los liberales alemanes, el pensamiento de Friedrich Naumann y la acción reflexiva de Hans-Dietrich Genscher, que para mí, en mi época comunista, eran blandengues vendidos al imperialismo. Y comienzo también a entender las diferencias entre liberales y socialdemócratas, entre democratacristianos y socialcristianos, entre el Partido Verde y los comunistas germanofederales. Es el descubrimiento del mundo pluralista por parte de un joven chileno que solo había vivido en el mundo monolítico comunista.

M: Esa debe de haber sido una escuela extraordinariamente fructífera acerca del pensamiento liberal en la práctica. Esa Alemania Occidental había sido todo un laboratorio de ideas muy influyentes como el así llamado Ordoliberalismo con pensadores del calibre de Wilhelm Röpke, de lo cual fluye la concepción liberal-cristiana de Ludwig Erhard sobre la economía social de mercado. Pero tú me hablabas de la forma de abordar el tema del comunismo en Europa Oriental, que se diferenciaba de la visión estadounidense.

R: Me di cuenta de que para los liberales alemanes la clave para que los derechos humanos, la libertad y la democracia triunfaran en el Este de Europa no pasaba por la confrontación, sino por crear un balance delicado entre lo que eran exigencias y concesiones de parte de Occidente, por hacer permeable el Muro a las ideas occidentales de libertad. El tiempo demostró que ese flujo incesante de ideas democráticas socavó la sociedad totalitaria pese al Muro, y condujo al desplome pacífico del socialismo en 1989.

Desde entonces empecé a confiar más en el arma de la crítica que en la crítica de las armas. Viviendo detrás del Muro uno sabía que aquello no podría ser barrido militarmente por Occidente, que solo cambiaría desde dentro, aunque esa perspectiva fuese absolutamente utópica. Cuando Ronald Reagan pronunció en la plaza de la Puerta de Brandemburgo el 12 de junio de 1987 la famosa frase «*Mr. Gorbachev, tear down this Wall!*», a muchos nos pareció que el actor Reagan no entendía nada de política, y vaya que nos equivocamos. Reagan sí sabía cuánto calzaba la Unión Soviética.

Europa fue para mí una gran lección. Si en Cuba aprendí a sobrevivir en medio de la escasez y la falta de techo, y en Berlín Este organicé mi retorno inteligente a Occidente y vi los límites económicos del socialismo, Alemania Occidental me enseñó a valorar el papel de las ideas políticas, el valor ético de la economía social de mercado y la inmensa superioridad de la sociedad libre en todos los aspectos. Eran ideas que tenían tanta fuerza que traspasaron el Muro que me tocó cruzar. Antes me desconcertaban el pensamiento socialdemócrata y el liberal, que me parecían atractivos y convincentes, pero precarios, ingenuos, impracticables. Ahora vivía en un mundo inspirado en la libertad y la democracia, y era real.

M: Hay un gran debate sobre quién derribó el Muro y el imperio soviético. Algunos ponen el acento en la competencia económica o militar, que sin duda fueron muy importantes. Otros, en la autoasfixia de una sociedad sin libertad, que terminó aniquilando toda creatividad individual y todo progreso. Eso también fue muy importante. Pero creo que lo que tú indicas fue lo decisivo: ideas que abren otro horizonte y refuerzan el ansia de sacudirse el yugo del sistema comunista.

R: Ahí vimos lo que significa la batalla de las ideas, el peso de las ideas, y la fuerza que adquieren cuando contagian o inspiran a la gente. Como dice Marx: «la teoría se convierte en una fuerza material en cuanto conquista a las masas». Y parafraseando al filósofo de Tréveris podríamos añadir que el Muro, que era un arma contra la crítica, terminó siendo derribado por el arma de la crítica.

Descubrí además en la sociedad germanofederal lo que era el pluralismo político, la diversidad de partidos y medios, y también pude comprender la riqueza de un bagaje político y filosófico que estaba a la espera de que hurgaras en él. Viniendo del mundo gris y monótono de Castro, Honecker y Brézhnev, llegué al mundo rutilante, diverso y colorido de Occidente, a la sociedad de mercado, tan productiva, próspera, diversa y llena de gente que pensaba de forma distinta y no temía pensar de otra forma. Fue un festín de libertad y estímulos para mí.

Y fui privilegiado, pues Bonn era una ciudad de cien mil habitantes y al mismo tiempo la capital de la primera economía de Europa. Es decir, todo el poder político y parte del económico estaban allí concentrados o representados, y por eso tuve la suerte de almorzar o cenar, en el marco del reducido mundo de los corresponsales extranjeros, con gente como Kohl, Brandt, Genscher, Thatcher; en fin, con los grandes de la historia de la Guerra Fría que pasaban por allí, y uno podía estar cerca de ellos y plantearles preguntas, que ellos respondían, desde luego, sin evasivas y en un ambiente de confianza.

Fue un remezón cultural, ideológico y sicológico tremendo y definitivo. No solamente había salido del comunismo y me iba espectacular, sino que además quería quemar todo ese pasado sin olvidarlo. ¿Cómo era posible haber perdido tantos años en un mundo condenado al fracaso, rumiando ideas añejas que no funcionaban, leyendo diarios y libros estériles? Es la misma pregunta que se hace Eliseo Alberto, el gran escritor cubano, autor de *Informe contra mí mismo*: «¿Por qué me ocultaron todo esto durante toda mi vida?».

M: No solo estériles, sino mentirosos. Y pensar que tanta gente amante de la libertad ha defendido y justificado este tipo de regímenes. Pero la verdad estaba allí para verla. Los comunistas los llamaban «compañeros de ruta» o también, con mucha razón, «tontos útiles».

R: Haber perdido los años de juventud, la oportunidad de asistir a universidades pluralistas, de haber leído los libros que hubiese querido o debido leer, años en que pude haber viajado libremente y bebido de la inspiración de personalidades del mundo occidental, de gente libre, independiente y original. Sentía un dolor profundo porque sabía que nada de eso era ya recuperable. Italo Calvino dice que no es lo mismo leer un libro a los veinte que a los cuarenta, aunque sea el mismo libro.

La sensación que tuve en Cuba y la RDA fue la de que la vida estaba en otra parte, como dice el título de la novela de Kundera. Y eso es una sensación terrible. La vida estaba más allá del Malecón y más allá del Muro, y tanto el Malecón como el Muro eran el *limes*, la frontera insalvable. Esa experiencia de la represión y marginación cotidiana, de no tener derecho al libre desplazamiento ni a la libre lectura ni a organizarse con quien uno quisiera ni a decir lo que uno pensaba, todo eso deforma al ser humano, lo empequeñece y lo vuelve frágil, temeroso y sumiso como en el juicio al personaje de Kafka. Como dice el carcelero en *Un largo adiós*, de Raymond Chandler, con respecto a la cárcel: «Aquí entran de todos los tamaños y formas, pero salen siempre igual: pequeñitos».

M: Esa es la terrible metamorfosis que impone el socialismo, y la igualdad que alcanza.

R: El socialismo es kafkeano, aunque como sostiene el intelectual cubano-americano, Erico Mario Santí, en la Cuba castrista el teatro del absurdo y la novela kafkeana pertenecen al género costumbrista. En fin, yo estaba por fin en Occidente, en Alemania Occidental, en una democracia madura y próspera, que tenía una posición ante el comunismo que difería de la de su principal aliado, Estados Unidos, lo que era notable para mí. Fueron años en que disfruté la vida a fondo en una república, en una sociedad pluralista, con debates y elecciones, con un periodismo independiente, y donde descubrí lo que era hacer análisis de la sociedad, porque lo mío era fundamentalmente analizar la política alemana.

Todo comenzó a funcionar de pronto tan bien que era como si yo hubiese estado escribiendo mi historia. Tres años antes vagaba por La Habana sin techo ni libreta de racionamiento ni pasaporte; un año antes disponía de una pieza con baño compartido con un mozambiqueño en un internado estudiantil de Berlín Oriental, y ahora vivía en la capital de la primera potencia europea, libre, independiente, vital y trabajando duro en algo que me gustaba y me enseñaba. Y Chile parecía avanzar hacia la recuperación de su democracia.

M: Noto tu entusiasmo por cosas que pueden parecer elementales para quien siempre las ha disfrutado. Pero, claro, el que sale de la cárcel experimenta la cotidianeidad de la libertad de una manera bien distinta del que nunca la ha perdido.

R: Y hay algo más, obvio para el individuo que ha vivido siempre en la sociedad abierta, pero que a mí me causaba una felicidad inmensa: ya no necesitaba de partido que me representara ante el estado o me consiguiera beca, trabajo o vivienda. Yo mismo era arquitecto de mi vida, tenía el timón de mi vida en mis manos, disfrutaba de la soledad e independencia sin necesidad de partidos, era libre, para bien y para mal. Podía mantenerme solo, viajar adonde yo quisiera (París, Londres, Belgrado, Ámsterdam parecían esperarme) y comprar los libros que deseara, darme gustos intelectuales. Al fin era un hombre libre.

Mi tarea era ponerme al día con los políticos europeos (a la teoría todavía no entraba). Iba a foros en donde se discutía el futuro de la Guerra Fría, qué trato debía brindarse a la Alemania Oriental, cuál debía ser la política de ayuda al Tercer Mundo, en qué medida debía reducirse el estado benefactor. Iba a escuchar conferencias al partido socialdemócrata, al liberal, a la democracia cristiana, los verdes, la CSU, y allí estaban los parlamentarios que respondían las preguntas de la prensa, diversa y sin censura. Este era el mundo libre y era un mundo posible.

Ese mundo no era como me lo habían contado al otro lado, en Berlín Oriental o La Habana. Todo esto me llevó a creer aún más en la insustituible capacidad intelectual de los individuos libres. De pronto escuchaba a los políticos profesionales a solo metros de ellos y con algunos estaba en desacuerdo, y de repente tenía la impresión de que sobre algunos temas yo podía saber más que el político, y me sentía motivado y tenía por primera vez el derecho a dar mi opinión personal, y entonces algún político te preguntaba qué opinabas tú, y yo manifestaba mi opinión, y esa opinión importaba. ¡Lo que yo decía, importaba!

De pronto descubrí esto que algunos descubrieron en la Antigüedad clásica y otros en el Renacimiento: que el individuo vale, que yo valía, que mi opinión contaba. Eso fue para mí un descubrimiento increíble y tardío. Y si yo me marché a

Alemania Occidental esperanzado, pero a la vez aterrado de terminar viviendo en el capitalismo bajo un puente porque el estado no se haría cargo de mí, descubrí también que ese miedo a la libertad, del que habla Erich Fromm, te lo inculcaba el socialismo. Yo gozaba la libertad, y parte de esa libertad incluía los riesgos y la posibilidad del fracaso. Todo era posible, nada estaba asegurado, y aquello me atraía.

M: El miedo a la libertad y el achatamiento del individuo son elementos vitales del socialismo en el poder. Se trata en realidad de dos lados de la misma medalla y lo que te ofrece es un retorno a la vida tribal, donde el individuo no existe como tal, pero al mismo tiempo te invita a volver a la condición infantil, protegido, custodiado, tutorizado y también reprendido y castigado por el padre —en este caso el partido o el estado, lo que prácticamente es lo mismo. El socialismo es en este sentido una especie de «contrailustración». ¿Recuerdas la famosa definición de Kant sobre la Ilustración como la salida del ser humano de su condición infantil y sometida a otros?, bueno, el socialismo, y esto lo comparte con todos los totalitarismos, es la vuelta a esa condición, la pérdida de nuestra autonomía individual y, sobre todo, de la fe en nuestra propia capacidad de dirigir nuestras vidas.

R: Es clave la referencia a Kant y el regreso al tribalismo protector y regulador, a la condición infantil que es la esencia de todo colectivismo. Pero hay otra cosa que quisiera destacar. En mi nueva experiencia también hubo un llamado a la modestia, a comprender que hay cosas que son irreductibles e irrenunciables: la libertad individual y la democracia parlamentaria, que las vi, sentí y disfruté. Y allí estaban esas cosas que eran inconmensurables: libertad y prosperidad. En el otro lado no estaban ni la libertad ni la prosperidad. En Occidente estaban las dos cosas. Esto para mí era una evidencia imposible de negar.

M: Así es y esa es la gran lección del desarrollo histórico: libertad y prosperidad van juntas porque la condición de una mayor prosperidad es la capacidad humana de crear cosas e ideas nuevas, de aventurarse en lo desconocido, de probar nuevos caminos, y eso se llama libertad. Por eso es que la salida del ser humano de la pobreza, que fue su destino de siempre, coincide con la historia de la libertad. Ese es el milagro de Occidente y su aporte indeleble al desarrollo humano: esa libertad que fue evolucionando, ampliándose y consolidándose a través de los siglos y que con el tiempo le daría a Occidente su rol protagónico en la escena mundial.

R: Para terminar con esto, estaba el no al Gran Telos, a una historia predeterminada y orientada hacia el Gran Final apoteósico, el no verse obligado a interpretar la historia desde la teoría supuestamente científica del «partido de la clase obrera». El individuo tiene algo que decir aquí junto con Epicuro y Lucrecio, y hasta nos podemos equivocar. Equivocarse es parte del juego. Y reconocer el derecho a equivocarse es parte del juego democrático. El totalitarismo prohíbe el derecho a equivocarse: como representa el gran y único relato científico y correcto, sus críticos solo pueden estar locos o ser unos vendidos, por eso no hay derecho a equivocarse, y por eso existían las cárceles secretas de la Stasi y los hospitales siquiátricos en la URSS. Tenemos el derecho a equivocarnos, y también tenemos el derecho a decir no, a decir «me retiro de esto a mi jardín, y no me interesan los proyectos de nadie». Por eso la figura de Epicuro me atrae tanto.

M: Una sociedad verdaderamente libre tiene tanto *exit* como *voice*, para usar los conceptos de Albert Hirschman. El derecho a hacer sentir tu voz en los asuntos de la *polis*, pero también a no participar, a replegarte hacia un exilio interior o irte a otra parte.

R: Comencé a leer a Walter Benjamin, que para mí fue importante porque plasmó dudas y vio cosas en su visita al Moscú revolucionario que lo inquietaron, y a Wolfgang Leonard, autor de *La revolución devora a sus hijos*. Ver la RDA desde fuera fue clave. Verme de pronto paseando por Berlín Occidental alrededor de Berlín Oriental, verme en las plataformas occidentales desde donde podía contemplar esa gran cárcel detrás del Muro que era la RDA, me ayudó a consolidar lo que intuí en La Habana a comienzos de los años setenta. Y en ese sentido Isaiah Berlin me hizo entender algo en lo que nunca había pensado antes: hay temas sobre los cuales jamás habrá acuerdo, y con los cuales la sociedad democrática debe saber avanzar respetando el desacuerdo.

M: Es interesante escuchar esta historia de libertad y empoderamiento, porque tu vida había dependido de otros, estabas a merced del sistema, eras una pequeña hoja movida por los vientos a su antojo, pero un día la hoja se independiza, cobra valor y dice: «Mi destino ahora depende de mí». En mi caso, junto a la evolución política de que hemos hablado, se da una evolución cultural muy significativa que tiene que ver con mi encuentro con la cultura nórdica. Me obligó a salirme de mí mismo, a desdoblarme y repensarme, y de esa manera repensar mi origen, mis raíces, todo el bagaje que uno lleva consigo y que uno vive como algo natural hasta que un mundo cultural totalmente distinto lo pone en cuestión.

R: Yo también viví algunos años en Suecia y me impactó mucho lo nórdico, que me pareció tremendamente intrigante y atractivo, me impresionó el sentido colectivo, democrático y firmemente arraigado en la naturaleza y las tradiciones, sin caer en el rechazo a la modernidad y la innovación.

M: Los primeros años en Suecia estuvieron marcados por mi vida en esa burbuja revolucionaria de la cual te hablé, pero luego, cuando la perspectiva del retorno a Chile comienza a alejarse en el tiempo y te das cuenta de que te vas quedando, y nacen tus hijos y vas echando raíces hacia adelante, hacia tu nueva vida y tu nuevo país, entonces comenzó para mí un viaje apasionante, que hizo yunta con mi viaje ideológico, por el universo de una cultura que cuestionaba todo lo que traía de Chile, empezando por las formas más elementales de la sociabilidad y del sentir.

De pronto estás con gente que se relaciona y siente de una manera distinta de la tuya, y al principio todo te parece raro e incomprensible, pero luego se transforma en un desafío y un cuestionamiento. Al principio me preguntaba por qué los suecos se comportaban como lo hacían, hasta que un día, cuando empecé a entenderlos un poco más, comencé a preguntarme por qué yo no me comportaba de esa manera. Así, la mirada de asombro empezó a cambiar su foco y se transformó en una especie de «introversión», de autoanálisis que se hacía cada vez más crítico o autocrítico para ser más exactos. Así es que aprendiendo de la «suequedad» empecé a aprender de la chilenidad. Es lo que Hegel, en la *Fenomenología*, llamó el paso de la conciencia espontánea, ingenua e irreflexiva, a la autoconciencia, reflexiva y mediada por el encuentro con lo diferente y desafiante.

R: Es un proceso que me recuerda mis vivencias en el Colegio Alemán, esa experiencia en la infancia de encontrarme en un medio tan distinto, con otra lengua, otros gestos, otras miradas, otros valores, comidas y hasta olores. Allí había algo que yo no podía elaborar intelectualmente con cinco o siete años, pero que intuía que era diferente, un entorno diferente, completamente ajeno al nuestro, al chileno, un entorno o microclima que me hablaba al mismo tiempo de otro mundo, de un mundo que a partir de un momento deseé conocer. Y en ese microclima, como ya lo dije, yo pasé a ser el otro, el diferente, y eso es sin duda algo enriquecedor, que te obliga a salirte de ti mismo, verte a ti mismo y te lleva a contemplar el mundo con otros ojos.

M: Una de las cosas que más me llamó la atención de la gente nórdica fue su realismo o pragmatismo y su fuerte orientación hacia el consenso, alejada de la especulación, los ideologismos, la utopía y la gran filosofía. Como historiador me he preguntado muchas veces sobre la causa de esta forma de ser. ¿Será la naturaleza y la dureza de su largo invierno la que genera esa necesidad de realismo y búsqueda de mantener unida a la comunidad para sobrevivir? Muchos suecos responden que sí, entre ellos uno de sus más grandes historiadores, Carl Grimberg, que compara la naturaleza nórdica con una madre dura, que nada da sin exigir de sus hijos el mayor de los esfuerzos.

R: Hay que pasar esos interminables meses de invierno, de frío y oscuridad, para entenderlo. Claro, yo y tú los hemos vivido con todas las comodidades que hasta pueden hacerlos placenteros, pero es casi inimaginable cómo habrá sido cuando Suecia era un país pobre, como lo fue durante prácticamente toda su historia.

M: Efectivamente, la historia sueca es la historia de uno de los pueblos más pobres de Europa y tal vez sea eso lo que enseñó a su gente a valorar y defender cada pequeño progreso que hacía. Era un rincón tan apartado del mundo que los romanos nunca llegaron allí y al cristianismo le tomó casi un milenio hacerlo y echar raíces duraderas en aquellas tierras que mitológicamente eran conocidas como Ultima Thule. Su evolución histórica, especialmente a partir de las guerras napoleónicas, les enseñó el arte de «hacerse el sueco», es decir, de no envolverse en los grandes conflictos que tantas veces han asolado a Europa. Su lema o leitmotiv es «unidos estamos de pie, divididos caemos».

Todo esto fue muy llamativo para mí viniendo de un Chile destruido por los odios y la lucha fratricida, víctima de sus profundas contradicciones sociales, de los sueños exaltados y las ideologías maximalistas.

R: Esa mentalidad o disposición ha hecho de los suecos mediadores ideales en conflictos internacionales. Además, uno nota todo ello en la falta de estridencia de la cultura sueca. Todo es suave, silencioso y discreto, quitado de bulla, como si la gente no quisiese que se notase su presencia.

Déjame decirte que, después de mi experiencia de tres años en Estocolmo, viví trece años en el Midwest estadounidense, una región poblada en gran medida por nórdicos, especialmente suecos. Hay una tetralogía, conocida como *Die Auswanderer* (la leí en alemán, creo que es *Los emigrantes*), de Vilhelm Moberg, que narra las terribles vicisitudes de la emigración, alrededor de 1850, de miles de suecos al Midwest, muchos al estado de Minnesota. Se van de Europa como los irlandeses: correteados por el hambre y la miseria. Pues bien, muchos se instalaron también en el estado de Iowa, donde residí tanto tiempo, y ellos marcaron allí también la cultura estadounidense, y uno siente esa correspondencia profunda, un mundo escandinavo.

M: La obra que has nombrado es una de las más queridas de la literatura sueca y ha sido llevada al cine por Jan Troell con Max von Sydow en el rol de Karl-Oskar y Liv Ullmann en el de Kristina. La emigración fue el destino de más de un millón de suecos, es decir, el equivalente a una cuarta parte de la población del país en la segunda mitad del siglo xix.

R: Por eso el tipo del Midwest es quitado de bulla, amable, apacible, dispuesto siempre a buscar un punto medio o de coincidencia con quien piensa diferente y, algo también importante, coincide con el alma pragmática norteamericana inicial. Es justo la característica que el gran intelectual uruguayo José Enrique Rodó retrata en el *Ariel*, el alma pragmática, técnica y desapasionada del estadounidense, que el uruguayo contrapone al alma latinoamericana. Es un esquematismo de Rodó, pero encierra muchas verdades y sigue teniendo vigencia hoy, si es que deseamos salirnos de nosotros mismos como latinoamericanos y mirarnos al espejo.

Y lo último: Moberg fue izquierdista en su juventud, pero después criticó los colectivismos y terminó siendo muy crítico a la socialdemocracia y al estado fuerte sueco. Murió en 1973, a los setenta y cinco años, poco antes de que tú llegaras al socialismo sueco.

M: Tienes toda la razón: Moberg fue un gran liberal y es un ícono de la gente libertaria en Suecia. Volviendo a lo que te decía, fue una lección constante adentrarse en una cultura tan distinta y aprender una lengua donde detrás de cada frase y cada gesto estaba la idea de comunidad, de respeto mutuo y la exigencia, casi compulsiva, de buscar el consenso, lo que une y no lo que desune. Por supuesto que uno puede aprender el sueco mecánicamente, pero en ese caso uno solo aprende la superficie del idioma y poco o nada de su verdadero sentido. Las palabras son entonces como cáscaras vacías de contenido. El sueco evita cuidadosamente los extremos y las disyuntivas que no permiten un compromiso. De hecho, alcanzar un buen compromiso es más valioso que tener la razón.

R: Un viejo refrán: más vale un mal acuerdo que un buen juicio.

M: Y no hay persona peor vista que aquella que defiende su posición hasta las últimas consecuencias, incluso aunque tenga la razón.

R: Igual que en el Midwest, y peor aún si se eleva la voz y uno aparece como el «*angry man*». Todo eso les llegó de Suecia a los estadounidenses. Nos falta esa influencia en los trópicos.

M: Alcanzar un triunfo al precio de dividir la comunidad es para un sueco una victoria a lo Pirro, lo que está muy fuera del horizonte nórdico. Por ello, ante una alternativa que solo permite decir un sí o un no que enemista y divide, el sueco prefiere el silencio o decir «nja», a menudo pronunciado de una manera larga, dubitativa y terminando como un murmullo (*njaaaaaa…*) que es una mezcla de «no» (*nej*) y «sí» (*ja*) que permite ganar tiempo y buscar una salida que haga posible llegar a una posición de consenso. Todo esto está relacionado con el valor superior de la comunidad en la cultura sueca, lo que también implica un fuerte sentido de igualdad y solidaridad. En todo sentido se nota que este fue un pueblo de campesinos libres con escasa impronta feudal. La palabra más característica del idioma sueco es *lagom*, que significa la justa medida (eso les hubiese encantado a los griegos clásicos), cuya etimología es muy ilustrativa: se compone de *lag* (grupo) y *om* (dar vuelta) y viene del nórdico arcaico con el significado de que la bebida, habitualmente cerveza, que en las celebraciones circulaba en un recipiente común, debía ser consumida con la moderación necesaria para que también el último del grupo recibiese lo que le correspondía.

R: Qué interesante lo que cuentas; es notable cómo las palabras pueden encerrar toda una historia y una herencia cultural que les da su profundidad. El alemán también tiene el *Jein*, compuesto de *Ja* (sí) y *Nein* (no). Pero tu encuentro con lo nórdico fue también un encuentro con ese gran estado de bienestar con el que muchos en la izquierda sueñan todavía. Podrías entrar un poco en ese tema.

M: Llegué a Suecia en pleno período de expansión de aquel gran estado benefactor que llegaría a ser el más grande que ha existido en un país democrático en tiempos de paz y que llegó a gastar el equivalente a dos terceras partes del PIB sueco (69 por ciento del PIB fue su récord en 1993). Su designio era controlar y moldear todos los pasos decisivos en la vida del ciudadano sueco, desde la cuna hasta la tumba, como se decía. Y la verdad es que fue muy impresionante relacionarse con ese estado que te brindaba un enorme apoyo económico y servicios de alto nivel pero que también exigía mucho a cambio de ello.

Su poder era prácticamente incontestable para un simple mortal y la falta de opciones era muy notoria, a no ser que pertenecieses a la elite más rica del país que aún, a pesar de los elevadísimos impuestos, podía financiar la salud o la escuela de sus hijos por cuenta propia. Me chocó cuando entendí que yo le «pertenecía» —esa era la palabra que se usaba— a una cierta clínica y que mis hijos les pertenecerían a las guarderías y escuelas que el estado les asignase y frente a lo cual, de hecho, no había sino que bajar la cabeza y agradecer. Así era, con la mejor intención de que vivieses una vida feliz, bueno, no exactamente la tuya, sino aquella que los expertos habían diseñado para ti. Era el paraíso de la ingeniería social y su norte era «arreglarle la vida» —*att lägga livet till rätta*, se dice en sueco— a los ciudadanos.

R: Qué interesante ver cómo el socialismo, incluso en sus variantes más suaves y democráticas, no niega su esencia controladora.

M: A mí todo esto me resultó chocante y ofendió profundamente mi sentido de libertad. Me preguntaba: «¿Por qué tienen que decidir tantas cosas por mí, y más encima con mi plata?», porque los impuestos que se pagaban eran, y todavía son, tremendos. Ello me llevó a estudiar la historia del estado de bienestar y de un partido, el socialdemócrata, que se arroga el derecho a educar, guiar y controlar a unos ciudadanos que se suponían incapaces de ser plenamente libres y autónomos. Pero es muy importante destacar que todo esto fue consentido o, más aún, buscado por la mayoría de los suecos y los nórdicos en general.

No era una imposición como en los regímenes comunistas sino una elección, hecha de manera transparente y democrática. La gente había decidido, sin apremio alguno, recortar su libertad individual y su poder autónomo de consumo para entregarle al estado una amplia serie de funciones y responsabilidades de las cuales el ciudadano se descargaba, pudiendo así vivir un tipo de libertad que está muy lejos de ser aquella que proclaman los liberales, que es una libertad con responsabilidad personal y fuertes lazos de solidaridad en la sociedad civil. La libertad que ofrecía el estado de bienestar consistía justamente en la ruptura de esos lazos y la delegación de la responsabilidad en un estado omnipresente. Esta fue, y en cierta medida todavía es, la base del estado benefactor, su propuesta altamente atractiva, capaz de ganarse el apoyo popular durante largo tiempo, es decir, mientras el estado pueda cumplir su parte del compromiso. Eso fue lo que colapsó a comienzos de los años noventa, dando origen a una profunda crisis y a los grandes cambios en la estructura misma del estado de bienestar que he analizado en varios de mis libros.

R: Tu análisis introduce una perspectiva bastante sorprendente sobre el estado socialdemócrata de bienestar. Recuerda el título de una obra célebre del siglo XVI, el *Discurso de la servidumbre voluntaria*, de Étienne de la Boétie. Pero lo más interesante y preocupante es ese pacto entre el estado y los ciudadanos, en el cual estos delegan responsabilidad para ganar un tipo de libertad consistente en romper lazos y dependencias humanas que son vitales.

M: Así es. Sobre ello ya a mediados de la década de 1940 Friedrich Hayek escribió un texto en que analiza muy bien estas dos formas de libertad: aquella con responsabilidad y fuertes lazos humanos, y aquella que te convierte en una partícula cada vez más aislada y liberada de responsabilidades, siempre, claro está, que le entregues una tajada sustancial de tus ingresos y tu autonomía personal al estado. El texto se llama *Individualismo: el verdadero y el falso* y allí Hayek nos advierte sobre el peligro de esta invitación tan seductora a embarcarnos en una libertad que más que nada es soledad y que, sin duda, nos condena a depender del estado ya que, cuando lo necesitemos, no tendremos esa red de solidaridades interhumanas sobre las que se construye la verdadera libertad.

R: Esa distinción nos da una perspectiva muy fructífera sobre el liberalismo y su forma de concebir la libertad, donde la sociedad civil juega un rol protagónico. La libertad liberal no es, como muchos parecen creer, un egoísmo respecto de otros seres humanos, sino todo lo contrario: es un entregarte a ellos para conjuntamente construir la libertad.

M: Este es un tema central sobre el que de seguro volveremos más adelante. Lo que ahora quería comentarte es que fue justamente este encuentro con el estado benefactor lo que evitó que me desplazara del marxismo militante y revolucionario a una posición socialdemócrata. No me gustó esa propuesta, la encontré autoritaria. Era sin duda infinitamente más civilizada y democrática que la propuesta comunista, pero había en ella un germen autoritario, de subordinación del individuo y renuncia a la libertad, que me repelió, y por eso me orienté hacia el pensamiento liberal. Esto, a diferencia de la mayoría de los latinoamericanos que se alejaron del marxismo revolucionario, que terminaron echando anclas en las aguas más tranquilas de la socialdemocracia, lo que además les permitió no romper con una identidad genérica de izquierda e incluso con los sueños utópicos, que ahora quedaban relegados a un futuro distante y difuso pero que le seguían dando cierta coherencia tanto a sus vidas como a la historia.

R: Muy interesante lo que dices sobre tu proceso. El mío tuvo más de inercia en lo ideológico. Primero me sentí más atraído por la socialdemocracia alemana que por los liberales, y me parece, tal como dices, que algo así le ocurrió a la gran mayoría de los arrepentidos, conversos y renovados. La experiencia socialdemócrata alemana era tan estimulante a primera vista, sobre todo frente a los socialismos reales de los cuales venía saliendo, que devenías socialdemócrata aunque intuías que lo que hacía a aquello atractivo era que rescataba al menos una parte de la visión liberal de la sociedad y, como tú bien dices, te permitía conservar algunos lazos con la izquierda chilena no marxista que habías conocido.

Permíteme que en este contexto comparta contigo una anécdota que contaba Hans-Jürgen Wischnewski, el gran político del SPD (Partido Socialdemócrata de Alemania), con respecto a Chile: decía que en los años de Allende viajó al país a ver si lograba reclutar a gente de izquierda que sintiera afinidad por la socialdemocracia. Historia corta: perdió el tiempo porque nadie lo recibió como él pensaba. En la izquierda chilena de aquella época eran todos marxistas, marxistas-leninistas, castristas, comunistas, en fin, y todos veían a la socialdemocracia como una traición a la revolución y un aliado del capitalismo y el imperialismo. Se subió al avión sin tener éxito. Los chilenos nos habíamos vuelto locos. Y al cabo de pocos años, no centenares sino miles de chilenos comenzaron a golpear las puertas socialdemócratas europeas en busca de política, ideología y respaldo financiero. ¡Si en Chile somos todos conversos!

M: También quería comentarte que la universidad sueca me impresionó mucho y muy positivamente por su ambiente de diálogo reposado y de búsqueda genuina del conocimiento. En los seminarios se juntaban cinco, diez o hasta quince expertos que se habían quemado las pestañas buscando respuestas documentadas a sus interrogantes y que así y todo planteaban sus conclusiones con mucha modestia, abriéndose a la crítica que era saludada como una forma de mejorar nuestro conocimiento. Jamás se usaba un argumento de autoridad, como que «esto lo dijo Marx», y aún menos se atacaba a la persona —su origen, posición social, preferencia política o lo que fuese— para descalificar sus argumentos.

Tampoco se usaba la opinología tan común en los ambientes latinos. No era importante lo que uno opinara o las preferencias personales, sino los datos y estudios que avalaban un cierto planteamiento. Yo venía del mundo de las ideas absolutas, del Chile del sí y no, del «nosotros tenemos la verdad y ustedes no», y de los ataques personales arteros, y de repente estaba dialogando con gente que realmente sabía de qué hablaba, pero que también sabía ser modesta y mesurada. Esto era la actitud científica, que sabe separar los juicios de valor de aquellos relativos al conocimiento. Eran universidades en serio y no antros de propaganda política y embrutecimiento ideológico como aquellas «universidades comprometidas» que yo había conocido en Chile y que, por lo que sé, todavía existen por aquí y por allá.

R: Esa seriedad en las formas de argumentar y, en general, el respeto para con el otro fueron también muy aleccionadores para mí en Alemania Occidental, y posteriormente en la universidad estadounidense. Imagínate, si tú sentías una gran diferencia respecto de lo que habías vivido, como yo, en las universidades del socialismo real, que realmente eran centros de adoctrinamiento ideológico, verdaderas iglesias donde se predicaba la verdad absoluta y definitiva, y la Biblia eran los textos de Marx, Engels y Lenin, seleccionados por el comité central del Partido Comunista alemán oriental, el PSUA, o el PC de la URSS.

Lo que contrastaba fuertemente era que la ciencia social en el socialismo parecía haber alcanzado su clímax en el siglo XIX, con Marx y Engels, y hasta la segunda década del siglo XX, con Lenin. Después de MEL (Marx-Engels-Lenin), porque Stalin había desaparecido de todos los libros y librerías, no había nada que no se redujera a la hagiografía, la apología o las citas de los clásicos para entender la época de posguerra. Imagínate, los científicos sociales del socialismo eran en verdad exégetas y, como no podían desvincularse de las frases de los clásicos, estaban incapacitados para entender y explicar el presente, los años sesenta o setenta, pero no solo del capitalismo sino del socialismo, entre otras cosas porque los clásicos nunca conocieron la práctica del socialismo cotidiano. No la conocieron Marx ni Engels por el siglo en que vivieron, y no la conoció Lenin porque muere mucho antes de la plena consolidación de la Unión Soviética y el mundo comunista de Europa Oriental.

M: En esas universidades serias también aprendí a distanciarme de la retórica altisonante y el lenguaje floreado en que a veces parece ser más importante el cómo se dicen las cosas que el contenido de lo que se dice. Siempre recordaré mis batallas con el jefe del departamento donde estudiaba historia económica, un destacado investigador de fama internacional que leía mis textos en sueco y me los devolvía con la mitad tachada. Palabras de sobra, me decía, y empezaba a darme ejemplos: «¿Por qué dices que esto es absolutamente verdadero o realmente cierto? Si es verdadero basta con decirlo y si es cierto lo mismo».

Así aprendí a escribir, y en parte a pensar, sin retórica, sin adornos innecesarios, tratando de ser preciso y usando frases simples, cortas y directas. Fue difícil, y la verdad es que cuando volví, después de muchos años, a escribir en español, me costó bastante recuperar nuestras formas más recargadas de expresión. En todo caso, formarme en la universidad sueca fue una experiencia muy provechosa que luego se extendió por unos veinte años como profesor e investigador de historia económica de la Universidad de Lund, lo que fue todo un desafío, no solo por lo del idioma, sino por tener que enseñarle la historia de su país a quienes eran sus hijos.

R: ¿Qué relación mantenías con Chile entonces?

M: Muy distante. La verdad es que me entregué con tal pasión a mi nueva vida sueca que, como te comentaba, hasta dejé de escribir casi por completo en español. De hecho, mis primeros diez o doce libros están todos escritos en sueco, si bien alguno de ellos fue traducido al español y varios al inglés. Chile era el pasado y lo miraba con ojos cada vez más distantes y críticos, especialmente en lo que respecta a las relaciones humanas, con su machismo arcaico, su agresividad contra las formas de vida que se apartaban del canon establecido, en especial contra la diversidad de preferencias sexuales, y con su desprecio inveterado por los pueblos originarios.

Me avergonzaba venir de una sociedad donde uno de los insultos más hirientes era «indio de mierda», pero no por lo de mierda sino por lo de indio. Una sociedad carcomida por los complejos y el arribismo social y racial, todo aquello en que Suecia se destacaba por lo contrario. Incluso respecto del racismo y la discriminación, que si bien existían —y uno lo experimentaba a veces— estaban a años luz de nuestras formas desembozadas y groseras.

R: ¿Volviste a Chile en esos tiempos?

M: Sí, tal vez imprudentemente, pero lo hice. Siempre por períodos cortos, como huyendo de un pasado que no quería que volviese a ser mi presente. Vine, por ejemplo, a comienzos de 1982. Traía conmigo las cenizas de mi madre, como ella quería, para reposar donde desde 1968 reposaba su padre, mi abuelo Juan, el que me advertía lo de la soberbia. Y en esos viajes chocaba constantemente con lo chileno, con el rol de la mujer en nuestra sociedad o con el uso de servidumbre, hace mucho extinta en Suecia.

Recuerdo haber visitado a un excompañero de la Escuela de Derecho que vivía en Temuco y tenía dos sirvientas. Y claro, yo me paré para llevar mi taza de café a la cocina, como se hace en Suecia, y todos me miraron con cara de locos, en especial la sirvienta que seguramente habrá pensado que a este señor se le había corrido una teja.

Así era todo el tiempo, y más me molestaba cuando mis amigos o familiares hombres lo único que hacían era preguntarme morbosamente por «las suecas» y envidiar mi suerte de vivir en el paraíso del amor libre y las rubias despampanantes. Chile y yo no estábamos en muy buenos términos, por decir lo menos. Seguramente porque me recordaba constantemente cómo yo había sido y, en parte, todavía era, aunque resistiendo y luchando por cambiar una herencia cultural que me incomodaba. Así es que me iba de Chile feliz de volver a Suecia, a leer los diarios suecos, relacionarme con los sobrios escandinavos y hablar esa lengua endiabladamente difícil que empezaba, poco a poco, a hacer mía, tal como la historia que escondía entre sus pliegues. Pero aun así, Chile seguía allí, habitando en mí, incomodándome y atrayéndome, como el recuerdo del primer amor. Tal vez podía decir, usando unas estrofas del poeta sueco Gunnar Ekelöf: «Soy un extraño en este país, ¡pero este país no es ningún extraño en mí! No me siento en casa en este país, ¡pero este país se comporta como si estuviera en casa dentro de mí!».

R: Cuántas coincidencias tenemos también en este aspecto. Llegamos a ver el país desde fuera y con una sensibilidad cambiada, transculturizados. Aunque debo reconocer que de una forma profunda el Colegio Alemán me había preparado para sentirme rápidamente «en casa» en Alemania y no solamente por la lengua, pero desde luego no me había preparado para entender a Cuba y la cubanía. Nunca había vivido en un país del Caribe, donde lo africano estaba tan presente en la lengua, los gestos, la raza, la música, el arte, el baile. Era una cultura muy distinta a la chilena, y fundamentalmente española y enriquecida por lo africano, y a ratos por los chinos, que abandonaron en gran medida la Cuba revolucionaria.

Siento que junto a la matriz chilena tengo tres países que me influyeron e influyen poderosamente: Alemania, en la que viví catorce años (tres de ellos detrás del Muro), sin contar los doce en el Colegio Alemán; Cuba, de cinco intensísimos, duros y apasionantes años; y Estados Unidos, país donde soy residente desde el 2000. Cada uno me dio mucho para mi formación como persona, y en cada uno trabajé duro y aprendí mucho. Fue una exploración que arrancó del Chile convulsionado por el desastroso gobierno de la Unidad Popular y el trágico golpe de estado, y desembocó en la diversidad, vitalidad y libertad de Estados Unidos, con un retorno permanente a mi patria.

Pero después de pasar por esos países (no incluyo a Suecia ni México porque en el primero fui esposo de embajadora y en el segundo fui embajador, lo que constituye circunstancias muy especiales), entendí que nunca más habría un regreso como si los años y las experiencias no hubiesen pasado. Lo entendí con un dolor profundo, pero liberador: Chile había cambiado y yo había cambiado, y no nos llevábamos bien. Ese fue mi sentimiento inicial. Hasta el día de hoy me cuesta agarrarle el tranco a mi patria, a la que amo y por la cual me desvelo en el sentido literal de la palabra, una patria tan distinta en tantas cosas a Alemania, Cuba y Estados Unidos. Y por ello nada de lo que ocurra en Alemania, Cuba o Estados Unidos me es ajeno.

Soy un nómada. «Dos patrias tengo», decía dramáticamente José Martí: «Cuba y la noche». Yo creo que tengo varias, aunque ninguna sustituye la relación profunda, de raíces y memoria, de corazón y epidermis, de lengua y vísceras, de sueños y pesadillas que tengo con Chile.

M: Ese es nuestro destino, no ser completamente de ningún lugar. Hemos caminado mucho, partido muchas veces, muerto más que un poco, y ya nunca seremos plenos en ninguna parte, siempre nos faltará o nos sobrará algo, excepto, tal vez, en un lugar como este Jardín de Epicuro, abrochándose los zapatos con un nuevo amigo de siempre para volver a partir.

R: Para mí fue también muy importante conocer, en 1987, en Alemania Occidental, a Ana Lucrecia Rivera Schwarz, mi futura esposa, que también es latinoamericana y, curiosamente, también había estudiado en un colegio alemán, en el de Ciudad de Guatemala, y que en Bonn era embajadora de ese país que acababa de volver a la democracia. Nos conocimos allí hace veintiocho años y esa ha sido la etapa más feliz de mi vida. Cuando nos encontramos en el corazón de la Europa libre, nos unió un apasionado amor a primera vista, en primer lugar, pero también nos ayudó la cultura latinoamericana y la alemana, porque ambos habíamos estudiado en el colegio con los mismos textos alemanes, y nos acercó desde luego el hecho de que ella representaba a un gobierno democrático que venía saliendo de dictaduras, y yo pertenecía a un país que vivía en una dictadura, pero que soñaba con regresar a la democracia, y yo había conocido el totalitarismo en carne propia.

M: Yo encontré al amor de mi vida en Chile, en uno de mis viajes, hace también unos veintiocho años, y me alegra mucho que hoy Ana Lucrecia y Mónica anden por allí juntas, mirando los cactus y paltos, como si se hubiesen conocido de siempre, y comprando frutas y verduras en el centro de Olmué para acompañar el asadito a la chilena que pronto empezaremos a preparar.

R: Y que ojalá nos quede muy bueno…

M: Por lo menos, desde la distancia se ve que el carbón arde bien…

R: El otro elemento común, como te decía, era el Colegio Alemán, los textos que venían de Alemania Occidental y que nos enseñaron a leer y a conocer la historia alemana, la lengua y la cultura alemana, y el mundo. El Ministerio de Educación alemán tenía enorme incidencia en la educación en esos colegios, que eran muy buenos, muy europeos, ajenos a nuestra tradición. Por eso, cuando terminabas tus estudios en uno de esos colegios, podías ingresar automáticamente a una universidad alemana.

Sus programas se orientaban por el sistema alemán de educación, que era exigente y apuntaba al futuro y fundamentalmente a las ciencias exactas y naturales, y lo que hacía cada año el Ministerio de Educación de Chile era enviar una delegación de profesores al colegio a examinar si no nos alejábamos mucho de los requisitos nacionales. Así que, pese a haber nacido y vivido en dos países diferentes, mi mujer y yo estudiamos con los mismos silabarios y libros, con los mismos programas y la misma disciplina, la misma ética de trabajo y exigencia de los alemanes. Eso nos acercó mucho de inmediato.

M: ¿Pensaste en volver a Chile entonces?

R: No solo lo pensé sino que lo intenté en los años noventa. Después de que nuestros hijos nacieron en Alemania, decidimos volver al continente. Mi mujer quería que nuestros hijos crecieran en Chile. Dejé mis atractivos trabajos en Bonn y me preparé para un retorno a mi Ítaca pero con Penélope y dos niños chicos. A mí me seguían pesando las vicisitudes sufridas en el comunismo, y me agobiaba esa sensación de haber perdido tantos años detrás del Muro, y me preguntaba qué aporte podía llevar a Chile.

Estudié una alternativa atractiva: dedicarme a un proyecto inmobiliario para mantener a la familia. Mi sociedad construyó casas en Viña del Mar, Jardín del Mar y Bosques de Montemar, en la Quinta Región. Nos fue muy bien. El joven que había soñado con producir pollos bajo Allende devino inversionista inmobiliario bajo el gobierno de Frei Ruiz-Tagle. Cuando nacen los niños viene el problema de su identidad, y nos preguntamos qué niños íbamos a tener, porque no eran alemanes aunque habían nacido en Alemania. Nos pareció conveniente venir a vivir a Chile, porque deseábamos que nuestros hijos crecieran en un ambiente latinoamericano.

M: ¡Qué paso más osado diste! Después de veinte años volver no es fácil, pero era lo que ustedes sentían que tenían que hacer y fueron consecuentes con ello.

R: Sí, pero aún hoy siento que todavía no estaba preparado para regresar, que todavía me quedaba mucho millaje por recorrer en Alemania, pero el tema de la identidad de los niños presionaba. Todavía no estaba claro qué iba llegar a hacer a Chile, qué iba aportar, cuál sería mi marca registrada. Así que nos vinimos, pero fundamentalmente por el tema de nuestros hijos, y antes de lo que yo hubiese querido. En Alemania tenía todas las necesidades resueltas y me apasionaba el tema de la Guerra Fría, la integración europea y las relaciones de Europa con Estados Unidos y América Latina.

M: Interesante lo que dices: se puede requerir más distancia, especialmente en tiempo, para poder volver. Hay que sentir que el viaje está terminado antes de emprender el regreso.

R: Recuerdo que tuve entonces una conversación en Bonn con el entonces diputado chileno Baldo Prokurica sobre mis planes de regresar a Chile. Corría 1991 o 1992. Cenamos en casa y de pronto me dice que yo debía volver a Chile y dedicarme a la política, que mi experiencia en tantos mundos podía ser un aporte importante. Esa idea me quedó dando vueltas en la cabeza, aunque sin convencerme, porque la política siempre me ha interesado, pero no como parlamentario.

M: ¿Cómo viviste ese distanciamiento que un recorrido como el tuyo o como el mío necesariamente crea respecto de Chile, nuestra Ítaca que ya no era la misma ni nosotros tampoco lo éramos?

R: La experiencia de vivir y viajar por Europa y vivir en Estados Unidos me permitió ver con claridad que Chile era una forma más de ser, no era LA forma de ser. Eso me insufló cierta necesaria modestia, que veo que tú también valoras mucho. Y ese cambio tiene un valor especial para mí. Chile era entonces un país más bien modesto en el mundo, y la idealización de la patria ya no era tan intensa. Pesaba mucho mi experiencia alemana, donde me sentía cómodo y a gusto. Pero fue importante darme cuenta de que tenía que mirar a Chile con otros ojos y preguntarme seriamente si retornar al Chile democrático era tan fácil como parecía.

M: No creo que haya país más adecuado que Alemania para reflexionar sobre ese tipo de cosas.

R: Ja, ja, ja. Los alemanes lo «problematizan» todo, como ellos dicen, son filósofos por naturaleza. Me resultó aleccionador vivir en un país que tiene una relación tortuosa con su propia historia (de eso uno se da cuenta de inmediato), que vive con un sentimiento permanente de culpabilidad, con ansias de revisar la historia, un país afanoso por debatir y reflexionar sobre el pasado, el presente y el futuro hasta que les duela a todos. Los alemanes tienen debates de gran calidad en los medios, y gustan de debatir profundamente, a conciencia, todos los problemas.

En Chile se estaba generando en tanto una relación tortuosa con la historia reciente, que en algún momento se manifestaría y sería debatida, debido al fracaso del gobierno de Allende y la violación de derechos humanos bajo Pinochet. Por ello, al ver que Alemania y España llevaban decenios discutiendo sobre su historia reciente, intuí que en Chile también se iniciaría una relación muy tortuosa con la verdad y la historia, que nos pasaría la cuenta y agravaría nuestra bipolaridad.

Así que me puse a estudiar la relación de los alemanes con su historia, y no solo con la historia reciente, es decir, de los años treinta en adelante, sino que con algo central —que todavía no se daba en Chile— que tenía relación con la incomunicación y la tensión intergeneracional. Porque una generación completa de alemanes de posguerra se quejaba mucho de que sus padres que vivieron el nazismo nunca les hablaron de ello. Es decir, los padres jamás les refirieron a sus hijos lo que hicieron durante el nazismo. Era un silencio profundo, el mismo, por cierto, que reinaba en nuestros textos del Colegio Alemán sobre esa época. Y me imaginé que en un momento algo parecido —salvando las proporciones— ocurriría en Chile.

M: Los silencios de los padres son las preguntas de los hijos, y esto en el caso alemán es desgarrador, pero bastante común. Se da incluso entre los judíos que sobrevivieron el Holocausto.

R: Este silencio alemán frente a una historia atroz implicaba que los planes de estudios tampoco querían tocar mucho esto, porque imagino que la idea de algunos era posibilitar el surgimiento de generaciones que no crecieran bajo el peso de la era nacionalsocialista, y el país pudiera alinearse con Occidente en la Guerra Fría contra la Unión Soviética y sus aliados.

Esto lo experimenté en carne propia: en mis clases de historia alemana o literatura alemana en el colegio, nunca se abordó la etapa del nazismo. La historia se interrumpía en los años treinta y se reanudaba con la división alemana en 1949, el «milagro económico alemán» y el Muro. En esas circunstancias surge mi convicción de que la historia te pasa la cuenta si no la asumes. Y atención: esa tarea no hecha convierte después a generaciones completas en jueces implacables.

Lo sentí así en Cuba y la RDA, y en Alemania Occidental. Y en Chile no podía ser diferente. Nos falta mucho por investigar. Hay condenados y amnistiados, y eso mucha gente no lo perdona, lo considera injusto, y constituye una herida abierta de Chile. Tampoco se perdonan los temas no comentados por mi generación con las más jóvenes, en especial con quienes no habían nacido en 1973. Allí tenemos un diálogo pendiente del que todavía no nos preocupamos y que nos pasará la cuenta.

M: Yo creo que ya nos está pasando la cuenta, al menos desde el 2011.

R: De acuerdo.

M: Hablaste hace poco de la figura de Ulises. Yo no tenía nada de eso. Mi viaje —pasado ese primer momento militante que me llevó a anotarme para la Operación Retorno— no era un viaje de retorno, sino todo lo contrario, al menos así lo viví por entonces, pero hoy sé —y cómo negarlo conversando bajo este parrón chileno— que las cosas son más complicadas de lo que uno se imagina. Yo me metí en Suecia por entero. Me jugué a fondo por hacerme parte de algo nuevo. Lo había perdido todo y buscaba pertenecer de nuevo, enraizarme y poder decirme a mí mismo y decirle a mis hijos: «Este es nuestro país».

Como te conté, prácticamente me olvidé de Chile durante largo tiempo. Mantuve el español en casa, pero no el chileno, y en mi hogar no había casi nada que recordase de dónde venía. En mi trabajo en la universidad en Lund y luego en Estocolmo, como director de un centro de estudios y luego como diputado, todo era sueco. No es que no entendiese lo que me separaba de los suecos «de verdad», empezando por mi aspecto y mi forma fonéticamente tan imperfecta de hablar el sueco. Pero mi decisión era no renunciar por ello a ser sueco, a pertenecer y participar plenamente en mi nuevo país, a no tolerar los guiones tipo chileno-sueco, que te ponían en una especie de limbo donde no eras «ni chicha ni limoná».

Reivindicaba poder ser diferente y estar plenamente integrado y, sobre todo, no quería ser parte de un micromundo de exclusión y extrañamiento. Era una lucha —un poco desesperada y muchas veces extenuante— que estaba dando por pertenecer, ser reconocido y respetado en una sociedad que no era la mía. Y como ya en los años noventa comencé a ser una figura pública en Suecia, este tipo de definiciones, por ejemplo rechazando ser sueco a medias sino insistiendo en serlo plenamente, a partir de mi diversidad pero con todos los derechos y todas las obligaciones, causaron cierto impacto.

R: Me puedo imaginar la sorpresa para muchos al ver este chileno diciendo que era sueco.

M: Era una especie de declaración de principios, o tal vez de intenciones, y claro, muchos suecos me miraban con una sonrisa amablemente incrédula, y para muchos inmigrantes, que se definían como cualquier cosa menos como suecos, mi declaración era una especie de traición a nuestros orígenes, un pasarse «al enemigo». Y esto hay que entenderlo en el contexto de una sociedad muy segregada como lamentablemente es Suecia, donde muchos inmigrantes y no menos sus hijos se definen, en lo fundamental, como antisuecos.

Pero para mí ese era un camino que solo conducía al gueto y a hacer permanente nuestra marginación. Era más importante nuestro presente y no menos nuestro futuro que nuestro origen, y más que preguntarnos de dónde veníamos debíamos preguntarnos dónde estábamos y adónde íbamos. Ítaca era nuestro pasado, lo que debíamos dejar atrás para poder ir hacia adelante más livianos de equipaje. Todo esto conformó el universo de mis luchas intelectuales y emocionales durante bastante tiempo. Por entonces, ya en 1993, escribí mi primer libro que tuvo un cierto impacto y trataba justamente de estos temas: de nuestra identidad y de la identidad del país que nos había acogido, de cómo Suecia nos cambiaba y de cómo nosotros, inmigrantes de todos los rincones del mundo, estábamos cambiando a Suecia.

R: Es muy entendible lo que te propusiste, pero siento que hay algo de forzado en ello. Es como si estuvieses tratando de negar o arrancar de algo que no se puede negar ni de lo que puedes arrancar. Tal vez querías olvidar demasiado para poder vivir con esa plenitud que nos está negada por el mismo hecho de haber partido.

M: Tienes toda la razón. Cuando lo miro en perspectiva me doy cuenta de que había algo de heroico pero también algo de patético en lo que intentaba hacer. Ítaca está siempre con nosotros y le debemos lo que le debemos, porque no podemos borrar el lugar donde aprendimos a dar nuestros primeros pasos y se formaron nuestros sentimientos más primarios, nuestra forma de estar tristes o sentirnos felices, de llorar o reír. Todo ello viene de muy lejos y no podemos cambiarlo ni negarlo.

De ello me fui dando cuenta con el tiempo, madurando como se dice. Me di cuenta de que a los suecos y a Suecia yo podía acercarme, pero que siempre habría una cierta distancia entre nosotros, que éramos como una especie de asíntotas que pueden acercarse pero nunca tocarse ni fundirse en una sola línea. Así me di cuenta de que en Suecia no había llegado ni podía llegar a destino, que no podía ejercer violencia sobre mí mismo a fin llegar a un destino que no me estaba dado alcanzar.

Todo esto forma en realidad parte de un síndrome muy normal en la vida de muchos inmigrantes, tanto así que está bien estudiado y tipificado desde hace mucho tiempo. Es parte de la vida de quienes están tratando de ser incorporados, aceptados, de ganarse un nuevo país, y que niegan demasiado para ello. Y yo negué demasiado durante largo tiempo. Pero llega un momento en que todo eso te pasa la cuenta y debes volver a repensarte, de una manera más tolerante para contigo mismo, aceptar esa condición dividida que uno lleva consigo y verla como algo positivo, celebrarla como una disonancia que sin duda te complica la vida pero que también puede enriquecerla. Y ello implicaba volver la mirada hacia Chile y sonreírle, aunque fuese a la distancia.

R: Me imagino que eso forma parte de lo que te impulsó a dejar el Parlamento y partir a España hace unos años.

M: Fueron muchos factores, pero el cambio que se había producido en mi relación existencial con Suecia fue, sin duda, clave. Sentí que mi viaje hacia lo nórdico había terminado y que era hora de reemprender el viaje con un nuevo destino. Me había acercado lo más posible al alma nórdica, había estudiado su historia y era capaz de comprender su sensibilidad, había sido profesor de una de sus universidades más reputadas y miembro de su Parlamento. Ya no había más luchas que dar ni senderos por recorrer, así que con Mónica entendimos un buen día que era la hora del *farewell* de nuestra querida Escandinavia. Pero claro, quedándose nuestros hijos allí ese *farewell* tenía la piel suave y mucho de hasta la vista.

R: Bien audaz la decisión que tomaron. Empezar de nuevo cuando no se tienen precisamente veinte años. Pero cuando recorrimos hace poco Madrid contigo y Mónica, me di cuenta de cómo disfrutaron ustedes esa experiencia en España.

M: En realidad era algo menos dramático que eso, ya que teníamos muy buenos amigos en Madrid, como Mario Vargas Llosa y la entonces presidenta de la Comunidad de Madrid, Esperanza Aguirre. Tenía cincuenta y ocho años y aún me sentía con fuerzas para iniciar nuevas cosas. Tomamos la decisión sin saber a ciencia cierta qué haríamos en Madrid, pero con la certeza de que algo encontraríamos. Y así fue.

Pronto me ofrecieron un trabajo dirigiendo un instituto de estudios sobre la inmigración y la cooperación al desarrollo y a ello me dediqué durante cuatro años muy felices pero también bastante accidentados en la capital española. Así que renuncié a mi puesto en el Parlamento en la mitad de mi segundo mandato, vendimos nuestra casa a las afueras de Estocolmo, por cuyo jardín a veces se paseaban los ciervos e incluso algún alce, y partimos rumbo a España. Chile no estaba todavía en nuestro horizonte, pero era evidente que en todo esto había algo de un regreso, al menos de un acercamiento, con España como un punto intermedio entre esas patrias mías ubicadas en los extremos del mundo.

R: ¿Cuál es tu relación actual con Suecia?

M: Allí vivo justo ahora. A ella nos ata mucho, no menos nuestros hijos. Pero es una relación bastante relajada y visito Chile frecuentemente. La tensión entre las dos almas que habitan en mi pecho, para decirlo con Goethe, ha disminuido notablemente. Ahora digo: «Tengo dos patrias, dos amores», lo que realmente es un lujo, una especie de bigamia bastante tranquila, feliz y tolerada. Ello, siempre que uno se atenga a una versión de la felicidad que esté dispuesta a renunciar a la plenitud, porque hemos andado demasiados caminos como para alcanzarla.

R: Yo creo que uno, con la experiencia de las transiciones que hemos tenido tanto en lo existencial y cultural como en lo político, tiene que asumir varias cosas. Entre ellas, que va a vivir con el alma escindida para siempre, lo que no es necesariamente malo, pero sí más duro, e intelectualmente más productivo. ¿Soy chileno o soy un chileno atípico? ¿En cuánto me marcaron veinticinco años de vida entre alemanes? ¿Y en qué medida he quedado marcado por catorce años de vida en Estados Unidos, que es un país muy generoso porque te pide muy poco a cambio, ni siquiera que sepas inglés? El estadounidense te da la ciudadanía y te deja ser quien quieras ser, y si quieres vives toda tu vida en el mundo que tus compatriotas han construido dentro de Estados Unidos.

¿Cuán chileno soy?, me pregunto, y en qué medida mis tensiones con el país, pues las he tenido y las tengo, se deben a que dejé de ser chileno hace mucho y a que actúo a veces más como alemán o como estadounidense, y en el primer caso exijo puntualidad y en el otro ando ofreciendo sonrisas a desconocidos y me visto informalmente porque en Estados Unidos poco cuenta tu aspecto, pero en Chile mucho.

Otra cosa que también se debe asumir de una vez para siempre: vamos a vivir con una nostalgia imposible de ser apagada, porque como tienes dos o tres patrias, siempre tendrás nostalgia de la que acabas de dejar. Esto lo aborda Claudio Magris con la emoción y la razón cuando habla, en su ensayo sobre el infinito viajar, sobre el desplazamiento geográfico. Cuando estoy en Chile echo de menos despertar en mi casa del Midwest, en Estados Unidos. Y cuando estoy en Estados Unidos echo de menos despertar en mi casa de Olmué. Y a veces, en la Florida, inspirado por el clima y la vegetación tropical, siento nostalgia por mis días de estudiante en La Habana, y en otros por mis viajes en el S-Bahn de Bernau a la Humboldt Universität de Berlín. La vida cotidiana se convierte en una fuente inagotable de melancolía, recargada de recuerdos e influencias que se niegan a ser reprimidos y olvidados, y que te complican la relación con la realidad que te envuelve concretamente. Nunca he podido contemplar el cielo de Olmué sin dejar de imaginar el cielo de Berlín, el del Midwest o el de La Habana.

M: Y esos recuerdos no deben ser reprimidos ni olvidados ya que nos amputaríamos una parte de nosotros mismos.

R: He tratado de buscar una solución diciéndome «no existe una patria que sea una», porque, en el fondo, tienes un mundo propio integrado por varios mundos, algo como la patria y la «matria»: Chile y Estados Unidos, por ejemplo, y muchos hijos de la nostalgia. En estas nostalgias vitalicias, que son nuestras amantes hasta la muerte o hasta que la memoria nos falle, hay una gradación que es bueno mencionar: porque, pese a que también viví muchos años en Alemania, mi relación es más intensa con Estados Unidos.

Sospecho que se debe a lo que te mencionaba: a que Estados Unidos te acoge sin exigirte nada a cambio. Cuando eres residente o ciudadano naturalizado, el compromiso de ese estado es muy básico frente a ti como ciudadano. Puedes seguir siendo quien eres por la sencilla razón de que el concepto de aculturación o integración allí perdió importancia. Tú allí simplemente eres quien eres. Y esto me trae a la memoria una cita excepcional de Haruki Murakami de su libro sobre correr: «Que yo sea yo y no otra persona, es para mí uno de mis más preciados bienes». Y eso es lo que uno le agradece a Estados Unidos: me deja la libertad para proteger mi más preciado bien, que de todas formas irá modificándose en la interacción con otros seres y otras culturas.

A mí Estados Unidos me dio la residencia permanente por ser una persona con «habilidades extraordinarias», una categoría legal que en el fondo es una puerta amplia y generosa que Estados Unidos abre para personas que se destacan en alguna actividad a nivel internacional y desean vivir allá. Te dan la bienvenida y tú tendrás que ver cómo te mantienes. No hay nadie esperándote, como en el socialismo, con una llave para tu departamentito y una plaza de trabajo. No. Entras al mundo de la libertad en su sentido amplio. A Estados Unidos le conviene, desde luego, seducir a mucha gente que llega con su talento, invenciones o capitales. Te dicen «bienvenido a tu nuevo país, demuestra que eres capaz de vivir de tu talento o capacidad, paga los impuestos y quédate todo el tiempo que quieras, y si en algún momento quieres hacerte ciudadano, nos avisas».

M: Esa es la fuerza de un país adonde la gente quiere llegar y no del que quieren arrancar como otros que conociste.

R: Siempre lo pienso. Gran lección después de haber vivido en países comunistas: Estados Unidos te ofrece el espacio, pero es un estado que no te regalará ventajas como los estados social-demócratas. Estados Unidos te dice: «busca tu propio camino, demuestra que puedes vivir por tus propios medios, y bienvenido». Por cierto, esto, multiplicado por millones de personas que llegan allá cada año, es un aporte inconmensurable a la vitalidad y la ética laboral del país en todo sentido, y eso que lamentablemente se han impuesto restricciones por la amenaza del terrorismo.

Esa actitud ante el inmigrante es muy distinta a la de la Alemania Occidental que conocí, y para qué decir a la Alemania comunista, que vivía encerrada y enquistada en sí misma, sin influencias externas. En Alemania percibí que esperan que te incorpores y te asimiles, que aprendas bien el idioma, y otras exigencias más. Al gringo le da lo mismo si te vas a vivir a un gueto latinoamericano o adonde sea, «yo no tengo nada qué ver, es su espacio, usted decida lo que hace con su vida», y esto para bien y para mal. Y si me atrae, es un reto.

M: Es cierto, son dos actitudes radicalmente distintas. En Suecia es como en Alemania, esperan que te incorpores y, ojalá, que te asimiles, pero esto es muy difícil por ser sociedades donde la pertenencia pasa por la etnicidad, por la sangre y la historia, como se decía antes, y no por la adhesión a un compromiso cívico y a un proyecto abierto de futuro como en Estados Unidos. Las europeas son naciones étnicas y en el fondo le piden a los inmigrantes cambiar de piel y de alma; Estados Unidos es una nación de gentes llegadas de todas partes, donde te separa el pasado y te une el futuro, y por eso lo que pide es más accesible pero también más duro, porque no te da nada más que una posibilidad de hacer algo con tu vida.

R: Y en ese marco, ya en Estados Unidos, constaté mi condición intelectual de beduino. Me di cuenta de que soy un escritor nómade, que mi patria es el desplazamiento. Lo descubrí en Estados Unidos, que es un país de nómadas porque los estadounidenses cambian en promedio quince o veinte veces de casa en su vida, y lo hacen buscando mejores oportunidades o simplemente siguiendo la oferta de trabajo. Los estadounidenses se van de un estado a otro con suma facilidad: van buscando mejores perspectivas. No lloran, actúan, siempre optimistas.

Por eso me siento bien desplazándome. Mi patria es tal vez la lengua en la que escribo y el desplazamiento que me permite conocer los mundos que describo y comparo, que me permite conocerme a mí mismo y las sensibilidades que, de no ser por el desplazamiento, no habría sido capaz de desarrollar. Eso me da cierta tranquilidad, pero percibo que en algún momento sentiré que debo volver al punto cero de uno de estos dos mundos, y que posiblemente ese punto cero esté en Chile, aunque cuando recorro los inmensos espacios desérticos o las grandes ciudades de Estados Unidos, y escucho la música country y me viene a la memoria la diversidad racial de Estados Unidos, ese país vuelve a seducirme con su creatividad y libertad.

A partir de cierta edad uno se hace la pregunta de dónde quiere morir, y yo me la hice a los cincuenta y cinco años.

¿Dónde quieres que estén tus cenizas *for ever*? Y siento que eso cada vez está más claro: tal vez quisiera morir en Chile, escuchando en Olmué a The Bellamy Brothers o a John Denver o a Johnny Cash, y quisiera que mis cenizas abonaran la palmera frente a las ventanas de mi estudio acá, un espacio muy tranquilo en esta casa, que es propiedad de la familia.

M: Me gusta tu planteamiento y sé que es muy importante dar una respuesta a esa pregunta definitiva. Pero me supera, me desborda, me deja en silencio. Tal vez no tenga alma de Ulises.

R: Pero es una pregunta decisiva, el puerto final, porque Ulises también se puede confundir con tantos desplazamientos. Ulises recibe estímulos e invitaciones para quedarse en otros lugares, para no volver a Ítaca, pero sabe que tiene que volver. Yo creo que el regreso al punto de partida es como la ley de gravedad del desplazamiento, vas a caer como la manzana de Newton, pero como también somos seres con voluntad podemos decir «yo quiero romper con la primera patria, porque con los años me enamoré de otra patria, de otro patio donde quiero que reposen mis cenizas».

Yo podría querer morir, no sé, tal vez en Samos o en Montana, o quizás descubra algo nuevo por ahí que me haga feliz y soñar con reposar allí. Pero, al igual que Ulises, uno necesita ese puerto de destino final, aunque vaya cambiando. Y voy a insistir en algo: vivimos en un mundo tan cambiante, en donde los paradigmas desaparecieron, en este nuevo orden o desorden mundial que ni siquiera está establecido como arquitectura, de modo que todas estas cosas —también en política— dependen de tu elección, que se complica si has conocido varios mundos.

M: Interesante predicamento. Antes casi todo estaba dado, tu lugar en el mundo era obvio y los lugares físicos tenían un rol determinante. Hoy es el movimiento, los cambios y los flujos lo determinante, y con ello la opción. Hasta se podría decir que la única opción que hoy no podemos elegir es la de no elegir.

R: Algunas veces te sentirás un poco más chileno, otras veces un poco más sueco o norteamericano, y a veces querrás volver, y en otras vivir lejos de Chile. Uno no puede anticipar en qué momento te va a encontrar la muerte o la percepción de que te queda poco, y eso a mí me inquietaba antes, ya no. Me gusta asociar esta gran empresa que tiene que ver con el conocimiento, la vida y la libertad, con un maratón. Los maratonistas dicen que si uno piensa en los kilómetros que lo aguardan, se cansaría de tan solo pensar en ello, y por ello la maratón es siempre solo el siguiente paso, no la meta remota, la meta solo llega con la convicción profunda y un solo paso más, y eso permite correr una maratón. Lo mismo ocurre con un escritor cuando escribe una novela, algo que proyecta muy bien Murakami: «Escribir novelas se parece a correr una maratón... para un creador la motivación se halla, silenciosa, en su interior, de modo que no precisa buscar en el exterior ni formas ni criterios».

Se ve muy larga, pero la novela es solo esta página que estoy enfrentando y mi voluntad de escribirla aunque se me vaya en ello la vida. Y una última cosa tal vez importante que quisiera compartir en este sentido contigo: hay un libro maravilloso de Erich Auerbach llamado *Mímesis* que aborda, entre otras cosas, una característica esencial de la literatura: su capacidad para «lentificar» los procesos de la vida. Auerbach muestra cómo, al permitir esta suerte de cámara lenta, el relato permite investigar, explorar y profundizar en lo que ocurre. Así el relato presenta siempre en cámara lenta el transcurrir de la historia, algo que en la realidad es imposible. Solo en la medida en que lentificas el tiempo puedes reflexionar con propiedad sobre él y explorar los sentimientos y las pasiones, un beso y un abrazo. Y creo que esa es una de las razones por la cual muchos escritores creen que escribiendo entienden mejor el mundo.

M: Es como una buena conversación, que debe darse tiempo, detenerse aquí y allá, para que aflore todo lo que tenemos que decir y poder profundizar en su contenido. Ese es el sentido de la mayéutica socrática, ese «dar a luz» mediante la paciencia de detenernos en nuestros propios pensamientos, cosa que raramente hacemos hoy por hoy, donde la aceleración y no la lentificación es la regla.

R: Cuando tú llegas a Suecia y yo a Estados Unidos, hay un cambio interior espiritual y hay también uno gestual y de estilo, porque uno cambia físicamente, porque tiende a mimetizarse con la sociedad respectiva, tanto en la lengua y la lógica de la comunicación como en la indumentaria o los gestos, por ejemplo. Pero ese proceso mimético nunca es perfecto, pero es productivo, y lo que te devuelve a las raíces iniciales es la sospecha, que puede devenir convicción, de que hay un solo sitio en el planeta donde lo mimético quizás puede ser perfecto, y esa coincidencia entre lo que eres y lo que tienes que representar es lo que te brinda tranquilidad y seguridad en ti mismo.

M: ¿Me estás hablando de tu Jardín de Epicuro?

R: Me refiero a que en otro país, como inmigrante, estás en forma permanente bajo una presión adicional: debes funcionar bien porque eres una excepción, una irregularidad, un ser exótico en el mejor sentido (y puede terminar siendo en el peor sentido) de la palabra. José Donoso, el gran novelista chileno, decía en Iowa City que le atemorizaba regresar a Chile porque Chile lo «mediocrizaba». Creo que usaba un epíteto duro para un proceso real que tiene lugar cuando vuelves a tu nido, a tu grey, a tu rebaño: allí eres uno más y te resulta fácil desplazarte dentro de él y confundirte con él y dejarte llevar por la inercia. Y entonces, en un país hipercentralizado y con poca diversidad cultural y racial y limitada movilidad social, se presenta enseguida el peligro de «achancharse», acomodarse, mimetizarse en todo sentido con el término medio. Es brutal, pero creo que hay mucho de cierto en la afirmación de Donoso, y por eso los países que reciben una inmigración diversa y poderosa adquieren con ella una vitalidad enorme y la posibilidad de enriquecerse.

Pero, volviendo a Epicuro, que me inspira tanto: en su caso la felicidad está dada finalmente por una vida sin lujos y modesta, la falta de dolor y por la renuncia a apetitos y afanes cuya satisfacción en la mayoría de los casos no puedes alcanzar ya que no dependen de ti. Dos milenios más tarde, Hegel hablaría de la libertad como conciencia de la necesidad. Thoreau, el intelectual estadounidense, escribe en *Walden* sobre una vida epicureana, que rechaza todo lo superfluo y busca las esencias. Y si uno es capaz de renunciar y relativizar el valor de muchas cosas que ambicionas, que escapan a tu capacidad de lograrlas y que, de lograrlas, te otorgan una satisfacción efímera, y te concentras en las que son esenciales para tu condición humana y dependen de ti, llegas a ser feliz.

M: Me recuerdas la fábula de la zorra y las uvas de Esopo.

R: Es cierto, y el hecho de que esa fábula venga de la Grecia antigua sugiere que el tema de desear lo posible estaba muy presente. De modo que el proceso mimético en la sociedad que no es la tuya o en la que no has vivido muchos años, te va a producir, si no logras llevarlo a su perfección, que implica convertirse en otro y pasar así inadvertido, agobio, tristeza, extrañamiento, una sensación de estar incompleto, de que no estás dando en el blanco con la metamorfosis. Lo intuyes porque hay ciertos rasgos que te denuncian en el nuevo rebaño: el acento, el color, los gestos, la mirada. Y eso agota, porque uno no quiere ser una pieza exótica, uno no quiere, en el fondo, ser tan diferente. Creo que el beduino intenta la salvación sui géneris: pasa y mira los otros rebaños desde su montura, que le permite ver el mundo y estar atado al mismo tiempo al suyo. Su proceso no apunta a la perfección del mimetismo sino a seguir siendo él mismo.

M: Tienes mucha razón, hay una simulación que cansa y que, además, siempre fracasa. Parte de mi vida en Suecia, como ya te he contado, en cierta medida trató de eso. Pero así y todo creo que fue un fracaso que valió la pena. Por cierto, eso está muy lejos del ideal de Epicuro, y seguro que no es una forma de alcanzar la felicidad, pero déjame en este caso refugiarme en una frase de Goethe: «Todo es soportable en la vida, excepto muchos días de felicidad ininterrumpida». En todo caso, creo que para viajeros como nosotros ya no hay identidad perfecta con ningún medio.

R: Es cierto. En el fondo es el infierno de la vida eterna. Aquí está el Chile que uno ve y que uno ama, pero en mí cada día pesa más la convicción de que el mimetismo perfecto no existe, de que prima más el ir y venir, y también —aunque suene contradictorio— esa necesidad de salir de Chile cuando se vuelve asfixiante con su arrogancia, intolerancia, homogeneidad, fobias, odios intestinos y su extenuante y perpetua autorreferencia. «Nuestro vino es amargo, pero es nuestro vino», dijo José Martí (¡y en el caso del vino cubano cuánta razón tenía!).

M: Es cierto, asfixiante. Por lo que dices y por muchas cosas más.

R: Estando de visita por varias semanas en Chile, mi hija me hizo una pregunta tremenda: «Papá, ¿por qué los chilenos se odian tanto?». Viniendo de California, una niña que nació en Alemania Occidental, creció en Suecia y ha vivido gran parte de su vida en Estados Unidos, y que tiene un fuerte vínculo con Chile, me descolocó por completo con esa pregunta. Me costó responder y mi respuesta no la dejó convencida ni a mí tranquilo. Desde su juventud, vertió varias gotas de limón en una herida nacional.

Entonces, cuando Chile se me vuelve asfixiante con sus resentimientos y odios, con su clase política que después de cuarenta años vuelve a fracasar, con la desconfianza, la amargura que genera el éxito ajeno, la dependencia del qué dirán, el clasismo y el racismo, la frivolidad, con la incapacidad para ubicar a Chile en el contexto mundial y para vernos en términos reales, quiero llegar a un lugar donde no se preocupen del resto, ni se fijen en la pinta ni en el pasado de los otros, algo propio de Estados Unidos.

A nuestro país le interesa de forma desmesurada qué dicen de él, a Estados Unidos, no. Alemania opina mal de la política estadounidense, y estos se preguntan: «¿y dónde está Alemania?». Es otro acercamiento al mundo. Puedes no compartirlo, pero te otorga una libertad tremenda (para ser responsable o para dejar la escoba, no hay que olvidarlo), es otra mirada al mundo (y no estoy calificando si conviene o no). Hay dos actitudes ante el mundo en este sentido: una que cuando actúa no puede hacerlo sin pensar en el qué dirán; otra que quiere ser lo que es y punto. Y cuando se asume esto último, se es la medida de todo lo demás y el modelo para todo lo demás, y se fortalece la seguridad en sí mismo y lo que haces, y se permite que la creatividad y diversidad afloren. Y eso implica mucha personalidad y también liderazgo innato.

M: Sin embargo, eso explica también los errores tan frecuentes de los norteamericanos en política internacional. Uno llega a preguntarse para qué tienen a la CIA, deberían jubilarlos a todos.

R: Claro, así es. A Estados Unidos le cuesta mucho entender el mundo y eso que no existe otro país en el planeta que muestre su diversidad racial y cultural.

M: Se trata de lo que tú dices, es una sociedad muy autocentrada y sin complejos, mientras que nuestra sociedad —y América Latina en general— es muy acomplejada por nuestra historia, que nos lleva a que nos corroan las rivalidades internas, porque uno quería demostrarle al otro que era más blanco, más de arriba, más europeo, más esto y lo otro, porque en el fondo sabíamos que éramos muy poco, unos pobres diablos que vivíamos en el fin del mundo. Por eso el ansia de aparentar y de mirar en menos a quien se pueda. Es un triste juego provinciano que todavía nos pena.

R: Todo eso es cierto, pero aquí estás conmigo, en este Chile que a veces cansa pero que de todas maneras queremos lo suficiente como para preocuparnos por sus cuitas, turbulencias y crisis, e incluso para querer jugárnosla por su futuro.

M: Así es, aquí estamos y eso dice más que mil palabras. Pero de parte mía requiere una explicación adicional. Como te decía, dejé Suecia después de treinta y cinco años viviendo allí y durante la segunda mitad de 2008 me fui a esa ciudad abierta y maravillosa que es Madrid. Fue una experiencia muy interesante en muchos sentidos y vivimos muy bien allí, pero lo que más marcó ese tiempo fue una serie de enfermedades graves que me afectaron desde comienzos de 2010.

Fueron de verdad las siete plagas de Egipto y todo esto culminó con un cáncer linfático descubierto en enero de 2011. Luego siguió la quimioterapia, la pérdida del cabello, todo lo que envuelve el cáncer y su tratamiento. Mi forma de enfrentarlo fue luchar para que no se apropiara de mi vida, que no me invadiese anímicamente, y para ello había que seguir adelante con la vida, como fuera, aferrándose a todo aquello que no es la enfermedad. Me dije: «Tengo una enfermedad, pero no estoy enfermo», lo que suena bastante raro pero que indicaba mi decisión de no claudicar y someter toda mi existencia al cáncer.

Así seguí, en la medida de lo posible, entre cura y cura de quimioterapia, dando clases y participando en conferencias. Incluso terminé mi libro sobre el pensamiento político de Mario Vargas Llosa, *Pasión por la libertad*, que fue presentado en mayo de 2011, algunos días después de la sexta y última cura de quimioterapia. Mario quedó terriblemente impresionado al verme llegar al Círculo de Bellas Artes de Madrid en ese estado. En Internet están las fotos del lanzamiento del libro donde comparto tribuna con Mario y Esperanza Aguirre.

R: Una forma extremadamente corajuda e inteligente de enfrentar la enfermedad. Tiene que haber sido un tiempo de mucha reflexión. Y créeme que me despierta admiración tu actitud y temple en esas circunstancias. Cada vez que escucho a alguien que sufre o sufrió de cáncer me acuerdo de un libro breve y maravilloso de la escritora alemana oriental, fallecida prematuramente de cáncer: *Leben wäre eine prima Alternative* (Vivir sería una fantástica alternativa, en traducción mía). Maxie Wander reflexiona sobre su enfermedad y la vida a partir del momento en que le diagnostican el cáncer. Dime, Mauricio: ¿tuvo la enfermedad algo que ver con tu acercamiento a Chile?

M: Mucho, te cuento de qué manera. Una enfermedad prolongada donde se te puede ir la vida cambia la existencia de toda persona. En mi caso me dio un fuerte sentido de la finitud de la vida, de la escasez del tiempo, de la implacable cercanía de la muerte. Por supuesto que todos sabemos que la vida es finita, pero tendemos a ignorar esa certeza y vivirla como si fuera infinita, como si aún tuviésemos un tiempo indefinido por delante.

Eso cambió radicalmente y así surgió la pregunta clave: ¿qué cosa importante me queda por hacer antes de que se acabe mi tiempo? Eso lo conversé mucho con Mónica, que fue como una roca a la cual me aferraba para que no me llevase el viento enloquecido de la enfermedad. Allí surgió, de a poco y con mucho sigilo al comienzo, nuestra vieja patria. Era una parte de nuestras vidas demasiado importante para quedar como una historia inconclusa, truncada. Hasta ese entonces mis visitas a Chile habían sido siempre fugaces, como evitando reavivar un fuego nunca extinguido del todo. Me hacía el sueco frente a mi viejo país y de ninguna manera lo dejaba hacerse relevante y cobrar presencia en mi vida. Pero no hay plazo que no se cumpla ni deuda que no se pague…

R: Ítaca, siempre Ítaca. También llevabas contigo el síndrome de Ulises, aunque ignorado, oculto, reprimido, pero latiendo allí, agazapado en un rincón de tu cuerpo y alma, esperando la oportunidad para llamarte al orden.

M: Seguro que tienes razón. Así que cuando me hube recuperado y concluí el encargo de cuatro años en el que me había comprometido, decidimos cerrar el capítulo español e irnos por un tiempo largo a Chile. Así que vivimos en Santiago de marzo a noviembre de 2013.

R: ¿Te fijas? Otra coincidencia en nuestras trayectorias: yo vuelvo a Chile en junio de 2013 a asumir como ministro de Cultura. Fue también mi retorno a Ítaca después de muchos años.

M: Ese tiempo de nueve meses fue suficiente como para reinsertarse, hacerse parte de la cotidianeidad, de los humores y los rumores chilenos, de su sentido del frío y del calor, tan distinto al nórdico, de sus penas y sus alegrías. Además, viajamos mucho, estuvimos en muchas partes y conversamos con mucha gente. También tuve la posibilidad de conocer más de cerca a Sebastián Piñera y la obra de su gobierno. De ello resultó mi libro *Conversando con Sebastián Piñera*, publicado en marzo de 2014. En fin, fue una inmersión profunda en lo chileno.

R: ¿No te sentiste medio ahogado en esa inmersión tan profunda? ¿No te vinieron esas tremendas ganas que yo siento a veces de alejarte de nuevo, de tomar distancia y respirar otros aires?

M: Claro que sí. Casi cuarenta años vagando por el mundo pesan y te dan siempre un sentimiento de estar aquí y allá simultáneamente. Y ese allá tiene mucha fuerza, que además crece cuando uno se enfrenta con esas facetas tan exasperantes de lo chileno que ya mencionamos.

Pero con Chile me pasa algo especial que tiene que ver con ese mimetismo que tú mencionabas. Yo entiendo perfectamente la sensibilidad del chileno y puedo mimetizarme completamente, hacer como que los cuarenta años fuera del país no fuesen nada, pero eso es una farsa, un engaño. En esa mimetización debemos dejar tanto afuera, que termina pesando demasiado. Pero ese es, obviamente, un problema nuestro y no de Chile. En ese sentido creo que este diálogo de conversos en el que estamos empeñados nos da una posibilidad de volver a nuestro país bajo nuestras condiciones, con nuestro relato, con todas esas facetas que hemos ido incorporando en nuestro peregrinaje y que nos son irrenunciables, ya que renunciar a ellas sería renunciar a una parte de nosotros.

Ulises puede volver a Ítaca pero jamás ser solo de Ítaca, y está por verse si Ítaca puede aceptarlo así. Ulises lleva su viaje encima, y no puede renunciar ni a su viaje ni a su Ítaca. Tiene que estar dividido y reencontrar así a su Penélope, ambos con muchos años más. Pero claro, Chile es una Penélope bien extraña, porque resulta que en vez de envejecer y hacerse más frágil, creció, se desarrolló, avanzó increíblemente y Ulises la mira hoy entre incrédulo y admirado.

R: Aunque de repente a Penélope le da por destejer todo lo que ha estado tejiendo.

M: Cierto, y quienes como nosotros vuelven y comparan el Chile de hoy con aquel que dejamos hace mucho, ese Chile pobre, mediocre y peleado a muerte consigo mismo, no entiende ahora qué le pasa. Parece increíble que a tantos chilenos de hoy se les haya venido en mente que hay que rehacerlo todo. Pero es que yo creo que en ese sentido nuestra mirada medio foránea es distinta de la del chileno normal, porque al no haber vivido en medio de esa evolución que ha llevado a Chile a ser la sociedad más próspera de América Latina, la apreciamos con más claridad y la valoramos con más fuerza.

Para los chilenos el progreso alcanzado se ha hecho normalidad, y de una manera natural acentúan lo que falta por alcanzar y no lo ya alcanzado. Están descontentos y surge una nueva generación que parte de lo ya logrado como algo dado y lo cuestiona todo. Pero así es el progreso, crea ingratitud hacia lo alcanzado porque nos abre el apetito por alcanzar mucho más. Lo importante eso sí es, como alguna vez te escuché decir, no tirar al niño con el agua sucia de la bañera.

R: Ese es justamente el gran peligro de nuestro momento actual.

M: Así es, y eso define un quehacer para nosotros y le da su contexto a este diálogo. Aquí podemos hacer algo significativo no solo para nosotros sino para esta patria que vive un fuerte síndrome de olvido y descuido. Olvido porque parece ignorar lecciones fundamentales de su historia. Descuido porque parece no entender que se puede perder lo alcanzado si no lo aprecia y cuida. Por eso tiene sentido estar sentados en este jardín maravilloso, hablando para nosotros pero sobre todo para otros.

Tal vez esta sea una forma de compensar las brutalidades que cometimos cuando jóvenes. Si así fuese, si lo que nos motivase fuese un sentido de reparación, sería muy legítimo, especialmente cuando estamos viendo que en Chile comienzan a pasar cosas que nos suenan ya conocidas. Y está lo que tú decías en el discurso que pronunciaste en el Encuentro Nacional de la Empresa, Enade, en 2014: «a los sesenta no estoy disponible para algo que se me parece mucho a los comienzos del naufragio nacional que sufrí a los veinte». Creo que es muy importante que este país no esté disponible para ello, y nosotros definitivamente no lo estamos. Sin embargo, hay muchos que parecen estarlo, algunos por juventud e inmadurez, otros por razones más recónditas que los psicólogos entenderán, porque se trata de gente que parecía muy razonable y que de pronto se ha puesto muy poco razonable.

R: Y creo que hoy estamos acá, en este Chile profundo de Olmué, bajo este parrón que nos cobija y brinda una sombra verde, porque de una u otra forma vinimos a arreglar esas cuentas del alma. Creo que es un asunto clave. El regreso a Ítaca del ser cosmopolita y globalizado es un regreso para intentar regresar, para ver si el regreso definitivo es posible, o si ya es muy tarde, si nosotros cambiamos demasiado o si el país cambió demasiado.

M: Un regreso para intentar regresar, eso me gustó.

R: Y eso te conduce a una reflexión natural sobre la identidad chilena, el ejercicio del poder en nuestro país, el rol de los partidos y las utopías políticas, la responsabilidad o falta de ella con que los actores participan y se mueven en esta gran nave que es Chile. Y al contemplar a mi país, me convenzo más de que la acción responsable de una ciudadanía solo puede venir de una ciudadanía bien informada y educada, consciente de sus derechos y deberes, dispuesta a jugar limpio, y no, cosa que ocurre hoy en Chile, donde «todo vale» para todos, de capitán a paje, sin diferencias sociales ni políticas.

M: Habiendo vivido en un país como España y estudiado bastante el caso argentino, no puedo estar más de acuerdo contigo.

España está hoy siendo destruida por su tolerancia, incluso ensalzamiento, de la pillería y la corrupción, esa «picaresca» tan alabada que hoy corroe a ese país como un cáncer que desestabiliza todas sus instituciones y su sistema político. Bueno, de Argentina ni hablar. La «viveza criolla» ha logrado lo que parecía imposible: impedir que un país con los recursos de Argentina no sea uno de los más prósperos de la Tierra.

R: Y mucho ojo: todo nuestro continente viene de «la picaresca» del barroco español, bebe de ella y la celebra, somos «pícaros». Pero hay otro aspecto que me gustaría mencionar: esta vida en el Jardín de Epicuro, en mi refugio profundo, sin el vértigo del eterno desplazamiento, me brinda condiciones paradisíacas para escribir. Es decir, me ofrece una paz y un espacio para generar ideas, plantearme interrogantes y respuestas, y estimula mi escritura. En ese sentido esto beneficia al alma escindida del nómada. Y al mismo tiempo brinda la posibilidad de opinar sobre los asuntos del país desde una perspectiva y experiencia distintas.

A menudo me preguntan si quiero entrar en la política parlamentaria en Chile, pero siento que mi ámbito no es ese y que ese ámbito está demasiado desprestigiado y corrompido. Y al mismo tiempo me pregunto qué le espera a Chile si todos pensamos de la misma forma y nos marginamos de la política por lo desprestigiada que está. En ese caso: ¿qué tipo de personas se interesarán y apoderarán de la política en Chile? No hay nada más poderoso en el mundo que la cofradía de los mediocres o corruptos, y si los jóvenes bien inspirados —de izquierda, centro o derecha— se mantienen al margen de la política, entonces nuestro futuro como país es negro.

M: Planteas algo muy válido, una especie de *to be or not to be* respecto de la participación política, y claro, el poder, como la materia, rechaza el vacío: siempre lo ocupará alguien, y si no lo hacen los mejores lo harán los mediocres, y si estos no lo hacen lo harán los peores, y esos, sin duda, no faltarán a la cita.

R: La patria como pedestal no como altar, diría Martí. Pero es cierto, como escritor no me interesa solamente mi próxima novela, las traducciones y los derechos de autor, sino también levantar la vista por sobre la cuartilla de papel o la pantalla y contemplar y evaluar lo que pasa alrededor, porque siento que, como escritor con muchos lectores, tengo una responsabilidad ciudadana particular. No significa que cuando escribo, intente crear una novela comprometida con un partido, pero sí que siempre estoy atento a lo que pasa en Chile, y esto por una razón sencilla: porque Chile me importa y el novelista aborda fundamentalmente el tema de las pasiones humanas y del poder.

Entonces la política es un tema que también me interesa como escritor. A menudo te llegan sugerencias: no te metas en política porque perderás lectores. Pero yo creo que el deber y la responsabilidad cívica están por encima de ese cálculo. Lo que no se debe, eso sí, es convertir las novelas de uno en panfleto político, como ocurría en los países socialistas, donde los escritores sufrían la censura y debían escribir ensalzando la construcción de la sociedad socialista. El resultado: ¿se acuerda alguien de cinco novelas o films de calidad producidos por el realismo socialista?

M: Eso es algo sobre lo que Vargas Llosa ha reflexionado mucho: el escritor comprometido con su realidad, no con un partido, pero que no confunde el árbol frondoso de la ficción, como él dice, con el áspero terreno de la realidad.

R: El novelista, como dije, se mueve entre dos grandes ejes: el de las pasiones humanas y el del poder. El interés por esos ámbitos lo lleva a uno a examinar en términos naturales las pasiones humanas y el poder en la realidad. Uno puede aportar gracias a su desplazamiento continuo, pero también porque a lo largo de ese desplazamiento adquiere sensibilidades y facultades que de otra forma no hubiese desarrollado. Y hay otro aporte, porque la memoria del escritor nómada es distinta a la memoria del escritor sedentario. Y el que se quedó acá, en su tierra natal, no tendrá otro mundo real que le provoque nostalgia y lo convoque, como sí nos ocurre a nosotros, que sentiremos esa nostalgia con independencia del lugar en el cual estemos. La nostalgia no se remite solo al pasado. Existe una nostalgia de futuro que es la utopía. En un sentido democrático y liberal, esa utopía no es totalizadora ni excluyente ni verdad revelada, sino una fuerza que invita a reflexionar sobre el tipo de país que soñamos.

M: Utopías a escala humana podríamos decir, pequeñas utopías provisorias que nos alientan en un viaje que para ir a alguna parte siempre necesita una idea de futuro.

R: La visión de un horizonte utópico general y esbozado en términos vagos —para no caer en las utopías precisas que devienen pesadillas— es responsable y diferente a la utopía autoritaria o totalitaria, que se caracteriza por su grado de precisión. Vemos ya desde *La República* de Platón los peligros que encierra una utopía precisa para la libertad individual. La nostalgia mira al pasado, la utopía al futuro.

La nostalgia adolece de mala memoria y tiende a la idealización. La utopía es peligrosa cuando se convierte en nostalgia por un futuro preciso. Esa utopía que tiene un sueño preciso confunde soñar ese sueño con la imposición del sueño. El escritor nómada, en cambio, duda, porque recorrer mundos diversos siembra muchas interrogantes productivas en el alma.

M: Nostalgia del futuro, ese es un punto interesante. La gente que no ha partido solo tiene nostalgia del pasado, de lo que alguna vez ocurrió en el lugar donde siempre ha vivido. El viajero tiene nostalgia del lugar en donde podría estar, donde podrían ocurrir otras cosas y podría vivir otras vidas.

R: Los alemanes tienen una palabra maravillosa para eso, se llama *Fernweh*. *Fern* es lejos, distancia, y *weh* es dolor. Es el dolor que causa la distancia.

M: Es un término maravilloso, y bien distinto de nuestra nostalgia, que también alude al dolor pero en este caso al que te producen las ganas de regresar.

R: Para cerrar, creo que debería dejar constancia de lo siguiente: por la experiencia que hemos tenido y por los espacios que hemos conocido en nuestro largo peregrinar, podemos comprobar y afirmar que no nos hemos olvidado de Chile y que Chile no nos olvidó. Y eso es lo que permite que en Chile se lean nuestros libros, nos inviten a dar conferencias y entrevistas. Es sorprendente que al regreso a Ítaca haya gente que desee escucharnos a pesar de que llevamos decenios fuera del radar local. Nosotros no nos hemos olvidado de Chile, y Chile no nos olvidó. Pese a la ausencia física, seguimos, como Ulises, presentes acá. Y cuando desembarcamos de la cóncava nave en la playa, aún había algunos que deseaban escuchar nuestro relato.

M: En eso tengo una visión algo diferente de la tuya. Yo creo que yo sí olvidé a Chile, con todo el engaño que eso implica, y que Chile también me olvidó, porque yo no me hice presente. Chile no podía no olvidarme. ¿Por qué iba, después de todo, a recordar a ese exmirista que un día cruzó Los Andes para irse a vivir a un rincón apartado del mundo cerca del Polo Norte y que hasta dejó de escribir en su lengua natal? Ahora, para mí lo interesante es haber podido reestablecer el lazo, volver a hacerse presente, relevante, y saber que ello depende de mí.

Más aún cuando creo que esa presencia puede aportar algo, y eso es extraordinario, cuando sientes que te dan esa oportunidad de significar algo. Así que en mi caso es más bien sentirse descubierto después del olvido, no como en tu caso, que estuviste presente con tus novelas. Yo para Chile estuve en Marte, y Chile empieza poco a poco a decir «este tipo escribe así, piensa estas cosas, hizo una vida interesante, llegó al Parlamento sueco, es un marciano, pero ese marciano nos habla y lo entendemos, porque ese marciano tiene un relato que algo tiene que ver con nosotros, que es una pequeña pieza del puzle chileno». Y es un regalo increíble sentir que tu palabra y tu historia sirven para algo.

R: Sin duda, es la mayor de las gratificaciones.

M: En Suecia hice lo que tenía que hacer, aporté lo que tenía que aportar, pero en el caso de Chile siento que esto está empezando, que se abre un espacio de significación, de relevancia para otros, especialmente gente joven como la que tan a menudo hemos encontrado este último tiempo. Eso es algo extraordinario y se agradece. Pero hay una cosa más: siento que mi aporte no debe limitarse a contar una historia, sino que también debe apuntar a lo que, a mi juicio, Chile tiene que hacer y cambiar para que no nos vuelva a ir mal. Porque eso no depende solamente de la fuerza que tengan los que plantean un peligroso sueño mesiánico de refundación del país, sino también de quienes debemos plantear una alternativa razonable, que no puede ser el inmovilismo porque en Chile hay, efectivamente, mucho que cambiar y mejorar.

En esto yo recupero la sensibilidad que a mí y a ti nos llevó a lo que nos llevó. Nos hicimos militantes por la justicia social y por la libertad, escogimos el peor camino posible para lograrlo, sin duda, pero creo que eso no debe apagar esa llama, esa pasión por construir un mundo mejor, esa rebeldía frente a todo aquello que innecesariamente oprime y empequeñece al ser humano. Ese ha sido un ethos o un talante de izquierda que debemos saber conquistar, porque las ideas de la libertad, para ser fieles a sí mismas, deben ser rebeldes y socialmente sensibles. En suma, estar lejos tanto de la resignación como de un ideal conservador que solo sabe contemplar el futuro a través del retrovisor.

R: No podríamos estar más de acuerdo.

M: Solamente una sociedad de oportunidades que potencie la libertad de todos puede estar protegida contra los mesianismos totalitarios, como bien lo prueba la experiencia de Estados Unidos, que siempre ha sido el cementerio de los utopismos socialistas y el suelo fértil del emprendimiento y la democracia. Ello dependió del hecho básico que le dio a Estados Unidos, especialmente a partir de la Guerra de Secesión, su característica decisiva: esa «igualdad de condiciones», como la llamó Tocqueville, de los *farmers*, el acceso masivo a la tierra que hizo de los proletarios europeos propietarios norteamericanos y que también le cambió la vida a quienes se quedaban a vivir y trabajar en las ciudades de Estados Unidos.

Fue el país de la igualdad de oportunidades y la libertad, y por eso floreció como ningún otro. Eso nos deja una gran lección y todo un programa de futuro a realizar: hermanar la libertad con la igualdad de posibilidades, así como también la autonomía individual con ese fuerte sentido de comunidad que aún impera en Estados Unidos. Esa es la base del culto estadounidense al éxito, al que triunfa, al que se enriquece, porque existe un sentimiento de vivir en una sociedad de oportunidades, meritocrática y abierta, tan distante de la nuestra.

R: Es cierto. He vivido casi quince años en Estados Unidos y mi impresión es que los estadounidenses tienen una relación sana con los exitosos y triunfadores, y con el concepto de *fair play* y de *to play by the rules*. Y no estoy idealizando, pero lo cierto es que si te sorprenden defraudando la fe pública o a las instituciones, las penas son tremendas, partiendo por las tributarias, pero para grandes y chicos. En Chile, en cambio, tenemos una relación complicada con el éxito ajeno: pensamos que el éxito o el triunfo del otro nos disminuye, que es un logro a costa nuestra; en Estados Unidos, en cambio, se cree que el triunfo del otro te beneficia, y ojalá sea contagioso.

M: En Chile ha faltado eso: la legitimidad del éxito y la riqueza, y ha faltado porque nuestra sociedad, como todas las de América Latina, fue construida sobre la opresión de unos sobre otros: conquistadores y conquistados, los europeos y los demás, latifundistas y peones, los «señores» de arriba y los «rotos» de abajo. Ese ha sido nuestro universo social y nos ha lastrado como sociedad. Por eso nunca hemos llegado al desarrollo, porque demasiados no han tenido las posibilidades para realizar sus talentos y sus sueños. Y si bien mucho ha mejorado, todavía nos lastra la desigualdad, porque no se basa en lo ganado en buena lid, sino en una lid en la cual entramos bajo condiciones radicalmente distintas, y eso no puede dejar de generar un sentimiento de injusticia y un deseo de revancha, de quitar y destruir. Eso fue dramática y fatalmente cierto en los años de nuestra juventud, pero aún hoy sigue latiendo y se manifiesta con mucha fuerza en nuestros debates sobre la desigualdad.

R: Qué duda cabe de que en todo ello tenemos una gran tarea pendiente y de cómo la enfrentemos dependerá mucho de nuestro futuro. Si ignoras las tareas que te plantea una sociedad en un momento, se vengan más tarde de ti y te pasan la cuenta, como individuo, partido, institución o país. Un liberal debe estar atento a la tradición cultural liberal, o a las tradiciones, mejor dicho, pero también al pulso del mundo donde vive.

M: Por eso es que no hay nada más perjudicial para nuestras ideas que la indolencia y la indiferencia frente a la pobreza y la falta de oportunidades de muchos. Para mí no es éticamente aceptable que solo algunos puedan gozar de las oportunidades que da la libertad mientras que tantos otros, por haber tenido mala suerte en la lotería del nacimiento, vean castradas sus posibilidades vitales. La indiferencia frente a ello no tiene nada de liberal y sí mucho de egoísmo.

R: Hay un concepto que usó mucho el expresidente George W. Bush, de quien fui crítico en mis columnas de la época, que me gustaría rescatar en parte y llenar de contenido para Chile desde el punto de vista liberal: *compassionate conservadurism*, que es de Doug Weade, pero que en Estados Unidos han hecho suyos republicanos y demócratas. Allí hay una vertiente a mi juicio muy interesante: lo de «*compassionate*» que apunta a lo social, pero no desde lo estatista, patriarcal o caudillista, sino como convicción social profunda, como sensibilidad que puede o debe palpitar en un agnóstico o religioso que se identifique con el liberalismo.

M: Algunos dicen: «Hay que preocuparse de los pobres porque si no se van a hacer comunistas». Esta forma de pensar me resulta profundamente inmoral. A mi juicio hay que ocuparse de los pobres porque son pobres y no por una supuesta amenaza política, porque a mí me molesta y me parece injusto que haya gente que nazca con las alas cortadas. Ese es mi liberalismo, rebelde y nada de conservador, basado en la idea de una libertad que se comparte a través de una solidaridad que crea las condiciones que la hacen posible para todos. Además, como la historia lo muestra repetidamente, esa es la mejor forma de alcanzar el progreso material y la cohesión social.

R: Allí estamos ya apuntando hacia la última parte de nuestro diálogo: cómo vemos el país hacia el futuro. Al respecto creo que cualquier reflexión sobre el futuro de Chile debe partir de la convicción de que la situación especial que se dio en Chile desde el 2011 indica que, si bien hay un respaldo mayoritario a los principios esenciales que articulan el Chile de hoy y le han traído prosperidad como nunca antes, también la gente siente la necesidad de que algunas cosas se modifiquen, se reparen, se perfeccionen, se fiscalicen o cambien.

Yo, por ejemplo, tengo claro el tema con respecto a las empresas abusadoras, porque es evidente que muchos sienten que se abusa de ellos y eso alimenta un resentimiento que emponzoña la atmósfera del país. Pero, ojo, no se trata solo de algunas grandes empresas que abusan, no. Se ha generalizado la cultura del abuso, del «pillo» que dices tú, que comprende desde ciertas grandes empresas a ciertas empresas medianas y pequeñas, y que llega incluso al maestro que te hace reparaciones en casa, al mecánico que te trampea con un repuesto, al frutero que te cuela fruta mala, y por lo cual no responde nadie y, lo que es peor, se considera legítimo, un rasgo positivo del carácter nacional: la supuesta «viveza».

Hay, entonces, un nivel de indecencia y deshonestidad alto, frecuente, pero no total, porque a mi juicio Chile no es un país corrupto, pero sí uno donde cada vez hay más corruptos. Todo esto alimenta la sensación de impotencia porque las penas nunca son significantes y la sensación de que todo está putrefacto, porque todos hablamos mucho de ello. Los empresarios, y me refiero a todos, deben tener una cosa muy clara: no existe la posibilidad de que, a partir de cierto número de abusos, el consumidor en Chile pueda interpretar el abuso en forma diferenciada. Por el contrario, cunde la impresión, terriblemente dañina, de que todos abusan, todos.

M: Eso es lo que actualmente estamos viviendo con una intensidad inusitada; la generalización ya está hecha y abarca, prácticamente, a toda la elite dirigente del país. Esto es extraordinariamente grave ya que abre las puertas para un desarrollo político impredecible.

R: Lo que prima es la generalización, en que pagarán justos por pecadores, pero no solamente en el sentido de las empresas, porque incluso todo lo que se llama el «modelo» (palabra bien complicada) también va a «pagar el pato». Esto necesita con urgencia —por desgracia nuestros políticos no están a la altura de las circunstancias, al menos ante los ojos de la ciudadanía— de una acción política responsable y de envergadura, sobre todo de aquellos que piensan que Chile ha avanzado como nunca antes en los últimos tres decenios, y que ese avance es imposible de ser emulado por una sociedad organizada en torno al estatismo o el populismo, como Cuba, Venezuela o Argentina. Allí hay un cambio muy importante que hacer.

M: A partir de esa observación podemos pasar a reflexionar en una perspectiva más latinoamericana, proyectando nuestro diálogo hacia un conjunto de experiencias que, a pesar de su gran disimilitud, comparten algunos rasgos importantes que permiten hacerlas parte de una historia común.

IV

EPÍLOGO LATINOAMERICANO

M: Ha pasado apenas un par de meses desde el lanzamiento de *Diálogo de conversos* en Chile y ya nos vemos ante el desafío de reelaborar su parte final con vistas a una edición latinoamericana. Esto nos brinda la oportunidad de reiniciar nuestro diálogo, ahora que el verano ha vuelto a Olmué y el parrón nos acoge nuevamente bajo su sombra generosa.

R: Así es. El libro ha tenido una acogida que ha superado con creces nuestras expectativas y no solo en Chile, donde ya cuenta con cuatro ediciones, sino incluso a nivel latinoamericano, tal como lo muestran, entre otros, los elogiosos comentarios de Mario Vargas Llosa y Carlos Alberto Montaner. Ello nos indica que la temática que hemos abordado tiene una validez que va más allá de las fronteras chilenas y que motiva una edición de *Diálogo de conversos* dirigida a un público más amplio y diverso. Eso nos brinda, además, un punto de partida natural para la continuación de nuestro diálogo.

M: Es evidente que nuestro recorrido desde la desmesura de la utopía redentora a la sobriedad del pensamiento liberal es parte de un gran fenómeno, no solo latinoamericano sino mundial, que se produce después del reflujo de la gran marea revolucionaria de los años sesenta. Fue, sin duda, un Zeitgeist mesiánico que remeció al mundo en aquellos años, yendo desde la Revolución Cultural en China y las grandes ofensivas comunistas en Vietnam hasta las revueltas juveniles europeas que

culminaron en el célebre mayo de 1968 y la insurgencia guerrillera latinoamericana encarnada por Che Guevara. Tiempos
exaltados, durante los cuales se sembraron sueños para luego
cosechar desilusiones, dictaduras de todo tipo y muertes. Los
Campos de la Muerte de la Camboya comunista fueron un
epílogo dantesco de esa época revolucionaria, recordándonos,
una vez más, el terrible precio en vidas humanas que conllevan
los intentos radicales de rehacer el mundo y recrear al hombre.

El final de la ilusión revolucionaria comunista fue igualmente espectacular, con sus puntos más culminantes en el
derribamiento del Muro de Berlín en 1989, el subsiguiente
colapso de la Unión Soviética y las reformas económicas pro
mercado en China y Vietnam, que dieron paso a un progreso
sin paralelos en la historia de la humanidad. Fue, a su vez, un
término inesperado y abrupto de la Guerra Fría que en América Latina se manifestó a través del reflujo tanto de las dictaduras de derecha como de la insurgencia armada comunista,
que finalmente quedó reducida a ese «narcocomunismo» de
hoy que debe ser, junto a los populismos representados por el
peronismo y el chavismo, uno de los aportes más sui géneris de
nuestra región al universo político internacional. En todo caso,
tal como tú lo has dicho, vivimos no solo en un Chile sino en
un mundo de conversos, es decir, de gente que ha reflexionado,
aprendido de la historia y cambiado.

R: Aquí, con respecto a lo que planteas, me surgen dos preguntas cruciales: ¿qué nos dejaron como continente esos tiempos
tan exaltados, febriles, dolorosos y frustrados, y cuántos conversos parió ese fracaso revolucionario internacional entre quienes abrazaron en América Latina las ideas redentoras, por usar
un concepto del historiador liberal mexicano Enrique Krauze?
Porque en Asia hubo sombras tenebrosas pero al mismo tiempo luces: Corea del Norte y Corea del Sur, por ejemplo, o la
China de Mao y la China actual, que combina dictadura de

partido con economía de mercado, o el Vietnam del Norte y el Vietnam actual, que muestra un proceso de transición económica hacia lo que denomina economía de mercado socialista. ¿Qué nos dejó como América Latina ese período, más allá de un castrismo fracasado en lo económico, social y político, aunque exitoso en lo represivo, y un sandinismo y un chavismo que son hoy caricaturas de lo que se propusieron y que no lograron ni siquiera levantar bases para que gobiernos sucesivos pudieran construir sobre ellas y propiciar el desarrollo? En realidad, el balance es tan desolador que terminó por destruir el appeal del socialismo y por promover el populismo desenfrenado, que promete solo más derrotas para América Latina.

M: Los conversos latinoamericanos tienen historias muy diferentes, marcadas por la evolución de sus respectivos países y por sus vivencias personales, pero con un fondo común. Somos hijos de un mismo tiempo y venimos de una ilusión común. Ya sea con las balas o con los votos, o con ambos, todos compartimos el sueño embriagador de la recreación del mundo y del hombre nuevo.

Creo que el impacto de la Revolución Cubana y luego, en menor medida, del maoísmo, fueron clave en todo esto, desbordando por doquier a la izquierda marxista más tradicional, en especial a los partidos comunistas pro soviéticos. La visión de esos partidos, que proponía una «larga marcha» hacia el poder subordinada a los intereses estratégicos de la Unión Soviética, fue desafiada con éxito por el empuje voluntarista del castrismo-guevarismo. Chile fue uno de los países en que el Partido Comunista resistió mejor a ese embate de la «ultraizquierda», para usar la terminología de entonces. Pero incluso en nuestro país el proceso histórico terminó dominado por el afán revolucionario inmediato y, con el tiempo y ya bajo la dictadura, también los comunistas chilenos se sumarían al carro guerrillerista cubano.

R: El Partido Comunista chileno, el más poderoso e influyente (y hoy determinante en el segundo gobierno de Michelle Bachelet) de América Latina después del cubano, ha sobrevivido porque jugó a partir de mediados de los setenta a dos bandas. Por una parte, enarboló la vía pacífica para imponer el socialismo en Chile bajo Salvador Allende (1970-73), que fue su postura tradicional, y, por otra parte, después de 1975 apuesta por la vía armada, creando un cuerpo militar formado por las Fuerzas Armadas Revolucionarias (FAR) de Cuba y los aparatos de inteligencia de otros países comunistas. Cuando Chile recupera su democracia, el PC ya había cancelado la vía armada para derrotar a Pinochet (entre otras razones, porque el ala «militar» se había independizado, creando el Frente Patriótico Manuel Rodríguez) y se volvió a ubicar en su vieja tradición legalista. Sospecho que la vigencia hoy del PC chileno (partido con 5 a 7 por ciento del electorado) se debe a que puede exhibir las dos tradiciones: una que proyecta usando la imagen mítica de Salvador Allende y la así llamada «vía pacífica al socialismo», y otra que invoca los actos de violencia realizados bajo la dictadura de Pinochet o que defiende el vínculo oficial con la narcoguerrilla de las FARC de Colombia. Mediante esta dialéctica «unión de los contrarios», el PC chileno proyecta un mensaje que a ratos es reformista y en otros instantes rupturista e incluso revolucionario.

Desde luego que estos pasos contradictorios fueron creando desafectos como también los creó el conocimiento del fracaso económico, político y social de los socialismos reales. Recuerda que el PC chileno conseguía en 1973 el 16 por ciento de los votos y hoy llega a duras penas al 5 o 7 por ciento, lo que te sugiere el nivel de desencanto con sus propuestas. Entre los desencantados, la mayoría se fue para la casa, decepcionada, desmotivada y guardó silencio, avergonzada de su propio fracaso. Otros, a pesar de tener conciencia de que el socialismo era inepto, optaron por seguir creyendo en él por razones diversas. Y hay otro grupo, como nosotros, que hace una evolución política e intelectual, de escasa tradición en América Latina, pero poderosa en Europa y Asia, que los lleva lejos de la utopía comunista y los acerca a las ideas liberales. Creo que la posición conservadora, esa de atarse al destino de lo que era y es el castrismo, contribuyó a consolidar el pensamiento dogmático en la región.

M: Quisiera entrar ahora, más derechamente, al tema de los conversos latinoamericanos. Tal como apuntaba antes, la arremetida revolucionaria latinoamericana tuvo que ver con el impacto de la Revolución Cubana y por ello es natural que el surgimiento de los conversos también arrancase de ese fenómeno o, más concretamente, de la desilusión con sus deslumbrantes promesas. La deriva dictatorial de Castro y su régimen es, en sí, muy temprana, pero fue justificada y aplaudida por la nueva izquierda y, no menos, por su amplio entorno de corifeos intelectuales, artísticos y políticos. La resistencia a ver lo que ya era evidente fue notable y partía de ese deseo ardiente de ver realizado ese sueño redentor que tanta ceguera produce, fuera de la presencia de la terrible idea de que el fin revolucionario justifica cualquier medio.

Esto, por cierto, no es nada nuevo. La ceguera ideológica es una enfermedad virulenta y difícil de curar, y esto, hay que recordarlo, no solo vale para los partidarios del comunismo. Baste en este caso nombrar a toda esa pléyade intelectual, para no hablar de los militantes revolucionarios, que visitaba la Unión Soviética, incluso bajo los peores tiempos del estalinismo, y volvía cantando loas a las maravillas del humanismo socialista. Pero también los visitantes del otro socialismo, el nacional-socialismo, eran legión y sus cánticos al Tercer Reich no eran menores. En fin, en nuestro caso ya a comienzos de los años setenta hacen su aparición pública, y muy sonada, los primeros grandes conversos latinoamericanos, tal como en la década de 1930 había aparecido esa primera generación de conversos, desencantados con la Unión Soviética, que tan bien representan Arthur Koestler, André Gide, Jan Valtin e Ignazio Silone. En el caso latinoamericano, la figura descollante es Mario Vargas Llosa, que en 1971 se pone a la cabeza de un importante grupo de destacadísimos intelectuales y artistas que denuncian la deriva totalitaria del castrismo a propósito del encarcelamiento, vejación y posterior «autocrítica» de quienes, como lo has relatado, incidirán de manera decisiva en tu evolución: el poeta Heberto Padilla y su esposa, la poetisa Belkis Cuza Malé. Con fecha 20 de mayo de 1971, Vargas Llosa dirige una carta abierta de protesta al dictador cubano que, además de la suya, llevaba la firma de, entre otros, Simone de Beauvoir, Italo Calvino, Marguerite Duras, Carlos Fuentes, Juan Goytisolo, Alberto Moravia, Pierre Paolo Pasolini, Juan Rulfo, Jean-Paul Sartre y Susan Sontag. En la carta, que es de redacción de Vargas Llosa, los firmantes expresan su «vergüenza» y su «cólera» ante «el contenido y la forma de dicha confesión, con sus acusaciones absurdas y afirmaciones delirantes» que «recuerda los momentos más sórdidos de la época del estalinismo, sus juicios prefabricados y sus cacerías de brujas». De allí en adelante, Mario ha sido la «bestia negra» de la tribu «progresista» latinoamericana que, con García Márquez a la cabeza, eligió continuar con la ceguera y la pleitesía al tirano revolucionario. En todo caso, el camino de los conversos latinoamericanos había quedado abierto.

R: Plenamente de acuerdo con lo que esbozas, yo agregaría unas pinceladas. Para mí los modernos conversos europeos comienzan con la crítica a la Rusia soviética y después a la Unión Soviética y sus satélites europeos. Creo que es importante mencionar en este sentido a Walter Benjamin y su descripción del Moscú de los primeros años soviéticos, donde ya manifiesta cierta decepción en su diario moscovita. Y en el caso de la RDA, país donde viví durante casi cuatro años, está el aporte extraordinario y lúcido de intelectuales como Wolfgang Leonhard, Robert Haveman y Rudolf Bahro, e incluso de Stefan Heym y Wolf Biermann. Y, desde España o Francia, es de un valor incalculable en lo político y estético el aporte de Jorge Semprún. Y en mi experiencia cubana resultó clave la visión previsora, lúcida y valiente del poeta y amigo Heberto Padilla, que fue capaz de desafiar al castrismo en la isla y desde el exilio, desde la vereda de la cultura y la política, con un pensamiento que, a mi juicio, era agnóstico y liberal. Aquí prefiero remitirme a mis memorias *Nuestros años verde olivo*, en las que describo mi relación de amistad y de discípulo-maestro con Heberto Padilla. Nadie me enseñó más sobre socialismo real que aquel poeta y amigo entrañable.

Dentro de la disidencia germano-oriental se perfilaron fuerzas que, viniendo del marxismo-leninismo, o bien de las Iglesias cristianas, esbozaron el sueño de un orden democrático, libre y con un poderoso rol estatal, alternativa que se nutría también de la experiencia de Europa occidental. En la disidencia se da el pensamiento converso, y yo tiendo a situar en esta perspectiva al presidente alemán, Johannes Gauck, e incluso al maestro de espías, Markus Wolf, en sus últimos años. No quiero que me malinterpreten; estos últimos son grados distintos de conversión y crítica al estalinismo, pero contribuyen a la elaboración de un pensamiento que tiene el antitotalitarismo como común denominador.

M: Yo ya he relatado la importancia que para mi evolución personal tuvieron personas como Mario Vargas Llosa o ese conjunto de intelectuales españoles, como Jorge Semprún o Fernando Claudín, que estaban elaborando una visión cada vez más crítica del comunismo, ya sea como realidad o como utopía. Pero aquí hay algo propio de América Latina que en gran medida complica e incluso trunca la evolución hacia el liberalismo de muchos conversos. Me refiero a esa fatídica mezcla de reformas económicas liberalizadoras y métodos dictatoriales, como ocurrió en el Chile de Pinochet o en el Perú de Fujimori, o simplemente mafiosos, como en la Argentina de Menem, que terminó, con la complicidad activa o pasiva de muchos así llamados «liberales», desprestigiando completamente las ideas de la libertad en nuestra región.

Surgieron así aquellos engendros que incluso Hayek llamaría «dictaduras liberales» y que aún nos pesan. Renació de esa manera la vieja idea latinoamericana del «gendarme necesario», usando la célebre expresión del venezolano Laureano Vallenilla Lanz, para abrirle las puertas al progreso y la libertad plena, es decir, ni más ni menos que una versión seudoliberal de la perversa idea de que el fin justifica los medios. Se trató de un liberalismo mutilado y dispuesto a negociar con unas libertades (las políticas y civiles) a fin de obtener otras (las económicas) de una manera extremadamente lamentable.

R: No podemos dejar de destacar el rol, la influencia y la riqueza del aporte de Mario Vargas Llosa al pensamiento liberal mundial y a nuestro propio desarrollo individual. En ese sentido, Vargas Llosa es un maestro esencial y su obra ensayística y de columnas son imprescindibles para captar la amplitud y radicalidad de su humanismo y liberalismo. Y creo que tú has proyectado de forma precisa su pensamiento a través de tu libro *Pasión por la libertad,* que lleva como adecuado subtítulo *El liberalismo integral de Mario Vargas Llosa.*

Ahora, uno como liberal tiene un desafío mayor: establecer el deslinde entre ser liberal en el sentido valórico, político, económico, como actitud ante la vida, y quienes se declaran liberales solo en un sentido, el económico, como tú lo mencionas. Esto último lleva a una caricaturización del «ser liberal» que, por lo demás, la izquierda emplea para confundir y sacar provecho en la batalla de las ideas. Por eso debemos intensificar nuestra defensa de las ideas liberales en su conjunto, y recordar que tanto el nacionalsocialismo como el comunismo, los dos principales totalitarismos del siglo XX, son antiliberales, como antiliberales son todos los fundamentalistas de derecha e izquierda. No, el liberalismo nada tiene que ver con dictaduras de signo alguno, y es la visión de mundo que, por su defensa intransigente de la libertad, más repulsa causa a dictadores de derecha o izquierda.

M: Esto hay que recalcarlo con mucha fuerza, ya que este coqueteo «liberal» con las dictaduras y los corruptos de los años noventa es, y será por mucho tiempo, nuestra cruz. Afortunadamente tenemos a figuras como Mario Vargas Llosa que nunca transigió con esta visión mutilada y vergonzosa del liberalismo, defendiendo, en cambio, un liberalismo integral que, siguiendo la inspiración señera del gran Albert Camus, nunca le hace concesiones a tiranía alguna y se rebela contra toda opresión, sea cual sea el principio, la ideología o la utopía con la que se la quiera justificar.

R: «Libertad, cuántos crímenes se cometen en tu nombre», como dijo Madame Roland en 1793 a propósito del terror jacobino. Y es cierto lo que tú dices. Durante mucho tiempo una gran cantidad de gente mantuvo secuestrado el concepto de libertad y liberalismo, y muchos de nuestros esfuerzos hoy están destinados en América Latina a recuperar el concepto en su sentido amplio, original y verdadero, y en desvincularlo del uso y abuso que se hizo de él. No se trata de crear un liberalismo dogmático, único y monolítico, sino de establecer los límites frente a quienes postulan un liberalismo en lo económico, pero pueden vivir perfectamente sin libertad política. Eso no es liberalismo, y la mejor prueba es lo que ocurre hoy en China y Vietnam, y lo que se avecina al parecer en Cuba: el Partido Comunista férreamente en el poder, pero libertad para que, en ciertos marcos, funcione una suerte de libre mercado. Y sería tan condenable dejar de criticar esas dictaduras por sus reformas económicas como lo fue la complacencia con las dictaduras libremercadistas latinoamericanas.

M: Bueno, ya hemos entrado de lleno en el tema del liberalismo en América Latina. Estamos hablando desde un intento autocrítico por comprender por qué se hace tan cuesta arriba defender y, más aún, popularizar las ideas liberales en nuestra región. Creo que a lo anterior —esa tentación dictatorial a la que sucumbieron personas que a su vez se decían liberales— hay que sumarle otros aspectos importantes. Me refiero a lo que, a mi juicio, es una seria falta de compromiso social genuino con los más desfavorecidos, es decir, a la ausencia de una concepción liberal más solidaria, más rebelde y más crítica respecto de los problemas de la libertad. Sobre ello quisiera extenderme un poco, ya que es un aspecto vital para el futuro del liberalismo en una región, como la nuestra, tan plagada todavía por la pobreza y unas desigualdades lacerantes, y por ello tan susceptible a dejarse embaucar por los caudillos populistas o el redistribucionismo socialista, que iguala achatando, limitando y no ampliando la libertad de todos.

A mi juicio, la libertad individual no es el único valor que los liberales deben considerar y apreciar, pero sí aquel que es determinante para establecer nuestra escala de prioridades y darle sentido a los equilibrios valóricos que propongamos. Nuestro fin debería ser alcanzar la mayor libertad posible para la mayor cantidad posible de personas. Ello nos plantea una doble exigencia clave: aumentar la libertad y, simultáneamente, la cantidad de individuos que puedan gozar de ella. La libertad absoluta del autócrata es inaceptable, ya que se basa en la falta de libertad de todos los demás. Tampoco es aceptable una libertad solo de algunos, ya sea por derecho o de hecho.

La limitación de derecho, es decir, por un orden jurídico que solo le concede la libertad a algunos, es fácilmente repudiable. Sin embargo, la privación de la libertad de muchos por razones fácticas es mucho más controversial y, desde mi punto de vista, clave para la consideración de una sociedad como justa. Se trata, simplemente, de que el ejercicio de la libertad —la libertad realmente existente y no solo jurídicamente reconocida— requiere de una serie de capacidades y recursos de los que no todos disponen.

R: Esta línea de pensamiento es aquella asociada con el premio Nobel Amartya Sen y su idea del desarrollo como expansión de la libertad lo que, a su vez, requiere del acceso universal a ciertos derechos, recursos y capacidades. La libertad tiene una dimensión social, como dice Sen, y una comunitaria, como destaca Jesse Norman, que no pueden desconocerse, y presupone la existencia de una «sensibilidad social liberal» frente al destino particular de los seres humanos. La libertad debe vivirse, no solo definirse teóricamente. Lo segundo nos prepara para un debate de elite, lo primero nos permite enraizar profundamente la libertad en una sociedad.

La peor pregunta que un pobre puede hacerle a un liberal teórico es ¿y qué hago con esa libertad tan abstracta e inaccesible que me propones? Siento que en ese sentido a menudo nos falta conocer la «práctica» de aquellas circunstancias sociales en que la libertad se hace impracticable, una quimera inalcanzable que puede volverse burla cruel. Lo explico esto mediante la pobreza: una cosa es conocer las estadísticas sobre ella y otra vivirla o conocerla de cerca. Lo primero puede contribuir, en el mejor de los casos, a establecer estrategias adecuadas para solucionarla, lo segundo contribuye a conocer un drama humano a partir del cual elaborar un relato auténtico y un sueño de futuro justo.

El riesgo que corremos es abordar la libertad desde lo conceptual, teórico y académico, olvidando que la libertad no es solo una condición marco, sino que también debe ser una experiencia vital, conmensurable y vivible, algo por lo cual se lucha no simplemente por razones conceptuales, sino también porque es una forma concreta de vivir, soñar y progresar. Creo que mientras en América Latina no asumamos, sin complejos, esa otra dimensión de que hablan Sen y Norman, nuestras ideas, aunque saludadas por muchos, no lograrán convertirse en «carne social», no conquistarán ni el intelecto ni menos el corazón de la gente.

Existe también una dimensión histórica de la libertad, así como existe una dimensión histórica de los derechos y deberes en una sociedad. Es peligroso cuando ignoramos esa dimensión, cuando no valoramos que así como aumentan y se enriquecen las posibilidades de consumo, también aumenta el nivel de las expectativas que una sociedad justa debe resolver. No es lo mismo lo que hoy consideramos justo que aquello que considerábamos justo como región en 1960. Hay aquí una relación entre ser humano y naturaleza, por ejemplo, que ha cambiado a lo largo de la historia. Creo que el marxismo nos parece hoy fuera de lugar no solo por sus fracasos estrepitosos en la materialización de los socialismo reales (recordemos que para Marx la praxis era la piedra de toque de la verdad), sino también porque en Marx no estaba presente la dimensión de la naturaleza como un bien finito, ni la de género, ni menos la del desarrollo infinito de las fuerzas productivas bajo el capitalismo. Esa constelación de factores liquida al marxismo como alternativa real para la construcción de una sociedad viable.

M: Definitivamente, el marxismo es una utopía arcaica, hija de un industrialismo primitivo, cuyo ideal, como Engels lo dice explícitamente, era la fábrica del siglo XIX, o, como para Lenin, la de comienzos del siglo XX. Por eso llegó a decir que el socialismo era la fábrica al estilo Ford, el «fordismo», más el poder soviético. Pero volviendo al liberalismo, nuestro punto de vista nos lleva a la necesidad de definir con claridad, o sin complejos como tú dices, una responsabilidad social, colectiva, por la realización de ese acceso universal a las condiciones que hacen posible la libertad. Eso le da una connotación política, pero no por ello estatista, a esta responsabilidad porque a nadie le falten, por motivos ajenos a su voluntad como ser la lotería del nacimiento, esas condiciones básicas que posibilitan la libertad. Esta línea de pensamiento me aleja de aquellos liberales que solo aceptan lo que se ha llamado «libertad negativa», que es la libertad de que otros interfieran en tu vida, y me acerca al liberalismo que acepta la idea de la «libertad positiva», es decir, como derecho a algo que otros o la sociedad en su conjunto deben proveer cuando alguien, sin mediar su voluntad o accionar, carece de ello. Sé muy bien que esto espanta a ciertos liberales, pero a mí me espanta mucho más la falta de libertad real de tantos y la indiferencia ante ello de tantos otros.

En *La riqueza de las naciones*, Adam Smith plantea un liberalismo que va en esta línea al ampliar las tareas legítimas del estado —o del soberano, como él dice— no solo a la defensa nacional y la administración de justicia, sino también a asegurar la construcción de infraestructura y la provisión de educación básica para aquellos que no puedan proveérsela mediante sus propios recursos. Esto último lo destaca Smith en el Libro V de su célebre obra en relación con los efectos negativos —embrutecedores y atrofiantes para el desarrollo humano como Smith dice— de aquella división del trabajo que él, al mismo tiempo, veía como la clave del progreso. Esto lo señalo porque ejemplifica una visión liberal que para nada considera cosas como el mercado o el progreso como una especie de utopía donde todo es color de rosa. Creo que es vital recuperar ese liberalismo no solo crítico para con otras ideas y propuestas, sino capaz de ver las deficiencias y problemas en los ideales y el desarrollo que propone. Quien no vea eso en América Latina le hace un flaco favor al liberalismo, condenándolo a ser una especie de secta exótica no solo aislada sino insensible respecto de su entorno social.

R: Ese sentido autocrítico y de modestia frente a las soluciones que se proponen es algo que he echado de menos en cierto liberalismo que a veces parece tan utópico como el comunismo. El progreso hacia una mayor libertad para más y más personas debe ser visto desde una perspectiva «popperiana», es decir, como un proceso de prueba y error, donde cada ampliación de la libertad puede traer nuevos dilemas y donde las intervenciones del Estado no deben ser estigmatizadas a priori. Es decir, no debe tratarse de hacer actos de fe ni propugnar dogmatismos nuevos para reemplazar a los antiguos.

M: Lo anterior nos lleva a un asunto de la mayor importancia: la necesidad de recuperar el valor de la igualdad para el pensamiento liberal, es decir, a un intento liberal por compatibilizar y reforzar mutuamente los dos conceptos o ideales que tanto han dividido al pensamiento político moderno: la libertad y la igualdad. Esto se puede lograr, a mi juicio, mediante el concepto de igualdad básica de oportunidades, lo que hace de la economía de mercado una economía social de mercado o, incluso, una economía solidaria de mercado. Esa es, a mi juicio, la propuesta con la que podemos ganar la batalla más importante de todas, aquella por la definición de lo que es una sociedad justa.

Porque no podemos pretender que sean justas unas sociedades como las nuestras, donde una gran cantidad de niños, sin culpa alguna, ve frustradas sus posibilidades de desarrollar sus potencialidades y, con ello, tener pleno acceso a la libertad que se merecen porque les faltan las condiciones para ejercerla. Y eso no solo es injusto, es decir, éticamente condenable en una sociedad que ha dejado atrás la pobreza generalizada, sino ineficiente, ya que de esa manera nos privamos como sociedad de una gran cantidad de talentos que nunca estarán disponibles ni llegarán al mercado porque simplemente se frustrarán. Esto para mí es absolutamente decisivo y si no lo enfrentamos con convicción, entonces se impondrán las propuestas socialistas y populistas de igualación de resultados e intervenciones estatales cada vez más amplias que coartan la libertad de todos. Hay que entender que los socialismos y los populismos no surgen por casualidad y que nada hay más peligroso que dejar que los enemigos de la libertad se apropien del descontento que necesariamente se genera en sociedades donde muchas veces la libertad ha sido más el privilegio de algunos que el derecho de todos.

R: Esto dice relación con desafíos sociales ante los cuales hay que actuar con premura y fortaleciendo la libertad positiva, porque, como dijo Juan Pablo II en su momento, la gente no puede seguir esperando. Es indudable que estamos en una época de desafíos y potencialidades inéditas, que solo puede enfrentarse *thinking out of the box*. Mantener una postura dogmática e inflexible en la búsqueda de soluciones solo acarrea frustraciones y castigos políticos. La ventaja del liberal radica en que no se ata a dogmas ni se atemoriza ante las tremendas fuerzas que desata la iniciativa individual para resolver estos problemas, como sí les ocurre a los estatistas del nivel que sean. ¿Pero implica lo que estás proponiendo una ampliación del estado para hacerse cargo de esa cobertura universal de los recursos básicos —como la educación y la salud— para permitir el ejercicio de la libertad?

M: En absoluto. La responsabilidad social o colectiva no implica que su realización o implementación deba hacerse mediante el estado. Debemos asegurarnos de que todos aportemos —mediante impuestos, pero también fomentando los aportes voluntarios— los recursos que hagan posible que a nadie le falten esas condiciones básicas, pero esos recursos deben ir a empoderar a quienes los necesiten y a asegurar su libertad de elección mediante una diversidad de proveedores de los servicios básicos, donde la función del estado debe, en principio, ser subsidiaria, es decir, de control, y donde se interviene más activamente solo cuando la sociedad civil no es capaz de enfrentar la tarea de proveer todo aquello que garantizamos como un mínimo de recursos y oportunidades.

R: Esto implica disponer de una capacidad fiscalizadora eficiente pero también, de hecho, recortar nuestra libertad para extenderla a otros e incluso, vía impuestos, limitar nuestro derecho de propiedad, pero esto presupone objetivos realistas que verdaderamente aumenten la libertad de muchos, consensos amplios y sólidos, visión de futuro, responsabilidad fiscal, cero populismo… Y sé que esta toma de posición a algunos no les gustará.

En este sentido es importante «aterrizar» la teoría en las condiciones de la realidad continental o nacional. Porque una cosa es plantear las alternativas y soluciones desde las torres de marfil de universidades europeas o estadounidenses, o desde organismos internacionales afincados en Viena, París o Nueva York, y otra muy distinta es buscar respuestas concretas, en diálogo con lo local y en consonancia con los recursos y las tradiciones locales, con el nivel de educación, la práctica política y religiosa local, y el modo de interrelacionarse entre los individuos y grupos sociales locales. Esta atención a la especificidad de las historias culturales, nacionales o regionales es crucial para no cometer errores ni caer en el esquematismo, para no creer que existe una fórmula mágica que, de aplicarse, conduce necesariamente al éxito. No es lo mismo hablar de empresarios e innovadores al norte que al sur del Río Bravo, por ejemplo. No es lo mismo el valor de la palabra empeñada en Japón o Finlandia que en países de América Latina o África, para dar otro ejemplo. En nuestro continente, por ejemplo, no vale mucho la palabra empeñada, pero ella es como un contrato ante notario en otras culturas. Quiero decir que hay que asumir que distintas historias condicionan de manera esencial la aplicación de ciertos principios y la búsqueda de soluciones concretas para problemas concretos.

M: Sin duda, eso es decisivo para no vivir en las nubes de las abstracciones que no convencen a nadie más que a un pequeño grupo de creyentes. Pero, volviendo al tema más de principios, cabe resaltar que el pensamiento liberal clásico se basa en la entrega de una porción de nuestra libertad y propiedad para asegurar el ejercicio más pleno del resto. Ese es el principio de la vida social civilizada y de la formación del estado. Al «entrar en sociedad», como dice John Locke, cedemos autonomía y recursos, es decir, pagamos impuestos, aceptamos la ley y renunciamos al uso de la fuerza propia a fin de defender nuestros derechos, y lo hacemos para asegurarnos de que nuestra libertad no esté constantemente amenazada en lo que de otra manera podría degenerar en una guerra de todos contra todos.

Lo mismo vale para la igualdad básica de oportunidades: cedemos propiedad para ampliar la libertad de otro y lo hacemos de manera obligatoria, como un fundamento de nuestro contrato social. En fin, se trata de un liberalismo solidario cuya ética no tiene como único norte mi mayor libertad sino nuestra mayor libertad. Esa es una alternativa que creo capaz de revitalizar el liberalismo en América Latina porque apela a un sentido de justicia con libertad que debiera poder concitar el apoyo de una amplia mayoría de su población.

R: Hay que saber proteger el concepto de individualismo positivo, aquel que Hayek llamó «individualismo verdadero» en un célebre ensayo, y el sentido de comunidad, que la izquierda quiere monopolizar, y que los liberales a menudo descuidamos.

El pensador británico Jesse Norman habla sobre esta necesidad de recuperar la comunidad para que la libertad y la democracia sean más reales y sostenibles. Lo dice con mucho énfasis en *La gran sociedad*, que es un llamado a salir de la dicotomía empobrecedora entre mercado y estado, recuperando la fuerza clave de la sociedad civil. En América Latina eso implica para los liberales, especialmente para los jóvenes, conocer la dimensión de «lo popular», pues solo a partir de esa experiencia y sensibilidad se logra interpretar y transmitir en forma transversal lo que se quiere para el país respectivo. No deben abandonarse al iliberalismo las dimensiones de lo popular y de las emociones. Y en este contexto hay que tener cuidado al referirse a la polarización mercado-estado, que yo la veo más bien, aunque no con un carácter excluyente, como un esquema mercado-gobierno, lo que en inglés sí queda de manifiesto. Hay que desacralizar el concepto de estado (subrayando los ingredientes de políticos mediocres y burócratas indolentes que también lo componen), y analizar qué significa y representa en el continente. La gente cree saber lo que es el mercado libre y lo que es el estado. En rigor, con respecto al primero reina mucho prejuicio (de lo cual son en gran parte responsables los mismos empresarios, como sostiene Luigi Zingales), y con respecto al segundo reina mucha idealización (un desproporcionado aporte mítico de los estatistas).

M: Ese es un tema central ya que la polarización mercado-estado como formas únicas de organizar nuestra vida social nos lleva a un callejón sin salida del cual, finalmente, sale victorioso el estado, es decir, el socialismo, ya que a nadie le puede gustar vivir en una «sociedad de mercado», donde todo se transa, se compra y se vende. Por ello la gente pide más estado, pero existe otra vía: potenciar y rearmar la sociedad civil. Esto nos conecta con el alma misma del liberalismo clásico que no es, como tantos parecen creer, el «libremercadismo», sino su talante social y generoso, su propuesta de una sociedad fuerte basada en la libertad de sus miembros para crear vínculos de solidaridad y no para aislarse unos de otros, lo que finalmente lleva, como Hayek bien lo señaló al hablar del «individualismo falso» en el ensayo que recién mencionaste, a una total dependencia del estado, al que deberemos recurrir a falta de un entorno humano que nos asista cuando necesitemos de otros.

En esto, la perspectiva de Jesse Norman y otros pensadores liberal-conservadores británicos es muy interesante y nace como una crítica a esa terrible simplificación que es reducirlo todo al mercado (las relaciones comerciales) o al estado (la esfera de la política). Ello parte de la constatación de que las cosas más importantes en nuestra vida no están, ni deben estar, en el mercado ni en la política. Nadie puede comprar el amor o la amistad, sino solo tristes parodias de los mismos. Y tampoco la política puede inmiscuirse en estos asuntos sin deformarlos completamente. Debemos a este respeto recordar que el mercado y la política son medios y no fines en sí mismos. La libertad del ser humano está dada fundamentalmente en la esfera de la sociedad civil, donde tú inviertes voluntariamente tu libertad en relaciones humanas. Y cuando la sociedad civil es fuerte puede hacerse cargo de una gran cantidad de tareas sociales esenciales y reconquistar esferas hoy colonizadas por la política o por el mercado. Para lograrlo necesitamos lo que alguna vez he llamado «liberalismo asociativo», es decir, una visión liberal que trate de combinar nuestra búsqueda de la autonomía individual con una clara reafirmación del valor de la comunidad.

R: Lo que dices me hace pensar en el término «compassionate», que popularizó George W. Busch y que también usa David Cameron, pero me suena de pronto muy paternalista. «Asociativo» es un buen adjetivo. Pero hay algo más que apuntar en esta visión de un liberalismo que tenga vitalidad y futuro. Creo que se ha identificado mucho al liberalismo con los grandes logros económicos o materiales que alcanza la economía de mercado, cosa indiscutible y valiosísima que ha sacado a cientos y cientos de millones de personas de la pobreza brindándoles la posibilidad real de vivir vidas que antes solo se podían soñar. Ello, sin embargo, ha terminado cristalizando en un culto al consumismo y en una fatal simplificación del sentido de la vida, que en vez de llevarnos a la felicidad puede conducirnos a una constante frustración.

Llevado esto a nuestra región y su progreso reciente, vemos que para muchos, que hace no tanto tiempo vivían en la pobreza, el consumo ha adquirido un nivel inédito, a tal punto que se lo ha confundido con la búsqueda de la felicidad. Muchos han creído que la felicidad está en la vitrina, y muy tarde se han dado cuenta —o comienzan a darse cuenta— de que cuando adquieres y posees objetos, desaparece rápido esa satisfacción, goce o alegría circunstancial que causa el hecho de comprarlos y la circunstancia de disponer de ellos. Por un asunto cultural y una educación carente de valores (aquí hay responsabilidades compartidas entre familia, maestros y comunidad), hemos atado la felicidad al televisor plasma, al último modelo de automóvil o a las vacaciones en un *all inclusive*, a cosas materiales.

Ahora bien, si caigo en la trampa de vincular mi felicidad con el mercado y no con mis necesidades reales y posibles de satisfacer (la conciencia de la necesidad de que habla Hegel), estoy condenado al fracaso y al malestar perpetuo. De esa forma, ni Bill Gates ni Carlos Slim pueden ser felices, porque también son incapaces de adquirir todo lo que brinda un mercado infinito ni tienen el tiempo para gozarlo. Esa visión de las cosas tiene que ver con lo cultural y aquí el liberalismo ha sido pobre en reflexiones, mimetizándose casi con un economismo o, peor aún, consumismo, donde lo único que parece importar es el crecimiento del PIB per cápita y la capacidad de consumo. Me aventuraría a sostener que el sorprendente crecimiento del consumo individual básico en el Chile de los últimos decenios ha lanzado a millones de chilenos a buscar en tropel un consumo más sofisticado, a creer que con la obtención de ese nuevo nivel (que son infinitos hacia arriba) se alcanzó la meta material y con ello la felicidad de una vez y para siempre. Así, las nuevas necesidades que emergen de inmediato tras la satisfacción de la precedente se convierten en síntoma de frustración e infelicidad. El estancamiento al mismo tiempo del consumo de artes, letras y filosofía, y la búsqueda masiva creciente de textos de superación personal y de carácter esotérico, hablan de un vacío que surge entre la oferta del sicólogo y la de la Iglesia (en descrédito). La izquierda estatista es sabia al respecto, construye un relato entre mito y utopía, una religión laica, que brinda respuestas a esa búsqueda popular, mientras el liberalismo se mantiene en lo racional, económico o filosófico. En fin, a determinado nivel de consumo en una sociedad, no sé si el verdadero problema está en la economía y los ingresos o más bien en la ausencia total de una visión de mundo, agnóstica, atea o religiosa, sustentada en valores ya presentes en Epicuro y los estoicos.

M: Es evidente que cualquier persona está condenada a la infelicidad si la medida de la felicidad es todo lo que ofrece el mercado. Es como el amor: solo existe de verdad y puede darte felicidad en la medida en que renuncias a muchos amores posibles y, por cierto, a todos los imposibles. Lo que muchos chilenos y latinoamericanos viven es el síndrome de Don Juan: poseer (a una persona) para de inmediato sentir la necesidad de pasar al próximo objeto, de «conquistar» una y otra vez, pero nunca poder realmente gozar de lo conquistado porque te mueve una insatisfacción interior que nunca será calmada por más personas-objeto que seduzcas ni cosas que poseas.

R: Algunos pueblos asiáticos tienen como filosofía de vida —el caso del budismo es evidente— alcanzar una existencia balanceada y disciplinada, que te llevará a la felicidad. La filosofía occidental se desvió por el lado especulativo, pero en algún momento esa filosofía, sobre todo con los griegos —Epicteto, Epicuro— y los romanos —Séneca—, también tuvo este objetivo de posibilitar una vida más virtuosa y sana. Por eso pensadores como Epicuro y Séneca siguen estando hoy plenamente vigentes, como si hubiesen escrito sus obras el año pasado.

En esto debemos recoger la crítica de la filósofa Martha Nussbaum en el sentido de que hemos descuidado la enseñanza de las humanidades, que son las que nos permiten empatizar y simpatizar con «el otro» aunque uno no haya tenido jamás el tipo de vida de quienes se sienten marginados, discriminados o tratados injustamente por la vida. Es a través del arte y la literatura que se adquiere esa sensibilidad, esa posibilidad de conocer otras vidas o experiencias sociales. Un ingeniero comercial o un economista sin educación humanista está tan limitado para captar esa dimensión en su profundidad como un literato o un pintor sin educación económica para captar los temas económicos en su profundidad. La otra alternativa es sostener que todo da igual, y que no es necesario estudiar economía para abordar en profundidad sus desafíos y que tampoco es necesario estudiar las humanidades para conocer a fondo al ser humano.

M: El ideal griego que nombraste recién es muy atractivo y debiera ser plenamente reincorporado a la cultura liberal: buscar el justo medio evitando tanto la resignación como la hybris o desmesura, pero, como discutíamos antes, la desmesura se transformó en un sino de la modernidad, tanto en lo material como en lo mental. Finalmente, las utopías acerca de un mundo perfecto son la coronación fatídica de esa desmesura. En el famoso santuario de Delfos al lado de la famosa sentencia «Conócete a ti mismo» estaba otra de la misma dignidad: «Nada en exceso». Tan importante es esta idea que Aristóteles reservó el concepto de economía para el arte de conseguir lo necesario para la buena vida, y para la acumulación sin límites de riquezas, que era de por sí una actitud contra natura, usó el concepto de crematística.

R: Tocas un concepto clave que el populismo y el Foro de Sao Paulo lo está inscribiendo en sus banderas latinoamericanas: «la buena vida». Esto me lleva a destacar una debilidad clave del liberalismo tal como ha sido entendido o mal entendido, aunque no sin culpa propia en ello. Me refiero a esa caricatura del liberalismo que lo transforma en defensor de los negocios o los empresarios, y no del mercado libre contra todo intento de desvirtuarlo en provecho propio. Es una evidente deformación del liberalismo que por naturaleza es, como bien se dice en inglés, «pro-market, not pro-business», y ya Adam Smith denunció, con mucha fuerza, la inveterada tendencia de los empresarios a burlar las reglas de la libre competencia. En este sentido es muy importante conocer obras como las del profesor de Universidad de Chicago, Luigi Zingales, entre ellas una con un título tan decidor como *Salvando al capitalismo de los capitalistas*.

M: Así es, los capitalistas pueden llegar a ser los peores enemigos del capitalismo al intentar convertirlo en ese «crony capitalism» o «capitalismo de amigos», es decir, de los privilegios y las colusiones, que es tan dañino para la legitimidad de una economía basada en la libertad. Esto es absolutamente vital, no menos dado el desprestigio histórico de gran parte de nuestras elites económicas, que tantas veces han engordado gracias a la colusión entre ellas y, no menos, con el estado.

En parte como reacción a ello ha surgido una importante corriente del pensamiento liberal-conservador que habla de la necesidad de «moralizar el mercado». Esto quiere decir que el mercado es un medio para alcanzar ciertos fines, pero como todo medio requiere de un contexto de reglas morales

—y también jurídicas— que contengan la tendencia a usar y justificar cualquier medio para alcanzar un determinado fin. Si el fin natural y legítimo de un emprendedor o un capitalista es obtener la mayor ganancia posible, o sea, encontrar las formas más eficientes para emplear su esfuerzo, creatividad y capital, ello debe, para no convertirse en una actividad inmoral y por ello contraproducente y socialmente dañina, estar limitado por una fuerte moralidad acerca de qué medios pueden ser utilizados y cuáles deben ser descartados aunque llevasen a maximizar la ganancia. Es decir, el fin no justifica los medios, sino que estos deben justificarse por sí mismos, o sea, por su rectitud moral y también, pero no exclusivamente, legal, ya que el ámbito de la moralidad es mucho más amplio y, finalmente, más importante que el de la legalidad. Es hora de recordar no solo al Adam Smith de la riqueza de las naciones, sino al filósofo moral que escribió *La teoría de los sentimientos morales*.

R: Me parece una reflexión singularmente atingente a la situación que vivimos cotidiana y agudamente en Chile, pero que, lamentablemente, tiene una validez para toda nuestra región. El profesor Zingales plantea justamente esta preocupación. Él se refiere a que entre los enemigos de la libre competencia se hallan a veces empresarios que conquistaron posiciones hegemónicas y también los que en el mercado han perdido a causa del proceso de la «destrucción productiva» del que habla Schumpeter. El desencanto de muchos en Chile por la deficiente fiscalización del funcionamiento de la competencia se debe precisamente al hecho de que en Chile —con independencia de los resultados beneficiosos que trae el mercado para acrecentar la prosperidad— empresarios sin escrúpulos se coluden para conseguir mejores precios a costa de competidores y consumidores. Con ello debilitan sensiblemente su prestigio, afectan la imagen del mercado y llevan a mucha gente a buscar respuesta en alternativas estatistas.

M: Esto nos lleva a otro punto clave: la falta de prestigio de los empresarios latinoamericanos viene de lejos y tiene que ver con una larga historia de connivencia con la política y de aprovechamiento de cualquier oportunidad para enriquecerse. Ello tiene su origen ya en nuestra época colonial y el estado mercantilista español, pero tuvo su continuación en la larga época de creciente intervencionismo estatal de nuestras repúblicas independientes. Se trata del «empresario rentista», que vivía de la colusión y el favor del estado —mediante el proteccionismo y todo tipo de subsidios, contratos, permisos especiales, tasas de cambio subsidiadas, etcétera. Este fue el modelo de economía altamente intervenida y protegida que se hundió finalmente a comienzos de los años setenta en Chile y en toda América Latina, a comienzos de los ochenta del siglo pasado.

En este sentido, la apertura económica llevada a cabo bajo la dictadura en Chile y posteriormente en otros países latinoamericanos debilitó esa dependencia respecto del estado, propia de los «empresarios mercantilistas», y nuestras clases empresariales tuvieron, finalmente, que vérselas y triunfar en el mercado abierto, lo que es una de las mejores formas de autodisciplinarse y ser realmente eficientes. Pero ello no erradicó la idea misma de ganar lo más posible «como se pueda», y no como se deba, lo cual, por lo que se ha visto, siguió inspirando a muchos empresarios.

R: El «todo vale» que tanto daño hace. Es un diagnóstico severo pero no puedo rechazarlo dada la situación en que nos encontramos. En todo caso, la idea de moralizar el mercado y la vida social en general me parece clave. Pero esto implica una actitud nueva y de profundo alcance social, un cambio que involucre y comprometa a todos, no solo a algunos. Se trata de un aprendizaje social, cuyos maestros son la experiencia y los líderes de diferentes ámbitos, así como también de los políticos y jueces. Lo que a menudo no se ve es el tenue deslinde entre la frustración ante la colusión empresarial y la tentación estatista. Lo singular de esto es que para funcionar el populismo y el estatismo necesitan precisamente de empresarios que rechazan la libre competencia y prefieren «los acuerdos» con colegas o un estado «musculoso». Ambos se atraen y necesitan. Aquí la disyuntiva no es empresarios-estado sino libre competencia o mercados regulados. De estos últimos se benefician los empresarios que buscan cuotas de mercado garantizadas, los políticos que sueñan con ampliar su poder y los burócratas que «cortan el boleto» y «hacen la vista gorda».

M: Ello nos conduce de vuelta a un tema más amplio que ya hemos tocado de diversas maneras: el del fin y los medios. Vimos cómo en el marxismo, y en general en toda ideología mesiánica, el fin deslumbrante justifica cualquier medio. La posición liberal genuina es muy distinta y se preocupa mucho de los medios. Hasta se puede decir que el liberalismo es la doctrina de los medios y no de los fines, en el sentido de un modelo dado de sociedad a alcanzar.

Es de los medios que la civilización depende, ya que los medios son las formas concretas de relacionarnos unos con otros, y si esas relaciones se embrutecen jamás podremos construir una sociedad decente, tolerante y de personas libres. En este sentido, lo que uno echa de menos en el caso de los empresarios —pero lo mismo se puede decir, entre otros, de los políticos y los profesionales— no es que alguien los descubra realizando conductas reñidas con la ley, sino que ellos mismos se pillen y denuncien a quienes desprestigian a tantos otros del gremio mediante su actuación indebida, lo que quiere decir faltando a la moral, a las reglas básicas del comportamiento cívico. Esta actitud, además, haría innecesaria una parte de la regulación e intervención estatal, que tiende a crecer exponencialmente en sociedades como las nuestras, donde la desconfianza y el aprovechamiento abundan.

R: Este tema desemboca en otro de gran trascendencia dentro del pensamiento liberal: el del poder y cómo limitarlo. Volvemos a Locke y el alma del liberalismo clásico anglosajón. Isaiah Berlin ha escrito un gran libro sobre cómo, desde la Antigüedad, surge una corriente filosófica que es enemiga de la libertad, y que hoy los iliberales y estatistas celebran y promueven. En América Latina no debemos olvidar la idealización que se construye entre intelectuales de izquierda y oficiales de Cuba hacia el dictador Gaspar Francia, del Paraguay. En fin, volviendo a lo que decías: se trata de algo que va mucho más allá del estado y el poder político, aludiendo a cualquier poder que pueda coartar de manera ilegítima nuestra autonomía y libertad.

M: Creo que en este tema ha habido una concentración demasiado exclusiva dentro del liberalismo en lo referente al poder del estado, lo que ha derivado en una especie de antiestatismo bastante pueril a mi juicio, sin preocuparse adecuadamente de otros poderes que también pueden coaccionarnos y limitar nuestra libertad. En este sentido es bueno recordar que la célebre frase de Lord Acton, que dice que el poder corrompe y el poder absoluto corrompe absolutamente, se refiere a todo poder y no solo al político. Y esto también vale para el intelectual, que tiene el poder de las ideas y que también puede dejarse corromper por ese poder sobre otras mentes que es tan embriagador. Es un *soft power*, un poder suave y escurridizo, del cual muchas veces brota el poder puro y duro como bien lo ejemplifica el caso del marxismo.

R: Por eso conviene volver a Epicuro y los ideales clásicos de la moderación, la duda, la razón que permanentemente se pone a prueba y a ese llamado a aceptar nuestra imperfección, que es vital para no dejarnos seducir por nuestros propios sueños de redención ni jugar a ser dioses. Epicuro incluso decía que era mejor ser desafortunado que obtener la fortuna de una forma insensata. Ese es un juicio muy certero sobre el tema de los fines y los medios.

M: Me gusta que vuelvas constantemente al ideal clásico de la vida virtuosa, que no implica rechazar el impulso fáustico de la modernidad, sino equilibrarlo, recordarle constantemente su *memento mori* («recuerda que eres mortal»), como hacían los romanos con los generales victoriosos, es decir, nuestra limitación y la necesidad de asumirla para evitar caer en la desmesura del sueño de la perfección y las utopías. Fausto representa la tentación de venderle el alma al diablo para alcanzar lo ilimitado, o sea, no reparar en los medios a fin de superar nuestra naturaleza limitada. Esa tentación autodestructiva es la que el ideal clásico debe contener. Esto implica un esfuerzo por conjugar o buscar una síntesis del ideal moderno y el clásico, del progreso y la virtud.

R: Buena propuesta, que implica ver el progreso no solo como un dejar atrás sino también como tener la capacidad para cultivar los logros y aportes del pasado, como una Aufhebung hegeliana y puesta en valor de la historia a fin de enriquecer el presente y proyectar un futuro a la medida de nuestras posibilidades. Y tampoco debemos olvidar a Locke en este contexto: limitar el poder para poder vivir sin limitaciones.

Y con respecto a Fausto, permíteme una digresión, porque cuando hablamos de Fausto también hablamos de Mefistófeles: el filósofo Rüdiger Safranski nos recuerda en su brillante obra sobre el mal que la presencia del mal o del diablo en el Paraíso es lo que nos entrega la libertad como seres humanos. Sin él, no habría habido la posibilidad de escoger entre la fe y el conocimiento, entre respetar la orden de Dios y probar la manzana del Edén. Es muy interesante poner en relación esta idea de Safranski con la de Epicuro, en el sentido de que somos libres gracias a que los dioses del Olimpo se olvidaron hace mucho de nosotros.

M: Esos son grandes temas, que nos llevan a repensar muchas figuras clave de nuestra herencia cultural y religiosa. Estoy concretamente pensando en Eva, que incita a Adán (claro, por sugerencia final del demonio) a probar del árbol del bien y del mal, del juicio moral, y por ello de la autonomía y la libertad. Eva es, en este sentido, la primera liberal y lo hace desafiando el orden dado y la incapacidad del ser humano para realizar juicios propios. Sobre esto Franz Hinkelammert ha realizado algunas reflexiones muy interesantes.

R: Eso es algo fascinante: Eva como madre del liberalismo, castigada duramente por buscar el juicio propio y con ello la responsabilidad personal, ya que esta no existe a menos que parta de la libertad. En la condición infantil o de sumisión absoluta, que es la de Adán y Eva en el Jardín del Edén, nada de ello existe. Y permíteme mencionar de nuevo al filósofo alemán Rüdiger Safranski, quien destaca que solo la existencia del mal o, mejor dicho, del diablo, nos entregó la posibilidad de escoger y, con ello, la posibilidad de ser libres. Tú colocas en el inicio a Eva, Safranski al diablo que incita a dar el mordisco a la manzana.

M: Me gustaría pasar ahora a un terreno distinto. Hemos hablado de la historia reciente latinoamericana con su ola de utopismo revolucionario de los años sesenta así como su desencanto y sus conversos, también hemos reflexionado con amplitud sobre los ideales liberales, su difícil predicamento en nuestra región y aquello que le haría falta para llegar a ser una propuesta con fuerza y futuro. Todo ello es muy importante, pero igualmente importante es darle una mirada, aunque sea somera, a la realidad social latinoamericana que es el escenario concreto en el cual diversas ideas y propuestas probarán su fuerza.

R: Me parece. Y en esto creo que podemos partir de Chile, ya que su gran progreso durante las tres décadas que se inician a mediados de los años ochenta, que económicamente lo ha puesto a la cabeza de América Latina, pone de manifiesto desafíos que toda la región ha ido experimentando en la medida en que se ha ido progresando, especialmente bajo el largo boom de las exportaciones primarias que recientemente ha llegado a su fin.

Lo esencial a este respecto tiene que ver con las expectativas, demandas y frustraciones que genera el progreso. Tenemos hoy una población que, en términos generales, es más informada y empoderada, tiene mejor calidad de vida y más acceso al consumo, lo que le concede una mayor potestad y más autoridad ciudadana. Es una población que, si bien con excepciones, ha vivido un significativo aumento de la prosperidad, donde la pobreza ha retrocedido de manera notable y amplios sectores han pasado a disfrutar niveles de consumo y bienestar desconocidos por sus antepasados, e impensables hace solo veinticinco o treinta años.

Este proceso, y la formación de amplias capas medias emergentes que es su resultado más notable, ha sido particularmente acelerado en Chile, pero de ninguna manera está ausente en el resto de América Latina. Ello nos plantea un abanico de situaciones nuevas porque, a diferencia de lo que muchos pensaban en el pasado —basados en una concepción lineal del crecimiento que postulaba que si un país era capaz de ir satisfaciendo las necesidades básicas de la población, entraba en una fase de equilibrio y tranquilidad, y un éxtasis de gratitud perpetua de la gente beneficiada—, hemos constatado que a mayores necesidades satisfechas surgen más expectativas y con ello demandas sociales nuevas y más complejas.

M: Coincido plenamente contigo: en vez de una especie de nirvana agradecido, vemos, tanto en Chile como en muchas otras partes de América Latina, el descontento de muchos, no menos de la gente joven que tan beneficiada se ha visto por ese progreso. Hasta se podría decir que el progreso es mal agradecido y crea una insatisfacción creciente. Esa es la paradoja de la pobreza relativa que, a diferencia de la absoluta, nunca es resignada.

R: El tema hoy es, en cierta forma, complejo y simple a la vez. Es complejo porque son muchas las tareas, los desafíos y las expectativas, pero también simple ya que, a fin de cuentas, la tensión generada tiene que ver con la forma de resolver las nuevas demandas sociales. ¿Se resuelven perfeccionando la economía de mercado y dándole un sentido más solidario o dando un salto radical hacia el estatismo? En el fondo, se trata de una vieja disyuntiva: ¿reforma o revolución?

M: Creo que esa es una manera muy correcta de plantear nuestro dilema actual. Lo que excluye la simple conservación de lo existente: el statu quo no es hoy una alternativa para ningún país de América Latina. Para entenderlo debemos profundizar en los cambios ocurridos, los que, por su rápido desarrollo, se perfilan con mayor nitidez en Chile.

En este sentido, lo primero que debemos descartar es la idea de un crecimiento meramente acumulativo, que supuestamente haría que la gente estuviese más y más contenta. Aquí vendría bien un poco de pensamiento dialéctico y en particular la idea de salto cualitativo, del que tanto le gustaba hablar a Engels inspirándose en Hegel. Creo que allí hay un instrumento intelectual interesante muy ajeno a la tradición del pensamiento de la centroderecha que es muy lineal y simplista.

En verdad, la dinámica de los procesos sociales tiene poco de linealidad, caracterizándose por largos períodos incrementales, de progreso acumulativo dentro de una estructura social y de aspiraciones determinadas, que de manera bastante abrupta dan paso a un cambio de perspectiva de la sociedad, que hace aflorar un nuevo paradigma de aspiraciones y transforma, de una manera bastante drástica, la forma de ver las cosas. Se pasa así del orden al desorden, de la certidumbre a la confusión y a la búsqueda de nuevos horizontes. Esto es lo que Saint-Simon conceptualizó hace ya un par de siglos como la transición de lo que llamó «períodos orgánicos», de desarrollo estable, a «períodos críticos», donde todo se cuestiona y reformula. Así, lo que durante largo tiempo fue visto como normal o positivo pasa a ser visto como problemático y negativo. De pronto se ve el otro lado de la luna y se pasa del vaso medio lleno al vaso medio vacío.

R: Creo que no comprender esa dialéctica es la gran derrota de una perspectiva simplista, muy economicista, que dominó completamente en la centroderecha chilena y que se confió en la inercia de los éxitos alcanzados. Por ello no estaba preparada para el cambio en las preguntas y las nuevas demandas de una sociedad que en poco tiempo progresó muchísimo. Esa fue la «bomba de descontento» que le explotó en las manos el año 2011 con la movilización estudiantil, dejándola absolutamente desconcertada y sin discurso.

M: Lo lamentable es que se trata de procesos bastante bien estudiados y que, por lo tanto, podrían haber sido previstos. Pero no ha sido así, lo que demuestra unas enormes carencias de capacidad analítica. Ya a comienzos de los años setenta, tratando de explicar la insurgencia juvenil manifestada en el famoso mayo del 68, Ronald Inglehart pudo establecer una serie de relaciones muy importantes entre progreso económico, recambio generacional y valores sociales. La primera de ellas trata del paso de lo que Inglehart llamó «valores materialistas», ligados a la sobrevivencia, la economía y el orden, a los «valores posmaterialistas», donde priman la autorrealización, la calidad de vida y la conducta contestataria. Esta transición valórica se acelera, a su juicio, a partir de un cierto nivel de progreso económico, cuando las necesidades más acuciantes están ya satisfechas para muchos y no se teme, o no se teme tanto, a la pobreza.

La segunda tiene que ver con el recambio generacional, que es el elemento más dinámico del cambio valórico. En una situación donde existe una gran diferencia en las condiciones vitales bajo las que se han formado diversas generaciones, el recambio generacional puede asumir formas muy confrontativas, transformándose en un verdadero desafío a todo el orden establecido. Este sería el secreto de la insurgencia juvenil del 68, en la cual la primera generación de posguerra, que creció bajo condiciones de paz y progreso económico excepcionales encarnando por ello una visión más posmaterialista del mundo, se enfrenta a generaciones adultas marcadas por las crisis, las guerras y la precariedad que predominaron en Europa entre 1914 y 1945. Así, como resultado de un progreso sin precedentes, se enfrentan abruptamente dos universos valóricos y dos visiones del mundo absolutamente diferentes.

R: Me parece una perspectiva analítica fascinante y de una tremenda relevancia para explicar los sucesos que han marcado a Chile desde el 2011 en adelante, porque se ocupa también del trasfondo de la batalla de las ideas y del diálogo y los conflictos intergeneracionales. Pero, además, nos da una perspectiva acerca de fenómenos que hemos visto emerger en muchas otras partes de nuestra región, en forma de nuevas demandas sociales y formas de movilización, como aquellas que, por ejemplo, han remecido periódicamente a Brasil. También se trata de lo siguiente: de contar como liberales con adecuados sistemas AWAC en términos sociales, es decir, de disponer de sensores que sean capaces de detectar y prever las zonas telúricas de una sociedad que se moderniza y avanza, como en el caso de Chile, por una vía que otros no han cruzado al menos en términos de ingreso per cápita. No se trata solo de disponer de los mejores instrumentos para responder a los desafíos de un país, instrumentos que son superiores a los del populismo y el estatismo, sino de advertir a tiempo que emergen fenómenos que merecen toda nuestra atención, análisis teórico y respuestas concretas.

M: Efectivamente, se trata de los conflictos del futuro que muchas veces se sobreponen y entremezclan con los del pasado. Ahora bien, en el caso de Chile el paralelismo es notable con lo ocurrido en Europa occidental. Se trata de un país que da un salto espectacular desde una situación marcada por la dictadura, la pobreza y la precariedad, a la democracia y a un bienestar nunca antes conocido en su historia, y ese salto va a ser encarnado por la primera generación nacida después de la dictadura y que vio mejorar constantemente sus condiciones de vida.

Esta generación, hija del éxito y el progreso, encarna entonces un conjunto de valores marcadamente diferentes a los imperantes hasta ese momento en la sociedad chilena y tiene preguntas que no encuentran respuestas y demandas con un claro sesgo posmaterialista: autorrealización, calidad de vida, cuidado medioambiental, una sociedad más inclusiva. No quieren más de lo mismo, sino algo distinto, indefinido y propicio para ser canalizado, como ocurrió entre nosotros, hacia una actitud confrontacional y refundacional. Reflejan el extraordinario progreso de Chile, pero lo hacen de una manera que desconcierta y que, conducida por grupos radicales, puede dañar las bases mismas del progreso experimentado.

R: Creo que esta perspectiva arroja una potente luz sobre el fracaso no solo de la centroderecha chilena, sino de toda la vieja elite política para encauzar un cambio así. Además, nos advierte sobre los nuevos desafíos del desarrollo latinoamericano. Pero esto nos habla a la vez no solo de una ciudadanía más «empoderada», sino también más ambiciosa (entendida la ambición en sentido positivo y productivo, aspiracional) e impaciente, con una demanda que entrevera igualdad con justicia, pero que asimismo muestra un doble estándar (denuncia abusos de grandes empresas, pero al mismo tiempo no paga el transporte que le brinda el Transantiago; exige calidad de los servicios, pero al mismo tiempo sirve mal en restaurantes y comercio; denuncia «el lucro», pero aspira a la ganancia rápida; se irrita cuando siente que se abusa de ella, pero son justamente los mismos ciudadanos los que abusan de los demás, etc.). Expresión clara de este doble estándar ciudadano a nivel juvenil la expresa, a mi juicio, la demanda por una educación superior gratuita, aunque sin proponer una contraprestación social por el privilegio de ser financiado por los contribuyentes para estudiar. Pero hay otros temas que nos desafían: el generacional, el de género, el de la innovación científica y tecnológica, el del cambio climático, el migratorio, el del agotamiento de los recursos no renovables, las energías no tradicionales, o la construcción de una cultura de la confianza ciudadana. Creo que día a día nuestros políticos, pero también muchos de Europa, Asia o EE.UU., están siendo desbordados por temas altamente complejos y que implican desarrollar estrategias de mediano y largo alcance. Bajo estas circunstancias a mí me parece que (aunque esto no da garantías) a los parlamentarios, ministros y presidentes debería exigírseles al menos título universitario. Ya no estamos en el siglo xix y los temas a enfrentar son complejos hasta para los expertos.

M: Para completar este análisis debemos agregar otras facetas del «malestar del éxito» que ha predominado en la sociedad chilena desde hace ya unos buenos años y que también ha aparecido en muchos países de la región a partir del mejoramiento económico logrado desde comienzos de la década pasada. La historia reciente de Chile es la de un país amenazado por la pobreza absoluta que en poco tiempo la deja atrás y pasa a vivir todas las contradicciones, angustias y frustraciones de la pobreza relativa. La pobreza absoluta es estrecha, limitante y resignada, la persona que la vive aspira a muy poco y sus recursos, tanto materiales como intelectuales, para articular y propulsar sus demandas, son escasos. La pobreza relativa, por su parte, es mucho más demandante y articulada, ya que la gente tiene más recursos, está más educada y ha vivido la experiencia del progreso. Además, la comparación pasa a ser central, tanto con las expectativas creadas por el desarrollo como con otras personas. Esto explica que las grandes revoluciones modernas rara vez hayan tenido lugar en países hundidos en la pobreza o estancados, sino en aquellos que comienzan a progresar y, especialmente, donde emerge una clase media y, no menos, una intelectualidad que demanda una aceleración y ampliación de los cambios ya iniciados.

R: Los casos de las revoluciones en Francia, Rusia e Irán son ilustrativos a ese respecto. Habitualmente esas situaciones han coincidido con algún retroceso temporal del progreso en marcha que desata un descontento generalizado a partir de las nuevas expectativas que han surgido. Y no olvidemos que esto también vale, en general, para los procesos y movimientos revolucionarios en América Latina: México acababa de experimentar un proceso de modernización considerable bajo Porfirio Díaz antes de la revolución que se inició en 1910; Cuba era —junto a Argentina, Uruguay y Venezuela— el país más próspero de la región a fines de los años cincuenta; y los Tupamaros aparecen en un Uruguay que distaba mucho de ser una sociedad hundida en la miseria. ¿Y qué decir del Chile de hoy? Esto será clave, a mi juicio, en el momento que América Latina vive hoy, cuando el gran boom exportador se ha revertido y después de un considerable progreso pasamos a vivir los años de las vacas flacas.

M: Sobre eso debemos sin duda volver, ya que es un aspecto clave de nuestro presente y del futuro inmediato. Pero volviendo al caso de Chile, que al menos en parte ilumina el desarrollo regional en su conjunto, podríamos usar una metáfora. Es como una persona que ha vivido dentro de un pozo, el pozo de la pobreza, donde lo principal es sobrevivir y satisfacer las necesidades más elementales, y donde el horizonte de expectativas se reduce al pequeño círculo de luz que ve a la salida del pozo. Luego esa persona comienza a subir, a progresar y logra salir a la superficie, y allí descubre que el mundo y sus posibilidades son infinitamente más amplios de lo que se imaginaba.

El efecto que algo así produce puede ser sorprendente, ya que aumentan exponencialmente los deseos y con ello la conciencia de todo lo que nos falta y de lo limitado de los logros alcanzados. En ese sentido, incluso aumenta el sentimiento de pobreza, ya que la pobreza puede ser definida de manera objetiva pero es, sobre todo, un sentimiento a partir de la comparación entre lo que somos y tenemos, y lo que podemos llegar a ser y tener.

R: Lo que dices me recuerda un célebre pasaje de Marx en el cual dice que una casa puede ser pequeña, pero mientras las que la rodean sean también pequeñas, cumple todas las exigencias de una vivienda aceptable, pero, si junto a ella surge un palacio, la casa se encoge hasta quedar convertida en una choza. Parafraseando a José Martí, podemos decir que los infinitos peldaños del progreso son pedestal y no altar ante el cual las personas se prosternan. Y en ese sentido los peldaños del progreso causan una satisfacción fugaz y una insatisfacción permanente. Siempre quiero más y ahora mismo, pues me lo merezco, y si está como una posibilidad quiero que aquello se haga realidad. Lo demás es estafa, engaño. Y ese es el instante en que emerge el irresponsable populismo diciendo: no solo te mereces eso sino mucho más y en forma gratuita, por el simple hecho de que es un derecho y te corresponde y el estado (es decir, la generosa voluntad del caudillo populista) lo financiará. En ese sentido, no hay límites ni para la frustración ni para la oferta del menú populista.

M: Así tristemente es y el ensueño populista se paga muy caro. Por lo tanto, uno puede sentirse más pobre, frustrado e insatisfecho siendo mucho menos pobre, en términos absolutos, que antes. Esto es, en realidad, algo muy positivo, y ese sentimiento de carencia que se incrementa mientras más progresamos es el aguijón que nos lleva a no conformarnos y a buscar un progreso aun mayor. Por eso es que no hay nada más ajeno que la felicidad, entendida como un estado de equilibrio y satisfacción con lo que somos, y la dinámica del progreso, y eso ayuda a entender los altos grados comparativos de insatisfacción que, por ejemplo, muestran los chilenos, y que en muchos casos sobrepasan con creces a los de otros latinoamericanos, a pesar de que los chilenos han avanzado mucho más. No lo hacen porque no hayan progresado, sino justamente porque lo han hecho, y de una manera asombrosa.

Esa es la dialéctica de las expectativas crecientes que ha golpeado a Chile con gran intensidad, pero no es ajena al resto de la región, sumándose a lo que hablábamos anteriormente sobre los cambios valóricos y el recambio generacional. Yo he usado la expresión «malestar del éxito» para captar esta paradójica insatisfacción y también podríamos recurrir al concepto de «crisis felices» del gran sociólogo francés Émile Durkheim para captar su esencia. Él hablaba, en un estudio clásico sobre el suicidio publicado en 1897, de «crisis infelices», aquellas causadas por la pobreza y la desesperanza, y de «crisis felices», producto de un progreso o éxito súbito que crea un fuerte desequilibrio normativo, emocional y valórico: se sabe cómo vivir la pobreza o la precariedad pero no la nueva riqueza. El síndrome del Chile actual reúne elementos de todo esto y presagia algo que se generalizará a toda América Latina si la región logra superar con éxito los escollos actuales donde las «crisis infelices», las de la pobreza, pueden volver a tener gran protagonismo.

R: Creo que en este tipo de reflexiones tenemos un conjunto de pistas fructíferas para comprender a nuestro país, que parece vivir en un serio estado de desequilibrio que se agudiza sustancialmente por el desprestigio de nuestras elites dirigentes, en especial la elite o clase política. Hoy vivimos en Chile una marcada crisis política que pondrá a prueba la solidez de la democracia reganada en 1990. También en esto hay mucho en común con el resto de América Latina.

M: En ese contexto puede ser de interés volver a los aportes de Ronald Inglehart y sus colaboradores, quienes se refieren a una transición de lo que llaman «ciudadano obediente» (*allegiant citizen*) al «ciudadano seguro de sí mismo» (*assertive citizen*), que caracterizaría la evolución contemporánea hacia un universo valórico más posmaterialista, mucho más secularizado y de espíritu crítico de toda autoridad.

Este es un fenómeno de carácter universal, relacionado, entre otras cosas, con el incremento de los niveles educacionales, lo que permite una gran «movilización cognitiva» y da paso a un ciudadano que cree mucho más en sí mismo y mucho menos en la autoridad, sea esta civil, religiosa o política. Se trata de una búsqueda cada vez más fuerte de la autodeterminación y el empoderamiento, a la vez que todo uso del poder se somete a un severo escrutinio y se expone a ser cuestionado y «contestado».

Todo esto es, en realidad, extraordinariamente positivo y lo podemos reconocer sin dificultad alguna en el desarrollo de América Latina en general y de Chile en particular durante los últimos años. En este sentido, no hay vuelta atrás hacia la «vieja política», basada en ciudadanos confiados y obedientes regidos por una clase política todopoderosa y muy poco transparente. Eso se acabó y constituye tanto parte del diagnóstico actual de nuestra región como uno de sus principales desafíos de futuro.

R: Los orígenes de este ciudadano están en lo que en la Alemania de la década del 1980 se llamaba los «Aussteiger» (los que se bajan del tren del consumo), que buscaban su centro y realización no en el mercado sino en sí mismos y en su equilibrio interior. Y la felicidad individual la buscaban en relaciones personales gratificantes y no mercantiles, y en un ambiente natural y ecológico. Allí se daba la búsqueda de prácticas comunitarias y ambientales ideales. Posibilitadas, desde luego, por la prosperidad y el estado de bienestar occidental. Algo similar hubiese sido imposible en los países comunistas, pues eso tenía como premisa la libertad y la seguridad que nos da prosperidad.

M: Ese progreso fue bastante general en el mundo desarrollado, confirmando plenamente las tesis de Inglehart sobre la transición hacia el posmaterialismo.

R: Estamos ante una realidad social nueva y sospecho que los políticos de izquierda, centro o derecha han tardado mucho en percatarse de ello. Nuestros políticos han sido superados por las capacidades (incluso en lo informático) del nuevo ciudadano y están sufriendo las consecuencias de ello. El «ciudadano contestatario» ha hecho, sin duda, su aparición en la escena política tanto latinoamericana como internacional para quedarse en ella, no menos debido a las redes sociales que desconocen fronteras y homogeneizan los estilos de movilización y las demandas sociales con una rapidez extraordinaria.

Lo que resta por ver es qué camino tomará este ciudadano rebelde y tan exigente cuando la clase política, así como otras autoridades tradicionales, caen en un profundo desprestigio, porque gran parte de la autoridad y del poder de la elite proviene también de su prestigio, de su valor simbólico, de sus oropeles simbólicos. Pero, en paralelo, no hay que olvidar que también ha surgido un ciudadano más indiferente (pero para nada «genuflexivo») frente a la política y más «privatizado», por así decirlo, lo que también es resultado de nuestra evolución y progreso, donde la política tiende a perder ese rol protagónico que antes tenía respecto del bienestar individual.

Esta parte de la sociedad se mueve en una dirección emancipativa y de mayor autonomía que también es contestataria, pero lo hace a través de su propio éxito económico y la independencia que eso le brinda respecto de la política. Surge así una sociedad dividida entre ciudadanos muy ideologizados y otros profundamente desideologizados. Esto es extremadamente claro en el caso de Chile. Los primeros —que son tremendamente articulados ideológicamente, visibles y vocingleros— se orientan hacia la política y el estado para exigir sus demandas emancipativas, mientras que los segundos, que seguramente forman la mayoría silenciosa, se exigen a sí mismos la satisfacción de sus necesidades y son bastante invisibles; bueno, al menos hasta que la política vuelve a hacerse presente en sus vidas por sus despropósitos, tal como está ocurriendo hoy en el caso de Chile y como no ha dejado de hacerlo en otras partes de América Latina.

M: A lo anterior debemos agregar el drástico cambio de ciclo que está viviendo toda la región. Esto es clave ya que se acabó la fase del crecimiento fácil, propulsada por una demanda extraordinaria de exportaciones primarias proveniente de China y otros países en rápido desarrollo. La caída drástica de los precios de las exportaciones, y con ello de la renta nacional y los ingresos públicos, está golpeando con particular severidad a América del Sur, que exhibe una mayor dependencia de esos mercados. Ello le permitió salvar de mejor manera que por ejemplo México, mucho más dependiente de los mercados de Estados Unidos y las exportaciones de manufacturas, la crisis financiera de 2008-09, pero ahora es a la inversa y las consecuencias de ello son evidentes, especialmente en países que han sido gobernados por regímenes populistas, como Argentina, Venezuela y Ecuador. Por su parte, las debilidades de Brasil han quedado también en evidencia, haciendo tambalear, por su enorme peso económico, a toda América del Sur.

Esto se conjuga con problemas cada vez más generalizados en toda América Latina, como la corrupción y el narcotráfico, que vienen a debilitar un entramado institucional que ya de antes era, con pocas excepciones, muy frágil. Vivimos, en suma, tiempos difíciles y amenazantes, pero también tiempos de cambio y esperanza, como bien lo indican los resultados de las recientes elecciones argentinas y venezolanas. En este contexto veremos cómo a los nuevos desafíos del progreso, de los que ya hemos hablado, se les suman los desafíos de siempre, es decir, los de la pobreza en la cual todavía viven más de ciento cincuenta millones de latinoamericanos y en la que, según todo indica, muchos más volverán a vivir en un futuro no muy lejano.

R: Se trata de grandes desafíos que auguran momentos muy complejos para nuestra región.

M: Finalmente, quisiera tocar un tema que me inquieta profundamente y que esbocé en el epílogo a la edición chilena de *Diálogo de conversos*. Me refiero al presente y al futuro de la democracia latinoamericana en un contexto de grandes dificultades económicas, elites muy desprestigiadas y ciudadanías cada vez más exigentes e impacientes.

R: Me parece un tema de la más alta importancia a nivel regional, que incluso se ha actualizado en Chile con las demandas de convocar a una asamblea constituyente de carácter refundacional y la reciente apertura, por parte del gobierno de Michelle Bachelet, de lo que se ha dado en llamar «proceso constituyente», que encierra una serie de rasgos preocupantes que hacen pensar en otros procesos latinoamericanos que han terminado transformando sus sistemas políticos en parodias de la democracia y armas contra la libertad de sus ciudadanos.

M: Así es, pero quisiera aproximarme al tema de una manera más histórica para luego conectar con algunos debates internacionales de mucha actualidad sobre la democracia. Como sabemos, América Latina no ha sido un campo fértil para la democracia. Su historia es, en gran medida, la historia de sus dictadores y caudillos, de los golpes militares y las revoluciones autoritarias, de la corrupción, el clientelismo y la violencia política. Sin embargo, los últimos decenios han sido testigos de una serie de procesos de democratización y reducción de la violencia política que sin duda debemos celebrar. Se realizan elecciones competitivas regularmente y la plaga de los golpes de estado parece pertenecer al pasado.

Esta evolución de signo positivo ha provocado un cambio mayor en el escenario político latinoamericano. Los principales conflictos políticos de la región se han desplazado de una lucha entre democracia y dictadura —ya sea de derecha o de izquierda— a una lucha dentro de la democracia, entre dos concepciones radicalmente distintas de la misma. Una, de raigambre liberal, basada en la libertad individual y la limitación del poder, y otra, de corte personalista y autoritario, basada en la subordinación del individuo a un poder político que tiende a crecer ilimitadamente y que se encarna en la figura del caudillo gobernante.

R: Esta concepción y este uso autoritario de la democracia tienen ya una larga historia en América Latina. Su arquetipo no es otro que el régimen implantado en Argentina por Juan Domingo Perón el año 1946. Este discípulo de Mussolini se transformó, a su vez, en la gran fuente de inspiración directa de quien lo llegaría a superar con creces en el arte de desquiciar una sociedad valiéndose de sus victorias electorales: Hugo Chávez. Con él, y gracias a la inmensa riqueza petrolera de Venezuela, la concepción antiliberal de la democracia llega a su consumación y se transforma en un modelo que muchos otros tratarán de imitar en la región. Hoy, la idea de la democracia refundacional, plebiscitaria y sin límites encuentra ecos incluso en países como Chile, que parecían inmunes a este tipo de ideas.

M: Cabe también mencionar que este conflicto entre dos formas opuestas de ver la democracia no es privativo de América Latina, sino que ha sido una característica de la gran ola de democratización inaugurada a mediados de los años 1970 en Europa del sur (Portugal, Grecia y España), continuada en América Latina durante los años ochenta y reforzada dramáticamente a nivel global a partir del derribamiento del Muro de Berlín en 1989. La democracia se amplió entonces como nunca antes y los países con procesos electorales abiertos pasaron de 45 en 1975 a 115 en 1995. Esto llenó a muchos de optimismo e incluso se llegó a hablar del «fin de la historia», es decir, de acuerdo a la célebre formulación de Francis Fukuyama, de la aceptación universal de la democracia liberal como forma natural de gobierno.

Esta visión optimista se vio, sin embargo, pronto ensombrecida por el surgimiento de fuertes tendencias autoritarias dentro de muchas de las nuevas democracias. Esto es lo que Fareed Zakaria, en un destacado ensayo publicado en la revista *Foreign Affairs* en 1997, llamó el auge de la democracia iliberal. Merece la pena detenerse un instante en los argumentos de Zakaria ya que pueden ayudarnos a entender lo ocurrido recientemente en Latinoamérica.

Su idea central es que el carácter de la democracia depende de la existencia previa de instituciones y una cultura cívica que limiten el poder y protejan tanto la libertad individual como la autonomía de la sociedad civil. Este tipo de instituciones es el que se desarrolló en Inglaterra a partir de la Carta Magna de 1215 y que fue consagrado definitivamente por la célebre Declaración de Derechos de 1689. En Estados Unidos, estas tradiciones fueron depuradas de todo elemento feudal y aristocrático, dando origen al experimento más radical hasta ahora conocido de autogobierno popular. Esta fue la herencia histórica que le dio su carácter liberal a la democracia estadounidense y no su constitución o sus leyes, que no fueron sino la codificación de unas instituciones y una cultura política previamente existentes.

R: Esta primacía de «las costumbres» y su fundamento social sobre lo legal es lo que Alexis de Tocqueville destacó en su notable obra sobre la democracia en América. Y el mismo Tocqueville nos dio el ejemplo más claro posible sobre la relación existente entre el sustrato sociocultural y las leyes. En su momento, México copió, al pie de la letra, la constitución de Estados Unidos, pero ello no lo hizo ni más democrático ni liberal. Su sociedad, desigual y jerárquica, era, simplemente, el opuesto a aquella sociedad profundamente igualitaria y libertaria que habían fundado los colonos inmigrantes del norte.

M: Este argumento, enunciado tal como dices de manera clásica por Tocqueville y retomado por Zakaria, nos pone ante un problema mayor: la democratización en países como los nuestros, caracterizados por estructuras sociales profundamente desiguales y una notoria ausencia de una cultura cívica liberal, es una tarea infinitamente más compleja y difícil que aquella que enfrentaron los norteamericanos cuando crearon su célebre democracia. Ellos no hicieron sino reafirmar y consagrar una forma social y unos principios preexistentes mientras que en el caso nuestro la democratización, para ser duradera y profunda, debe ser mucho más que un proceso de carácter político-constitucional: debe ser, simultáneamente, un proceso de cambio social y cultural, ya que no podemos aspirar a tener democracias liberales estables sin una base social y cultural capaz de sustentarlas.

R: Hay que hacer hincapié en este aspecto porque es decisivo para que la propuesta liberal tenga vitalidad e impacto en sociedades que requieren grandes cambios. Debemos ser críticos del orden imperante y apropiarnos del cambio, hacerlo nuestro, es decir, hacerlo liberal. De otra manera, serán los caudillos populistas y socialistas los que se apropiarán y canalizarán la necesidad de cambio. Este es, a mi parecer, nuestro gran desafío actual. Pero también debemos poner el acento en el respeto a las instituciones que una sociedad se da en sus momentos de mayor consenso transversal. Los caudillos y las concepciones no republicanas e iliberales dirigen sus ataques en primera instancia contra las instituciones y, como el sustento de ellas, a la constitución, que ven como el freno último para obtener sus objetivos refundacionales en un país determinado. Estos sectores rechazan reformar la constitución mediante el diálogo y consenso amplio, y apuestan por una nueva constitución como panacea para todos los males. Lo cierto es que los países más estables basan su éxito en la existencia de una ley fundamental concisa y de larga data. En América Latina, donde se le atribuye desde tiempos inmemoriales una función mágica a cierta oralidad, se le asigna una función similar a la creación de una nueva constitución, y hay políticos —como Nicolás Maduro— que la agitan a menudo al aire como lo hacen ciertos fanáticos religiosos con su texto inspirador.

M: Para concluir quisiera volver al texto de Zakaria a fin de destacar otro aspecto importante acerca de la complejidad de nuestro desafío presente. A su juicio, las cosas eran relativamente simples cuando los enemigos de la libertad enarbolaban abiertamente las banderas del golpismo (reaccionario o revolucionario) y la dictadura. Entonces, la lucha por la democracia sin más, sin apellidos ni calificativos, era una bandera natural de los liberales. Era, prácticamente, el resumen de todas nuestras aspiraciones, como bien lo puede seguir siendo, para solo dar un par de ejemplos, en la China o la Cuba de hoy. Todo se complica, sin embargo, cuando los enemigos de la libertad también hablan a nombre de la democracia y de la soberanía popular, y más aún cuando son capaces, al menos por un tiempo, de ganar elecciones. Ello nos obliga a desarrollar una lucha mucho más sofisticada que parte no ya de la democracia como una panacea sino de sus problemas y sus posibles usos y abusos contra la libertad.

R: Creo, en esta perspectiva, que será de gran utilidad estudiar a fondo lo ocurrido en Venezuela bajo la égida del chavismo, ya que es un ejemplo extremo de cómo se destruye no solo la democracia sino todo un país cuando se le da rienda suelta a esta forma de abuso de la democracia que es el despotismo de la mayoría y, más concretamente, del caudillo que la representa.

M: Por cierto, en la tragedia venezolana, pero también en lo acaecido en Argentina, Ecuador, Bolivia o Nicaragua, tenemos los mejores argumentos para defender una concepción liberal de la democracia y de la convivencia cívica. Ello será muy importante en estos tiempos difíciles que se avecinan.

R: Sin duda. Pero concluyamos este epílogo a nuestro diálogo celebrando la esperanza que nos llega desde esa Argentina que derrotó al kirchnerismo y de esa Venezuela que lucha tan ejemplarmente contra los desmanes del chavismo.

M: Muy de acuerdo y por ello dediquémosle esta edición latinoamericana de *Diálogo de conversos* a quienes, con su coraje y perseverancia, han hecho posibles esas luchas por la libertad.

Agradecimientos

Queremos dejar constancia de nuestro agradecimiento para con la Fundación para el Progreso (FPP) que nos ha acogido generosamente como Senior Fellows y nos dio una ayuda muy valiosa en lo referente a la grabación y transcripción de nuestro diálogo de conversos. Nuestras conversaciones con los integrantes tanto del directorio como del equipo de la Fundación han sido un importante estímulo humano e intelectual para nuestro proceso de reflexión. Quisiéramos mencionarlos a todos, pero nos contentamos con nombrar al presidente del directorio, Nicolás Ibáñez, que encarna el espíritu de una iniciativa joven, inquieta y abierta al servicio de las ideas de la libertad.

Roberto Ampuero y Mauricio Rojas

Diálogo de conversos de Roberto Ampuero y Mauricio Rojas
se terminó de imprimir en septiembre de 2016
en los talleres de
Litográfica Ingramex, S.A. de C.V.
Centeno 162-1, Col. Granjas Esmeralda, C.P. 09810, Ciudad de México.